정권교체냐 정권재창출이냐

정권교체냐 정권재창출이냐

초판 1쇄 2011년 2월 23일
초판(수정증보) 2쇄 2011년 5월 6일

지은이 장명국
펴낸이 장민환
발행처 석탑출판(주)
주 소 서울 종로구 신문로1가 163 광화문오피시아빌딩 1631호
전 화 02)3276-2913 **팩 스** 02)3276-2912
디자인 디자인내일 **인 쇄** 비젼프린테크

ISBN 978-89-85429-22-1

장 명 국 정 치 경 제 칼 럼 집

정권교체냐 정권재창출이냐

글 · 장 명 국

세계화 · 양극화시대 우리의 선택

– '사람' 이 중심되는 '한국' 을 위하여 –

석탑출판(주)

序

2012년, 어떻게 할까

2012년, 어떻게 할까

2012년 대통령선거가 다가오고 있다. 정권이 교체될 것인가 아니면 재창출될 것인가?

어떻게 해야 정권이 교체될지 고민하는 사람이 있는가하면 어떻게 하면 정권을 재창출할 수 있을까 고민하는 사람들도 있다.

여기에는 객관적인 조건과 주체적인 노력이라는 두 가지 조건이 있다. 우리는 이를 정권교체와 정권재창출의 필요 · 충분조건이라 이름 붙인다.

1987년 6월 민주항쟁과 7 · 8월 노동자대투쟁은 우리나라 정치 경제에 엄청난 영향을 미쳤다. 1987년 6월항쟁 이전까지는 항쟁 즉 가두투쟁과 급진적 변혁이 한국사회를 변화시키는 주요 방식이었다. 6월항쟁 이후 한국사회의 변화는 한 단계 한 단계 변화하는 점차적 개혁방식으로 바뀌었다. 정치적 변화는 선거를 통해 이루어졌고, 경제적 변화는 국민들이 경제에 적극 참여하여 국민소득을 높이는 방향으로 이루어졌다.

1987년 우리의 소득은 1인당 3300달러였다. 일반적으로 소득이 3000달러가 정도가 되면 우리나라 6월항쟁과 같은 민중항쟁이 일어날 가능성이 높다. 이를 통해 사회는 점차 민주화되고 경제는 한 단계 높아지는 중진국으로 발돋움하는 것이다.

우리의 역사적 경험은 민주화가 바로 경제발전의 중심이었다는 것을 잘 보여주고 있다. 6월항쟁 이후 민주주주의가 발전하고 노동자대투쟁이 일어나면서 임금인상 등 직장 내에서 커다란 변화가 일어났다. 한국경제는 내수와 수출이 병행 발전하는 비약적인 성장을 하게 됐다. 고도성장기라고 알려졌던 1970년부터 1987년 전까지의 경제성장률 평균은 7.6%에 머물렀지만 항쟁 이후 10년간은 이보다 높은 8.1%로 1인당 1만 달러 소득을 넘어서는 획기적인 경제호황을 누리게 됐다. 6월항쟁의 민주주의가 없었다면 1만 달러 소득은 불가능했을 것이다.

그러나 경제호황 속에서도 우리사회는 평화적 정권교체가 일어나지 못해 정치적 민주화의 한계를 나타냈다. 당연히 사회구조적인 변화로 확산되지는 못했다. 경제적 호황과 낡은 사회경제적 구조와의 갈등 대립 모순은 빈익빈 부익부의 양극화가 심화되는 가운데 IMF 외환위기를 맞았다. 정권교체의 객관적 조건은 양극화와 함께 서민의 경제생활이 피폐되는 것이다. 빈익빈 부익부 현상은 바로 정권교체의 필요조건이다. 1만 2000달러까지 올라갔던 소득이 7300달러로 추락하면서 마침내 평화적 정권교체를 이룰 수 있었다.

1998년 김대중정부의 등장은 낡은 시대와 새 시대의 획을 긋는 역사적인 전환점이었다. 그렇지만 김대중정부는 IMF 외환위기라는 한계 속에서 국민의 요구를 담은 전면적인 개혁을 할 수는 없었다. 부분적 개혁이 이루어졌다. 그 결과 김대중 · 노무현정부 10년은 민주주의의 성장과 함께 1인당 소득이 7300달러에서 2만 달러로 비약적으로 성장하는 결실을 맺었다. 그러나 개방경제 아래서 양극화 확대를 해결하지는 못했다. 또 노무현정부 말기에 한국사회의 오래된 적폐인 부동산 문제를 해결하지 못해 부동산 가격이 폭등하였다.

양극화를 필요조건으로 하여 '경제살리기'를 내건 이명박정부가 등장했다. 그러나 이명박정부 들어서 양극화는 더 심화되고 있다. 민주주의는 사람을, 즉 민(民)을 중심에 놓는 사회이다. 민주주의가 없는 경제성장은 오직 빈부격차에 의한 양극화만 심화시킬 뿐이다. 유감스럽게도 이명박정부 3년의 모습이 그러하다. 국민소득은 2만 달러에 머물러 있고 민주주의는 후퇴하고 있다. 더구나 21세기인데도 남북관계는 악화되고 있다. 이제 국민들 가운데 '이 상태로는 힘들다'는 인식과 새로운 경제구조, 새로운 인식체계의 고민이 점차 퍼지고 있다.

답은 분명하다. 여당이 사람을 중심에 놓고 민주주의를 진전시키고 빈부격차를 줄이는 정책을 편다면 재집권할 수 있다. 그러면 경제성장도 3만 달러로 높아질 수 있다. 이것이 우리의 역사적 경험이다. 그렇지 않다면 정권은 교체될 수 밖에 없다.

이미 정권교체의 신호등이 여기 저기서 켜지고 있다. 양극화가 심화되고 있기 때문이다. 민주주의가 후퇴하기 때문이다. 그러나 이것만으로는 정권교체가 바로 되지는 않는다.

우리의 역사적 경험은 야권연합없이는 정권교체가 되지 않았다. 1997년 대통령 선거 때 많은 재야인사들의 비난을 무릅쓰고 DJ가 JP와 DJP연합을 이루어 정권교체를 실현시켰다.

DJ와 JP는 정치적 이념이 많이 달랐지만 당시 평화적 정권교체가 시대적 선이고 열망이라는 흐름을 받아 안아 과감히 결단한 결과였다.

2002년 노무현후보는 본인과 정반대 성향인 정몽준후보와 단일화를 시도해서 정권을 재창출했다. 2002년 당시는 또한 양극화는 완화됐던 시기였다.

정권교체의 객관적 조건 즉 필요조건은 갈수록 높아지고 있다. 그렇지만 주체적인 역량 즉 집권당 이외의 야권연합이 얼마나 폭넓게 이루어지느냐에 따라 정권교체의 현실화 여부가 결정된다. 바로 충분조건이다. 충분조건을 이루어낼 수 있는 역량이 야권에 있느냐가 정권교체냐 재창출이냐를 결정지을 것이다.

그러나 21세기에는 이것만으로는 불충분하다. 어떻게 우리 한국사회를 사람 중심의 선진국으로 도약하게 하느냐 구체적인 실현계획을 국민들에게 제시하여 감동시키느냐에 달려있다.

우리는 21세기에 사람을 중심에 두기위해 '사원주주제'를 제시한다.

일자리는 바로 사람의 삶이다. 일하는 사람들이 직장의 주인 주체가 되어 자신의 삶을 한 단계 도약시키고 직장 속에서 민주주의의 팀플레이를 터득해나가는 과정 그 자체가 바로 사원주주제의 성공이다. 사원주주제를 통한 경쟁력은 세계화속에서 다른 나라와의 경쟁에서도 우위를 점할 수도 있을 것이다. 민주주의를 통한 경제성장의 역사적 경험을 직장 속에서 구체화한 것이 바로 사원주주제라는 시스템이기 때문이다. 소유 · 경영 · 노동이 하나 되는 통일장이 바로 사원주주제이다. 이 토대를 기반으로 이제 우리는 양극화가 줄어들고 사람이 중심인 3만 달러 선진국으로 도약해야 한다. 정권이 교체되거나 정권이 재창출되거나 우리의 목표는 이것이어야 한다.

어려운 사람들이 많아지고 노령화 사회가 될수록 복지가 더 부각된다.

빈부격차가 심해질수록 민생이 중요해진다. 남북긴장이 고조될수록 평화가 더욱 절실해진다. 민주주의는 사실상 복지와 민생과 평화 그 자체이다. 이 세 가지가 민주주의의 내용과 본질이다. 형식적 민주주의의 절차는 이러한 실질적 내용과 본질을 위해 존재한다. 존 K. 갈브레이스는 「불확실성의 시대」에서 위대한 지도자들의 덕목을 다음과 같이 썼다. "모든 위대한 지도자들은 한가지 공통점을 가지고 있다. 그것은 당대 국민들의 가장 큰 고통에 단호하게 맞서는 의지를 가지고 있다는 점이다. 바로 그것이 지도력의 핵심이다."

어느 후보, 어느 정당이 국민의 고통을 반드시 해결하겠다는 의지와 방안을 제시하며 유권자와 소통하는가에 2012년 국민의 선택이 달려 있다.

이 책은 필자가 내일신문에 실었던 칼럼 중 98편을 골라 만들었다. 신문 칼럼의 특성상 시의에 따라 쓰다보니 내용이 중복된 점을 피하기 어려웠다. 필자가 계속 강조한 것은 21세기 한국의 발전을 가로막는 세가지 갈등, 즉 외세에 의한 이념갈등인 남북분단과 정치권이 만들어 놓은 지역갈등과 '짓밟는 경쟁' 이 초래한 양극화의 3종의 갈등을 어떻게 해야 없앨 수 있는가였다.

민주주의의 원칙을 지키고 소통과 통합의 정신아래 개혁을 추구하는 리더십, 양극화를 해소하고 일자리를 만들기 위해 획기적인 발상의 전환으로 새로운 경제 패러다임을 이끌어 내는 리더십을 보고 싶은 열망을 독자와 나누고 싶다.

| 목 차 |

서(序)

제1장 소통과 통합의 리더십

제1장

소통과 통합의 리더십

지난 20년은 성공의 역사

2010-05-03

23년 전인 1987년 우리 사회는 새로운 이정표를 세웠다. 6월 민주항쟁과 7 · 8월 노동자 대투쟁이 그것이다. 당시 1인당 국민소득은 3321달러였다. 2008년 중국의 1인당 소득과 비슷했다. 1987년 3321달러 소득에서 1만 달러 소득을 넘어서는 데 우리는 8년밖에 걸리지 않았다. 성장의 속도가 빠른 시기였다. 노동운동의 활성화로 임금이 인상되어 내수가 폭발적으로 늘어났기 때문이다. 민주주의의 확대로 인한 결과였다. 지금 우리 경제를 이끌어가는 삼성, LG 등 전자산업은 이때 발판을 마련해 세계 시장으로 진출했다.

그러나 환율 정책의 잘못으로 1997년 말 IMF 외환위기가 발생했다. 1인당 소득은 1만 2197달러에서 7355달러로 급락했다. 우리 국민은 금 모으기 운동 등으로 외환위기를 극복했을 뿐 아니라 2만 달러 소득의 중진국으로 나아갈 발판을 마련했다.

중국수출이 결정적 역할을 해 2007년에 2만 달러를 넘어섰다. 이때를 거쳐 자동차 산업은 세계시장에서 경쟁력을 갖추기 시작했고 조선업은 세계 1

위를 차지했을 뿐 아니라 IT 등 반도체 산업 역시 일본을 넘어 세계 최고의 경쟁력을 확립했다.

민주화 · 산업화 동시에 이룬 황금기 중국이 가장 부러워하는 지난 10년

일부 인사들이 '잃어버린 10년' 이라고 하는 우리의 10년은 중국인들이 가장 부러워하는 시기이다. 1인당 소득이 7300달러에서 2만 달러로 2.7배나 비약적으로 성장한 시기이다. 지난 20년의 우리 역사는 민족의 자랑스러운 역사였다. 민주화와 산업화가 동시에 이루어졌을 뿐 아니라 세계화 속에서 이룬 황금기였다. 민주화 된 국민의 저력은 우리 경제를 한 단계 도약시켰다. 앞으로 10년의 역사는 어떨까. 3만 달러 소득으로 도약할까, 아니면 2만 달러 소득에 정체되어 있을까.

지난 20년 동안 남북관계에서도 획기적인 발전이 있었다. 노태우 정권은 민주화의 저력과 국제사회의 해빙무드를 타고 유화적인 북방정책을 취했다. 그 연장선상에서 2000년 김대중 정부의 남북정상회담과 6 · 15선언이 나왔다. 그 전 해인 1999년에 서해교전이 있었지만 우리의 일방적 승리로 끝났다. 지금은 어떤가. 국민들의 경제생활은 지지부진하고 남북관계와 민주주의는 후퇴하고 있다. 안보도 갈팡질팡이다. 다만 금융위기를 비교적 잘 극복하고 있을 뿐이다. 기업이 튼튼하고 그동안 쌓아왔던 재정도 튼튼했기 때문이다.

역사에서 교훈을 얻어야 한다. 3000달러에서 2만 달러로의 성장은 바로 민주화와 남북 긴장완화라는 조건 속에서 이루어졌다. 민주주의가 후퇴하고 남북관계가 악화된다면 3만 달러, 4만 달러의 선진국이 될 수 없다. 지난날의 경험에서 배우지 못하는 사람에게 미래는 없다.

우리의 여건은 좋아지고 있다. 중국의 급성장이 그것이다. 금융위기 당시 환율이 요동칠 때 대 중국 무역흑자가 이를 진정시켰다. 지난해의 대 중국 무역흑자는 무려 324억 5000만 달러였고 대 중국 수출은 미국의 2배로 급팽창하고 있다.

민주주의로 보수와 진보의 이분법 사고 넘어야

중국이 성장할수록 우리는 유리하다. 중국에 물건을 많이 팔 수 있기 때문이다. 서해와 연결돼 있는 중국의 1만 달러 이상의 도시는 상하이 베이징을 비롯해 11곳으로 인구가 무려 1억명에 달한다. 남북한이 합쳐야 8000만 명이 안된다. 시야를 넓혀 글로벌한 시장경제의 사고를 갖지 않으면 한 발자국도 앞으로 나갈 수 없다. 중국은 경제규모에서 아직은 미국의 3분의 1 정도이다. 우리는 해양세력인 자본주의 미국과 대륙세력인 사회주의 중국의 장점을 수용해 새로운 융합의 모델을 만들어내야 한다. 그렇지만 아직도 우리 사회에는 보수와 진보, 좌와 우, 자본주의와 사회주의와 같은 이분법적인 낡은 사고에 머물러 있는 사람들이 있다.

시장경제로 자본주의와 사회주의를 통일하고 민주주의로 보수와 진보를 넘어서야 한다. 민주화와 산업화는 대립하는 것이 아니라 통일 융합되어 있는 것이다. 바로 지난 20년 우리의 역사가 방향을 제시하고 있다.

차별화와 배척보다 계승 · 발전해야 성공

2010-05-03

성공한 대통령이 되기를 바라지 않는 대통령은 아무도 없다. 그러나 성공한 대통령은 그리 많지 않다. 특히 우리나라의 경우 그렇다. 이유는 간단하다. 계승 · 발전 대신 전 정권을 무조건 배척했기 때문이다.

현대 중국의 경우 문화대혁명이란 대재앙을 거쳤지만 등소평은 모택동을 계승 · 발전해 새로운 중국을 만들었다. 후진타오주석 역시 모택동, 등소평 등을 계승 · 발전시켜 중국인들의 존경을 받고 있다. 오바마 대통령 역시 반대당 공화당의 레이건 전 대통령의 '소통'을 배우려 하고 부인 낸시여사를 잘 모셔 미국민들의 사랑을 받고 있다.

우리는 어떠한가. 지난 정권을 좌파정권이라고 배격하면서 통합을 부르짖는 것은 앞뒤가 맞지 않는 처사이다. 우리나라에서 좌파란 딱지는 사실 국가보안법 위반 대상이라고 낙인찍는 것이다.

우리의 잘못된 경험은 이번 뿐이 아니다. 참여정부도 그 전 국민의 정부와 차별화를 우선시해 갈등을 유발시켰다. 대북정책 뿐 아니라 민주당과 열린우리당의 분열이 그것이다. 같은 당 내에서도 그랬다.

YS 문민정부와 DJ 국민의 정부도 마찬가지였다. 계승 · 발전보다는 차별화와 배척이 중심이었다. 정치 갈등이 사회 갈등을 낳았고 국민은 분열했다.

정보화는 YS가 계획, DJ가 전면화
서로 인정하고 계승 · 발전했다고 해야

DJ 국민의 정부의 큰 공로 중 하나인 정보 인프라 구축을 통한 정보화 사회는 사실 YS 문민정부 때 계획되고 초기 투자까지 이루어졌다. 그러나 외환위기로 잠시 중단된 후 DJ 국민의 정부에서 이를 전면화시켜 역사상 가장 빠른 외환위기 극복의 동력이 되었고 국민소득 2만 달러로 올라서는 초석을 만들었다. 이 정보화 계획을 YS 문민정부가 했고 DJ 국민의 정부는 이를 계승 · 발전했다고 하면 갈등 대립은 훨씬 줄었을 것이고 선진국 도약을 위한 사회적 분위기도 만들어졌을 것이다.

갈수록 사회적 갈등이 심해져 이제 우리 사회는 조금도 전진할 수 없는 상황까지 이르렀다. 우리 한국의 갈등지수는 OECD 4위로 무척 높을 뿐 아니라 갈등비용은 GDP의 27%에 이른다고 삼성경제연구소는 추정하고 있다.

다행히도 이명박정부는 2008년 8월 15일 국정의 목표를 저탄소 녹색성장으로 전환했다. 녹색성장의 개념은 2005년 3월 참여정부 당시 서울서 열린 '유엔 아태 환경과 개발 장관회의' 에서 처음 제시됐다. 당시 한국은 52개국 정부 및 24개 국제기구 대표 등이 모인 대회에서 '지속가능발전' 이라는 과거의 환경적 개념을 넘어 '녹색성장' 이란 개념을 새로운 패러다임으로 제시했다.

녹색성장은 참여정부가 만든 패러다임이다. 이제는 '정보화'가 그랬던 것처럼 이명박정부가 구체적으로 실현해낸다면 DJ 국민의 정부가 했던 것처럼 우리 한국사회를 한 단계 도약시킬 수 있을 것이다. 또 이런 것을 밝히고 인정하면 우리 사회의 최대 문제인 갈등구조를 푸는 첫 열쇠를 마련한 큰 공을 세우는 것이다

녹색성장 패러다임 참여정부가 제시
이명박정부가 실현하면 한단계 도약

이제 악순환의 고리를 끊어야 한다. YS 문민정부, DJ 국민의 정부, 참여정부, 이명박정부는 민주주의와 시장경제를 근간으로 지난 정권을 계승 · 발전하는 정부가 될 때 성공한 대한민국이 되고 성공한 대통령이 될 수 있다.

'잃어버린 10년' 이나 '좌파정권 10년' 처럼 시대의 조류를 역행하는 잘못된 관점으로는 결코 성공한 대한민국의 신화를 만들어낼 수 없다.

계승 · 발전이야말로 한 개인뿐 아니라 국가의 성공에도 결정적이다. 그러나 권력의 정치 앞에서는 무력해지고 마는 것이 지난날의 역사였다. 권력은 끊임없이 배척과 부정 대립을 통한 투쟁의 역사를 만들었을 뿐이다.

루즈벨트에게서 배울 것

2008-12-15

호황과 불황은 시장경제의 순환 사이클이다. 그간 호황이 길었으니 불황이 오는 것은 당연하다. 문제는 인위적으로 호황을 연장시킨 탓에 금융위기를 불러왔다.

1%까지 낮춘 그린스펀의 이자율 정책에 1차적 원인이 있다. 2차적 원인은 이라크 전쟁으로 떨어진 인기를 만회하려고 한 부시의 서브 프라임 주택 정책이다. 당연히 불황의 골이 깊을 수밖에 없다.

미국의 상징인 GM도 시티은행도 구제금융을 받을 수밖에 없게 됐고 잘 나갔던 GE도 어려움에 봉착해 있다. 이 불황은 미국을 넘어 영국과 EU 그리고 일본을 덮치고 있다. 우리나라를 비롯한 신흥 중진 수출국들은 더 타격이 크다. 중국 경제도 이 영향을 받고 있다.

1929년 대공황 이후 가장 큰 불황이 닥치고 있다는 것을 부인하는 사람은 이제는 거의 없다. 대공황과 불황의 중간, 즉 준공황이라 할 수 있다. 불황과 공황의 차이는 양과 질의 차이처럼 엄청나다. 불황은 사이클의 한 국면이므로 정상적이고 이성적인 경제논리가 통용된다. 즉 수요와 공급의 원리가 적용된다. 가격이 떨어지면 수요가 늘어난다는 의미이다.

그러나 공황 때는 다르다. 가격이 떨어져도 수요가 느는 대신 오히려 줄어들어 정상적인 경제논리가 통용되지 않는다. 이때는 비이성적인 감정이 시대를 휩쓸고 지나간다. 이것이 1930년대 독일에서 히틀러가 등장한 사회경제적 조건이다.

공황시기 독일은 민주주의 파괴, 히틀러 선택
미국은 헌법적 가치지키고 공황 극복

당시는 실업이 넘쳐나 나치당과 청년 유겐트가 활개치고 결국 이들이 국가권력을 찬탈하게 된다. 의회를 무시하고 민주주의를 파괴하는 폭력과 광란의 소용돌이가 있었다. 의회 방화사건과 빨갱이 소탕, 유태인 학살이 바로 그것이다.

반면 미국은 공황을 맞아 헌법적 가치를 지켰다. 이성적이고 합법적이며 민주적인 절차를 통한 루스벨트의 뉴딜정책으로 이 위기를 극복해 세계 제일의 강대국으로 우뚝 서게 됐다.

루스벨트는 국가의 역할 중 고용을 가장 중시 여기는 정책을 채택했다. 고용이 없으면 자립이 안 되고 자립이 없으면 자유나 자위와 같은 헌법적 가치를 실현할 수 없기 때문에 정책의 제1순위를 고용에 두었다. 1938년 대공황 속에서 루스벨트는 이런 라디오 연설을 했다. "…이 민주주의를 지키는 투쟁의 일차 방어선은 국민의 생활을 경제적으로 보장하는 것입니다."

루스벨트는 민주주의를 강화시켜 대공황을 벗어났을 뿐 아니라 파시즘

독재세력과의 투쟁에서도 승리했다.

여기에 관용의 가치를 실현하는 통합의 리더십을 통해 대공황을 극복했다. 루스벨트의 필요조건은 20세기 이념논쟁 대신 관용과 통합의 흐름을 만드는 것이다. 이 흐름이 만들어지지 않으면 우리 사회는 한 발자국도 앞으로 전진 하지 못한다. 오히려 뒷걸음질 칠 뿐이다.

준공황 앞에서 갈등 존재할 여유 없다
관용과 통합의 흐름 만들어야

세계적인 불황 앞에 노사는 합치지 않을 수 없다. 현대자동차 노사가 전환배치에 합의한 것도 바로 이것이다. 지역과 남북의 문제를 지역정치나 안보적 관점이 아니라 국가경쟁력을 높이는 관점에서 새롭게 해결하지 않으면 남미형으로 추락할 수도 있다. 지역균형발전을 후퇴시키거나 개성공단을 발전시키지 못하면 우리 경제의 실뿌리인 중소기업은 회생 불가능하다. 중소기업 없이 고용은 없다.

계층 · 세대 역시 준공황 앞에서는 갈등이 존재할 여유가 없다. 민주적 원칙을 지키며 관용과 공동체정신으로 우리 사회를 한 단계 성숙시켜야하는 절박한 여건이 우리 눈 앞에 있다.

무엇이 '잃어버린 10년' 인가

2008-08-11

'잃어버린 10년' 이란 말은 1990년 초부터 2000년대 초까지 장기 침체를 겪은 일본경제에서 유래했다. 일본 도쿄의 폭등했던 부동산 버블이 가라앉으면서 금융부실이 일어나 일본경제가 침체를 거듭했다. 일본 정부는 이자율을 계속 낮춰 제로금리까지 떨어뜨렸지만 경기회생에 실패했다. 당시 일본경제는 경제성장률 2% 이하의 저성장을 10년간 지속하면서 활력을 잃었다.

그렇지만 일본사람들은 가만히 있지 않았다. 구조조정을 하면서 묵묵히 땀 흘려 일했다. 특히 제조업, 대표적으로 도요다 등 자동차 산업이 그랬다.

일본의 1인당 소득은 우리의 2배가 넘는 4만 2,100달러에 이르고 있다.

지금 미국경제를 대표하는 달러는 가치가 떨어지지만 일본 엔화는 가치를 유지하고 있다. 일본의 경제력 내실이 미국보다 더 단단하다는 뜻이다. 일본과 미국은 개미와 베짱이의 우화와 같다.

이 '잃어버린 10년' 이라는 말을 일부에서는 지난 10년간의 우리 경제에

빗대어 쓰고 있다. 지난 10년간의 우리 경제가 마치 일본 경제처럼 되었다고 한탄하면서 말이다. 그러나 경제 실상과 데이터를 따져보면 전혀 그렇지 않다. '잃어버린 10년'은 경제적 개념이 아니라 정치적인 선동일 뿐이다.

첫째, 지난 10년간 우리 경제는 평균 4.4%의 높은 성장을 지속했고 1인당 국민소득은 1998년 7355달러에서 2만 81달러로 2.7배나 급증했다. 실로 엄청나게 빠르게 성장을 거듭한 것이다. 둘째, 달러와 원화가치를 비교해보면 1998년에 1달러 당 1401원에서 2007년 929원으로 원화가치가 34% 높아졌다. 한국의 경제력을 반영하는 원화가치가 전 세계의 기축통화인 미국의 달러화와 비교해 30% 이상 높아진 것은 대단한 성과이다.

경제적 개념 아니라 정치적 선동일 뿐

2만 달러 시대의 4% 성장은 2000달러 시대의 8% 성장보다 어렵다. 국민소득 4만 달러 국가의 4% 성장은 석유 등 자원부국을 제외하고는 거의 없다. 문제는 정치적 선동이다. 선동가들은 분열을 먹고 자란다. 좌파와 우파 모두 마찬가지다.

선동가들은 경제를 망친다. 국민들은 선동가들에게 속지 말아야 한다. 바로 이것이 선진국이다. 그래서 선진국들은 보수와 진보를 넘어서는 새로운 통합의 가치를 추구하고 있다. 보수도 진보를 포함하려 하고 진보도 보수를 포함하려고 하고 있다. 보수와 진보가 서로를 계승 발전시켜야 선진국이 된다. 지금 미국은 선진국을 이끌어가는 지도국가로서의 지위를 서서히 잃어가고 있다. 부시 대통령이 9 · 11테러를 계기로 국민들을 선동하여 이라크 전쟁에 참여했기 때문이다. 미국 국민들은 그 선동에 속았다. 이라크 전쟁 후유증으로 유가는 급등하고 세계적인 인플레이션이 일어나고 경기는 하강하고 있다. 미국의 재정적자는 심해지고 금융 산업은 파탄에 이르고 있다. 미국의 리더십은 퇴색해가고 있다. 대신 EU와 중국이 올라서고 있다. 또 자원 부국인 러시아와 중동과 브라질이 좋아지고 있다. 이제 세계는 미국 중심에서 벗어나 다원화되고 있다. 다양성이 소중한 가치가 되고 있다.

10년 동안 피땀 흘린 국민들에 대한 모독

어떻게 2만 달러에서 4만 달러 선진국으로 갈 수 있을까. 한반도 대운하를 통한 경기부양과 한미 FTA를 통한 수출증대라는 낡은 쌍끌이 전략으로는 안 된다. 새로운 방향을 제시해야 할 때가 왔다.

7000달러에서 2만 달러로 나아간 길의 긍정적인 면과 부정적인 면을 검토해 계승할 것은 계승하고 극복할 것은 극복하는 대안이 필요하다. 지난 10년을 '잃어버린 10년' 이라고 비하하는 것은 10년 동안 피땀 흘려 일한 국민들에 대한 모독이다. 일본의 와신상담 자세를 비웃고 국민을 분열시키는 이런 선동은 선진화로 나가는 길에 커다란 장애가 되고 있다.

경제는 특히 계승 발전해야 한다. 경제 리더십은 선동이 아니라 각계 각층을 포괄하는 통합의 리더십을 추구해야 한다. 세계화하지 않으면 선진국이 될 수 없는 시대가 되고 있다. 리더십도 CEO리더십을 넘어서는 '글로벌 리더십' 으로 한 차원 높아져야 한다.

3분의 1 이상 지지 못 받는 정책은 포기하거나 기다려야

2008-06-02

'쇠고기 고시'로 정국이 요동치고 있다. 기름을 비롯한 원자재가 급등하는 어려운 경제 사정 속에서 정치마저 국민들에게 힘든 짐을 안겨주고 있다. 불안감까지 확대되고 있다. 새 정부가 탄생하면 기대가 커져야 함에도 불구하고 거꾸로 가고 있으니 걱정이다.

정치의 핵심은 국민의 마음을 통합시키는 길이다. 그러나 국민과 정부간에 벌써 불신이 쌓여가고 있다. 국회나 기존 언론이 국민대중을 대변하지 못하고 있어 국민대중과 정부가 거리에서 충돌하고 있다. 그 단적인 사례가 쇠고기 파동에 따른 촛불집회이다. 이명박 정부에 대한 기대가 컸기에 실망도 커가고 있다. 당선 직후 지지율은 64%였는데 이제는 거품이 빠져서인지 지지율은 20%대 초반까지 급락했다. 임기 말에나 나타나는 수치다. 이명박 대통령은 뒤늦게 소통의 단절이 원인이라고 진단하고 국민과의 대화 등 다양한 접촉을 시도하려고 하고 있다.

소통은 중요하다. 그렇지만 소통을 기술적으로만 행하면 안하느니만 못하다. 마음이 통해야 한다. 믿는 마음이 생겨야 한다. 믿는 마음이 커져 아끼는 마음이 생길 때 진정한 소통이 이루어진다.

노무현 대통령은 집권 초기 토론을 통해서 문제를 해결하려고 했으나 실패했다. 왜 그렇게 되었을까. 권력을 가진 대통령과의 토론이었기 때문이다. 섬김을 하는 대통령이었다면 토론하지 않았을 것이다. 만남의 장과 대화의 장을 마련하여 신뢰를 돈독히 쌓으면서 문제 해결의 장으로 나아갔으면 성공한 대통령이 되었을 것이다. 당시 검사와의 대화가 화제였다. 사실 대화가 아니라 논쟁이 되었다. 토론이 논쟁이 되어 마음을 접게 되고 대화가 단절되고 만남이 형식화되었다.

토론이 논쟁이 되면 마음을 접게 되고
대화가 단절되고 만남이 형식이 된다

토론이 논쟁이 되면 마음을 접게되고 대화가 단절되고 만남이 형식이 된다.

신뢰가 없을 때는 소통도 쓸모없게 된다. 지금은 무척 어려운 시기이다. 단지 정치에서만 어려움이 있는 것이 아니기 때문이다. 선진국 경제는 거품이 꺼지고 있다. 세계경제의 침체에 따른 국내경제의 어려움이 가중되고 있다. 소득 2만 달러인 우리의 물가는 4만 달러인 미국보다 비싸다. 또 양극화도 심해지고 있다.

소통이 되고 내용이 좋더라도 민주주의의 절차적 원칙이 지켜 지지 않으면 불신과 갈등의 씨앗이 만들어진다. 민주주의는 3분의 1, 과반수, 3분의 2라는 절차적 원칙이 확립돼 있다. 이러한 절차적 원칙은 의회의 주요 의사결정 방식이다.

내용이 좋고 소통이 된다면 어떤 정책도 과반수 이상, 3분의 2 이상의 지지를 받을 수 있다. 특히 3분의 2 이상의 지지를 받지 못하는 정책은 소통도 안 되고 내용도 좋지 않다는 의미이다. 3분의 1 이상의 지지를 받지 못하면 바로 포기하거나 기다리거나 전면적으로 수정해야 한다.

그러므로 민주주의에서는 일상적인 여론수렴이 매우 중요하다. 이는 여론조사 수치로 나타난다. 내용이 좋으면 소통을 통해 3분의 2까지 정책 지지율을 높여야 한다. 3분의 2가 넘는 정책은 바로 집행될 수 있다. 그러나 임기 중 여론을 무시하고 제멋대로 하면 결국 실패하게 된다. 지지율 역시 급락한다.

정책의 내용이 좋다고 판단하면 3분의 2까지 찬성률 높힌 후 집행해야

인류 역사상 민주주의보다 더 좋은 제도는 아직 없다. 가장 효율적인 제도가 민주주의라는 뜻이기도 하다. 3000년 전 민주주의를 꽃피웠던 그리스가 그랬고 2000년 전에 로마가 그랬고 300년 전에 영국 민주주의가 해가 지지 않는 나라를 만들었다. 20세기 민주주의는 미국을 초강대국으로 만들었다. 민주주의는 공공성을 바탕으로 상업성을 꽃피게 하는 제도이다. 민주주의가 바로 우리 한국을 1만 달러를 넘어 2만 달러가 되는 중진국으로 만들었다. 이제 민주주의를 한 단계 발전시켜 4만 달러 선진국으로 도약시키려면 각 분야에서 3분의 2 이상의 지지를 받는 정책에서 강력한 집행력을 행하는 통합의 리더십이 절실히 요구된다.

새 리더십, 로마에서 배우자

2004-05-31

'변화의 시대, 새로운 리더십' 이란 주제로 지난 주 노무현 대통령이 연세대에서 특강을 했다. 요즘 세상에 솔직하게 이야기하는 것은 참 어려운 일이다. 그 원문을 읽어보니 대통령은 솔직하게 자신의 이야기와 철학을 피력했다. 노대통령은 특히 언행일치를 통한 신뢰를 강조했다. 그리고 리더의 자질로는 정직과 투명을 제일의 요건으로 봤다.

또한 미국 일본 중국이라는 강대국 속에 처해 있는 우리의 변방의 운명에 대해 가장 고민이 많은 것 같다. 노대통령의 고민을 읽으며 우리와 비슷한 반도 모양의 이탈리아의 작은 도시국가 라틴 로마족이 어떻게 이탈리아를 통일하고 지중해를 석권했는가를 연구하는 것은 지금 이 시대 우리들에게 커다란 도움을 주리라 생각한다.

지성에서는 그리스인보다 못하고 체력에서는 켈트인이나 게르만인보다 못하고 기술력에서는 에트루리아인보다 못하고 경제력에서는 카르타고인보다 뒤떨어지는 라틴 로마인들(시오노 나나미의 '로마인 이야기' 에서)이 강대한 나라를 1천년 이상 유지한 것은 변화와 개혁을 통한 통합과 단결이 힘이라는 것을 부정하는 사람은 아무도 없다.

변화와 개혁을 통한 통합과 단결의 힘은 당연히 지도자들의 리더십에서 나온다. 특히 로마는 위대한 영웅과 같은 제왕적 리더십이 아니라 선출직 백인대 대장이나 민회에서 선출된 다수의 법무관 재무관 감찰관 등 다양한 중간 리더들에 의해 통합되었다. 당연히 권력형 리더십은 로마 시민들로부터 외면당했다. 로마인들은 끊임없이 열린 사회를 지향하고 참여 정치를 실천해 강대한 나라를 만들어 갔다.

전쟁나면 국가에 재산 헌납
전쟁터에 앞서나간 로마 지도층

로마인들은 누란의 위기 속에서 특히 땅이나 재물보다는 사람을, 인재를 중심으로 단결했다. 로마정신을 구현하는 능력있고 용기있는 사람이라면 누구나 리더로 인정했다. 특히 언행일치를 지도자의 중요한 덕목으로 삼았다. 전쟁이 나면 지도층은 기꺼이 재산을 국가에 헌납하고 앞서 전쟁터에 나갔다. 거기에서 절제하고 의무를 다하는 노블리스 오블리제의 정신인 로마정신이 나왔다.

특히 지중해 해상권을 지배하던 군사 경제적 강국인 카르타고와의 해전에서는 돛대 위에 망루를 설치하는 지혜를 에트루리아인으로부터 배워 카르타고 배를 먼저 발견할 수 있음으로써 승기를 잡았다.

당시는 지구는 평평하다고 하는 2차원적인 사고가 일반적이었는데, 로마인들은 높은 산에 올라가면 바다가 멀리 보인다는, 즉 지구는 둥글다는 3

차원적 현실을 먼저 관찰한 과학기술에 앞선 에트루리아인에게서 지혜를 얻어 이를 국난 위기 극복에 활용했다.

통합 · 단결의 힘 갖춘 중간 리더 많이 나오기를

지금 21세기 현대사회는 자동차 컴퓨터 핸드폰이 일상화된 사회이다. 다시 말하면 '빠르다'와 같은 시간의 탄력적 개념이 중요해진다. 시공간의 4차원 사고와 생활과 시스템이 만들어지지 않으면 안 되는 시대가 됐다. 변화와 개혁의 내용은 바로 이제까지의 근대적인 3차원 사고를 넘어서 한 차원 높이는 것이다. 2차원의 사고를 하던 당시에 3차원의 돛대에 망루를 달아 카르타고를 이긴 로마인의 지혜를 우리는 배워야 한다.

4차원의 생활은 3차원의 변증법을 뛰어넘어 상생의 생활 방식을 만들뿐만 아니라 팀플레이를 실현시키는 시스템을 만들어 낸다. 공화정 로마는 민회라는 조직이 가장 중요했다. 이 조직은 로마인들의 만남의 장이며 대화의 장이며 토론의 장이었다. 상대방 의견을 존중하고 다툼이 있을 때는 찾아가 대화의 장을 다시 마련하는 관행을 만들어 이견을 줄여 나갔다.

로마인은 실패를 많이 했으므로 뛰어남보다 성실함을 소중하게 생각했고 리더들은 공과 사를 구분하고 솔선수범하며 모범을 창출해 통합을 이뤄냈다.

이제 우리도 차이를 인정하는 민주적 생활을 중심으로 통합의 힘을 갖춘 중간 리더들이 많이 나와 21세기 동북아의 중심 국가가 되어야 하겠다.

정약용, 조광조, 김옥균의 개혁

2004-05-03

17대 총선이 끝난 후 우리 사회는 어디로 갈 것인가, 또 지금 어떤 일을 해야 할 것인가를 놓고 오피니언 리더들 사이에서 토론이 활발하다. 특히 개혁이냐 통합이냐 라는 주제로 논쟁이 심하다. 개혁을 강조하면 진보처럼 보이고 통합을 강조하면 보수로 매도되기까지 한다.

이런 논란은 지난날의 개혁 관점에서 비롯된다. 조선 중종 때 사헌부 대사헌이었던 조광조 개혁처럼 훈구파, 즉 수구 또는 보수에 대해 획을 긋고 낡은 것을 부수며 가죽을 벗기면서 새것을 창출하는 과정 자체를 개혁으로 보았다. 또 고종 때 김옥균의 개혁처럼 쇄국 훈구파를 척결하고 갑신정변을 통해 서구 근대화, 요즘 말로 하면 세계화를 실천하는 것을 개혁이라고 생각했다.

그러나 우리 국민들은 조광조 김옥균보다 정약용의 개혁을 더 좋아하는 것 같다. 정약용이 정조 때 최초 농민반란이 일어났던 황해도 곡산에서 부사로 일하면서 반란의 주모자를 즉시 방면하고 자신은 특권을 없애며 일식삼찬(一食三餐)하는 생활의 모범을 보여 불만에 가득 찬 주민들과 탐관오리라고 여겼던 관리들 모두의 지지를 받아 통합을 이루는 과정에 감동을 받았기 때문일 것이다.

일식삼찬(一食三餐)의 생활모범 보인 정약용

개혁은 먼 데 있지 않다. 개혁은 구호가 아니다. 개혁은 바로 생활의 모범 그 자체이다. 개혁의 중요성을 강조한 사람들은 많지만 개혁을 실천하기는 쉽지 않다. 일찍이 조선 선조 때 이율곡 선생은 상소문에서 '개혁을 하면 나라가 흥할 수도 있고 망할 수도 있지만 개혁을 하지 않으면 반드시 망합니다' 라고 주창했으나 선조가 실천을 하지 않아 임진왜란 때 참패했다.

개혁을 하지 않으면 왜 나라가 망하는가. 바로 나라가 부패하고 분열해 있기 때문이다. 로마같이 위대한 나라도 방탕과 분열로 결국 망했다. 어떤 조직이라도 마찬가지다. 그러므로 개혁의 목표는 통합이며 깨끗하고 강한 나라나 조직의 건설이다. 개혁은 실질적인 통합의 시발점이다. 개혁 없이 진정한 통합은 있을 수 없다. 당연히 개혁과 통합을 대립시키는 것은 옳지 않다. 그러면 21세기인 오늘 우리 사회에서 절실히 요구되는 개혁은 어떤 내용이어야 할까. 무엇을 버리고 무엇을 바꿔야 할까. 지난날의 생각이나 생활이나 제도는 모두 바꿔야 하는가. 또 어떻게 바꿔야 할까. 보수 진보의 갈등 속에 개혁은 진보 그 자체인가.

20세기까지 우리는 개혁은 과거와는 달라야 한다고 생각했다. 그렇다. 과거와는 달라야 한다. 그러므로 보수도 진보도 다 과거의 관점이라고 볼 수 있다. 진보가 조금 개혁에 더 가까울 수 있을지 모르지만 진보적 관점도 과거 19-20세기의 관점이었다. 21세기의 개혁은 보수 진보를 넘어서는 새로운 차원의 관점이어야 한다. 새로운 차원이란 바로 아인슈타인이 이야기 한 시공간을 아우르는 4차원이라는 관점, 즉 마켓(Market)에 ing를 붙여 마케팅(Marketing)이라고 하는 것과 같은 것임을 우리는 주장한다. 20세기까지는 3차원의, 다시 말하면 사물을 질과 양으로 보는 관점이 지배적이었다. 당연히 보수와 진보, 우와 좌와 같은 관점이 중심이었다.

개혁없이 진정한 통합은 없다

그러나 이제는 질과 양을 넘어선 아인슈타인이 강조한 통일장의 관점을 갖고 세상을 보지 않으면 안 되는 시대가 되었다. 바로 오늘의 개혁은 낡은 이분법적 2차원 관점과 변증법적 3차원 관점을 넘어 한 차원 높은 통일장의 4차원 관점으로 생각과 생활과 시스템을 바꾸는 것이다. 한 차원 높은 시공간의 4차원 관점은 변증법적 3차원이나 이분법적 2차원 모두를 포함하는 바로 21세기의 통합의 원리이다.

지금 우리 사회는 통합이 절실히 필요하다. 남북간 대립에서 지역간 분열을 거쳐 이제는 세대간 갈등까지 나타났다. 이러한 대립 분열 갈등 속에서는 더 이상 선진국으로 높아질 수 없다. 4차원의 관점으로 대립 분열 갈등을 상생 통일장의 생활로 21세기의 선진국형 시스템을 하루빨리 만들어나가지 않으면 안 된다. 특히 우리 사회 리더들에게 4차원의 개혁과 통합의 리더십이 절실히 요구되는 때다. 시간이 없다.

진보 보수넘어 진취적 개혁을

2004-04-19

17대 국회의원 선거가 끝났다. 이제는 더 이상 나라를 망치는 국회가 되어서는 안 된다. 16대까지 농담 삼아 나라에 해를 끼치는 국해(國害)의원들이 많아 정치 무관심과 냉소주의가 팽배했다고 말하기도 한다.

다행히도 이번 총선에서 1980년대 중반 민주화운동 이후 계속 하락하던 투표율이 다시 높아져 우리나라 민주주의에 희망의 새싹이 돋아나고 있다. 이번 총선 결과는 역시 국민이 가장 현명했다는 사실을 다시 한번 입증했다. 시대의 흐름과 국민의 요구를 가장 잘 나타냈다. 민주주의를 근간으로 개혁으로 사회를 전진시키라고 국민들은 정치권에 요구했다. 그래서 열린우리당의 탄핵 심판론에 손을 들어주었고 한나라당의 거여 견제론에도 귀를 기울였고 민주노동당의 진보깃발을 여의도 국회에 안착시켰다.

시대적 흐름과 국민의 요구는 구체적으로 무엇일까. 주요 당선자들이 여성운동을 포함하는 민주화 운동권과 법치주의를 지향하는 법조인들 그리고 여론을 주도하는 언론인 등 세 그룹이다. 다시 말해 국민 여론을 대변하면서 민주주의를 법치화 하라는 것이다. 2000년 총선에서 민주당과 민주노동당과 청년진보당의지지 세력은 과반수에 훨씬 못 미치는 37.7%였는데 비해 2002년 대선 때는 민주당과 민주노동당과 사회당의 지지세력은 53%가 되어 노무현 대통령을 탄생시켰을 뿐만 아니라 개혁의 바람을 일으켰다.

신자유주의 극복, 인간중심 민주사회 건설이 국민의 뜻
민주적 개혁에 진보적 요소 가미 요구한 것

그러나 민주당이 분당되어 노무현 정권은 탄핵의 회오리바람에 휩쓸리게 되었지만 2004년 총선에서는 정당투표 결과로서 열린우리당과 민주노동당과 민주당을 합치면 58.5%로 계속 증가하고 있다. 다행히도 17대 총선에서는 선거사상 최초로 후보자투표와 별도로 정당투표제를 실시함으로써 민주노동당의 지지율은 13.1%로 높아졌다. 이러한 결과는 민주적 개혁을 강력히 추진하라는 국민의 소리이다. 민주적 개혁에 진보적 요소를 가미하라는 바램이다. 다시 말하면 진취적 개혁을 하라는 요구이다.

진취적 개혁은 보수와 진보를 넘어선 새로운 개혁이다. 진취적 개혁은 열린 보수도 아니고 20세기의 지난날 진보도 아니다. 21세기의 민주주의와 시장경제에 걸맞은 새로운 시스템을 건설하는 것이다. 진취적 개혁은 20세기까지의 낡은 시장경제에서 나타난 자본 중심의 신자유주의를 극복하고 21세기 인간 중심의 민주사회를 건설하는 것이다. 당연히 자본 중심이냐 노동 중심이냐가 아니다. 성장 중심이냐 분배 중심이냐는 더더욱 아니다. 자본보다 인적 자원이 더 중요하므로 성장과 분배는 시스템 내부에서 쌍방향으로 이루어져 갈등 대립이 아니라 협력과 상생으로 바뀌어야 하는 것을 뜻한다.

그럴 때만이 기업경쟁력과 국가경쟁력이 동시에 높아질 수 있다.

기업 내부에서는 사원주주제에 의해 주주와 사원이 대립하는 것이 아니라 상생하는 시스템을 만드는 것처럼 국가 정책도 이분법이나 변증법적으로 계층간 세대간 지역간 갈등 대립하는 것이 아니라 통합과 상생의 진취적 분위기를 만들어야 한다. 그래서 21세기에 선진국으로 도약할 수 있다는 비전을 구체화시켜야 한다.

탄핵정국 갈등, 국민투표나 여론조사로 풀어야

정치적 갈등의 대표적 현안인 탄핵 문제도 이러한 흐름 속에서 하루빨리 해결하도록 해야 한다. 결자해지 차원에서 국회에서 새로운 분위기를 만들고 국회와 대통령권한대행은 국민투표법령을 신속히 정비해 대통령에 대한 신임투표를 하고 헌법재판소가 그 결과를 존중하여 결정하면 갈등 대립은 사라지고 협력과 상생의 새로운 정치가 펼쳐질 것이다. 시간이 촉박하면 국민투표에 가름하는 여론조사를 통해 수렴하는 것도 방법이다. 그래야 갈등이 새로운 차원의 통일로 승화된다.

경제적 갈등의 핵심인 빈부격차 극복은 사원주주제를 확산시켜 성장과 분배를 결합시키면 된다. 그러면 내수도 진작되고 투자도 촉진되며 일자리도 창출된다. 정치 경제보다 더 중요한 일은 평화 분위기를 높이는 일이다. 평화의 강물이 우리 사회 내부에서 도도히 흐를 때 진취적 개혁은 뿌리내린다.

다시 인사가 만사다

2003-01-06

보통 사람들의 힘으로 대통령에 당선한 노무현 당선자는 국민이 민주주의를 주체적으로 실현하자고 주창하고 있다. 그것이 바로 '국민이 대통령입니다' 라는 선언일 것이다. 이는 정보통신 혁명으로 네티즌 등 전 국민이 주인 주체가 되는 기반이 만들어졌다는 의미이다. 선거 형식만이 아니라 내용에서도 국민 주권의 시대를 실현할 수 있다는 자신감의 표현이다.

이제 이를 실천하고 그 내용을 채우는 일이 무엇보다 중요하다. 그러나 아직 우리 국민들 속에는 반신반의하는 사람들도 상당수 있다. 정치가들에게 너무나 많이 속아왔기 때문이다. 무엇보다 국민들이 정권을 평가하는 첫 인상은 인사를 통해 판가름 난다 .

지도층일수록 헌법 정신을 따라야 한다. 당연히 공직인 정무직은 헌법정신에 반하는 사람은 써서는 안 된다.

헌법을 부정한 군사 쿠테타로 집권했던 시절 정무직을 했던 사람들을 다시 장차관 등 고위직에 써서는 안 된다는 말이다. 김대중 정부는 DJ와 JP의

연합으로 탄생되어 이런 원칙을 적용하는데 근본적 한계가 있었다. 그런 부담이 없는 노무현 정부는 당연히 헌법전문의 정신에 맞는 인사를 써야 마땅하다. 또 헌법에는 국민의 4대 의무가 있다. 지도층일수록 이 의무를 더 잘 지켜야 한다. 병역과 납세의 의무를 지키지 않은 사람은 주요 공직에서 물러나게 해야 한다.

헌법정신에 반하는 인사는 고위직 배제
병역 납세의무 어긴 인사 공직발탁 말아야

우리와 비슷한 반도의 나라 로마가 지중해의 중심이 된 것은 국민의 의무를 잘 지킨 사람들이 지도층이 되었기 때문이다. 융성기의 공화정 로마는 요즘의 대통령인 집정관도 가장 의무를 잘 이행한 사람 중에서 일년마다 선거로 뽑았고 검찰총장과 국세청장도 일년마다 선출했다. 교육과 근로의 의무를 다 하도록 정부가 역할하지 않으면 그 정부는 존재할 가치가 없다.

또 인사의 핵심은 청탁과 추천을 어떻게 구분하는가이다. 청탁은 인사권자가 받지 않으면 된다. 사실 인사는 각계의 추천을 잘 모으고 판단해야 오히려 좋은 인사가 이루어진다. 그렇지 않으면 결국 기득권자들이 좌지우지하게 된다. 그러면 개혁은 실패하고 만다. 청탁에 흔들리지 않는 도덕성과 용기 그리고 철학을 가진 사람을 인사하면 된다. 이 원칙을 지키면 청탁하는 사람에게 굳이 불이익을 줄 필요까지도 없다.

사실 청탁하는 사람에게 불이익을 준다는 것은 어렵다. 청탁은 대부분 권력자의 친인척과 측근 등이 하기 때문이다. 친인척 및 측근들의 문제점을 권력자에게 직언하고 내 칠수 있는 사람이 각계의 추천을 종합적으로 사심 없이 판단하여 인사권자에게 건의하는 것이 원칙이다. 그러나 지금까지의 역사를 보면 이런 훌륭한 사람은 극히 드물었다. 조용히 자리를 떠나는 것이 차라리 용기있는 사람들인 형편이다.

청탁과 추천을 구분하고
도덕성과 용기, 철학 가진 사람을

김대중 대통령은 IMF 외환위기를 극복하면서 민주주의와 시장경제 그리고 생산적 복지를 총론으로 제시했다. 그 총론 정책은 옳은 것이었다. 그렇지만 인사에서는 성공하지 못했다. 21세기와 개혁에 걸 맞는 사람들을 뽑아 쓰지 못했기 때문이다.

YS와 DJ가 못 다한 개혁을 하라고 국민은 노무현 당선자를 뽑았다. 바로 총론은 계승하되 각론을 실천하는 인사를 하라고 말이다. 확 바꾸라고 말이다. 정치권은 2004년 총선에서 결국 개혁 될 것이다. 그러나 행정부 인사를 하루 빨리 개혁하기를 국민들은 지금 원하고 있다. 권위주의가 아닌 국민을 주인으로 섬기는 인사, 관치 독점이 아닌 시장을 터득한 인사, 인간을 대상화시키지 않고 사람에 대한 애정을 가진 인사를 중용하기를 국민들은 진정 원한다.

큰 오만과 작은 오만

2002-12-23

누가 노무현 후보를 대통령으로 만들었을까. 당연히 국민이 만들었다. 어떤 국민인가. 민주화와 개혁, 그리고 나라의 자존을 바라는 국민들이 만들었다. 바로 그것이 시대정신이다.

노무현 후보와 권영길 후보 등의 표를 합하면 52.9%로 민주적 개혁과 미래로 나아가기 위한 진취적인 유권자가 과반을 넘는다는 뜻이다.

그러면 개혁적인 여러 후보 중 왜 하필 노무현인가. '서민' 이기 때문이다. 더 넓게는 권력과 금력에 오랫동안 당해온 약자의 풍모가 있었기 때문이다. 사실 언론 권력이 그를 때렸고 정치권력이 그를 흔들었으며 세계최대 강대국인 미국에 대해 외세의존적인 자세를 거부했기 때문이라는 역설을 생각할 수도 있다.

김영삼 대통령도 그랬고 김대중 대통령도 그랬고 노무현 당선자도 고생 끝에 정상에 올랐다.

그런데 이제까지 우리나라 대통령은 전부 처음에는 기대가 컸다가 항상 나중에는 국민들로부터 버림을 받았다. 제도가 잘못되었기 때문일까. 그럴 수도 있지만 제도를 바꿔도 결과는 비슷했다. 따라서 노 당선자는 이번 선거과정과 YS, DJ 대통령의 경험을 반면교사로 삼아야 한다.

대세론은 낡은 생각, 낡은 세력이 온존하는 논리

이회창 후보가 대세론으로 기선을 잡았지만 결국 실패했다. 권력과 금력이 그쪽으로 줄을 섰다. 대세론은 권력과 금력이라는 힘에 의한 통치 논리이다. 대세론은 선거도 하기 전에 이겼다고 하는, 주권을 가진 사람들 즉 유권자를 무시하는 오만한 논리이다. 주권재민의 원칙과 반한다. 낡은 생각과 낡은 세력이 온존하기 좋은 논리이다. 바로 대세론에 의한 오만으로 이회창 후보는 두 차례 실패했다. 실패 후 그의 성명에서 회한과 겸손이 읽힌다.

멋지게 대선에 나타난 정몽준 후보가 선거 몇 시간 남겨놓고 약속을 파기한 것 역시 '나 아니면 어림도 없다' 는 오만 때문이었다.

이회창 후보의 경우 오랫동안 집권당의 막강한 총재였으므로 행정부의 수반까지 하게 되면 더 오만해지지 않을까 하는 우려도 있었을 것이다. 정몽준 대표에 대해서는 돈과 명예와 권력까지 하나가 되면 얼마나 오만해질까 하는 국민들의 우려가 자연스럽게 표출된 것이다.

위대했던 사람도 오만하면 시대정신이 보이지 않고 편견을 갖게 되고 결국 권력이라는 아편 속에 빠져 그 스스로를 망치게 되는 사실을 역사는 증명하고 있다.

노 후보도 투표 전날 다 이겼다는 생각으로 단일화로 도와주고 있는 정몽준 대표를 무시했던 것 역시 작은 오만이 있었던 것 아닐까. 그러나 바로 뉘우치고 정 대표 집으로 찾아갔지만 문전박대 당한 그 마음을 '오만하면 어렵다'는 교훈으로 삼아야한다. 특히 권력은 사람들을 오만하게 만든다.

'서비스 정치'로 민심잡고 봉사해야

우리는 정치인들에게 이렇게 권하고 싶다. 봉사 즉 서비스 정치를 하게 되면 사람이 겸손해지고 사람다워지고 결국 영광과 기쁨이 올 것이다. 대신 지배권력이건 민중권력이건 권력을 행사하면 오만해지고 목이 뻣뻣해져 몰락과 후회가 있을 뿐이다.

이번 대선을 겪으며 승자나 패자 모두 민심에 충격을 받았을 것이다. 때문에 양 당에서 개혁의 목소리가 높아지고 있고 실제로 정치개혁은 어떤 형태로든 진행되지 않을 수 없다. 그러나 개혁이야말로 권력으로부터 봉사하는 마음과 자세, 시스템을 만드는 과정이다. 낡은 세력에 대해 권력이라는 칼을 휘두르는 개혁의 방식이 지난날의 방식이라면 21세기의 새로운 개혁은 개혁 추진 세력이 먼저 봉사하는 모범을 보여 대다수 국민의 지지를 획득하면서 개혁의 물결을 퍼뜨려 나가는 방식이어야 한다. 일시적으로 멋진 성과는 없을지 모르지만 매일매일 서비스 정치를 하면 결국 민심은 하나가 되어 국민 대통합도 이루고 실질적인 개혁도 달성된다.

승리한 사람은 자칫 오만하기 쉽고 권력은 오만한 칼날을 휘둘러 결국 부메랑이 되어 스스로를 무너뜨리는 경우를 우리는 너무나 많이 보아왔다. 이번만은 예외가 되길 기대해 본다.

선의의 경쟁과 짓밟는 경쟁

2002-04-15

시장 경제는 경쟁을 전제로 한다. 경쟁이 없으면 시장경제는 존립될 수 없다는 뜻이다. 전근대적인 봉건 사회에서 경쟁은 존재하지 않았다. 봉건주의를 반대하는 민주주의는 선거라는 경쟁을 통해 시장경제의 틀을 만들어나갔다. 그렇지만 경제에는 경쟁을 거부하는 두 개의 흐름이 나타났으니 그 하나는 바로 자본주의의 독점이고 다른 하나는 사회주의 계획경제였다. 사회주의는 아담 스미스의 '짓밟는 경쟁'이 빈익빈부익부를 낳아 사회적 갈등 대립을 심화시키고 결국 인간에게 불행을 가져다주니 경쟁 자체를 없애 그 불행의 싹을 잘라야 한다고 주장했다. 그러나 소련과 동구 사회주의의 몰락은 경쟁이 없으면 하향평준화로 사회 발전의 불가능을 입증해 다시 경쟁의 중요성이 강조됐다.

근대적인 산업사회로 옮아오면서 경쟁은 '짓밟는 경쟁'으로 나아가 자본과 노동의 갈등 대립이 심화되어 엄청난 사회적 비용이 낭비됐다.

20세기 독점과 혁명과 전쟁의 시대를 거쳐 오면서 인류는 '짓밟는 경쟁'을 넘어서고 하향평준화를 극복하는 새로운 경쟁 즉 '선의의 경쟁'을 사회에 뿌리내리는 문제에 대해 커다란 관심을 갖지 않을 수 없게 됐다.

'짓밟는 경쟁' 통해 비대해진 '자본'

토지를 가장 중요시한 전근대적인 봉건 사회까지는 인류는 지구가 평평하다는 2차원적인 사고의 틀에 갇혀있었다. 마치 땅만 보는 동물적 생각이었다고도 볼 수 있다. 근대 산업사회가 되면서 지구는 둥글다와 같은 3차원의 공간적인 사고로 인간의 생각이 한 차원 높아졌다. 3차원적인 물건이 상품으로 홍수처럼 쏟아져 나왔고 상품을 대표하는 돈이 중심이 되었고 새끼치는 돈인 자본이 토지보다 더 중요한 요소가 되었다. 자본은 '짓밟는 경쟁'을 요구했고 그를 통해 더 비대화되었다.

그렇지만 21세기는 새로운 사고를 요구하는 시대이다. 인류는 시공간의 4차원적인 생각으로 한 차원 높아지게 됐다. 특히 '빠르다'를 대표하는 정보통신산업과 '느리다'를 대표하는 생명공학산업이 새로운 산업으로 등장하고 아인슈타인의 빛과 같이 빠른 속도로 달리는 우주선을 타고 가면 나이를 먹지 않는다는 시간의 탄력적 개념과 $E=mc^2$과 같은 통일장 이론이 일반화되면서 4차원적인 새로운 생각이 확산되었다.

3차원의 사고는 사물을 질과 양으로 파악하고 경쟁도 짓밟는 경쟁으로밖에 이해될 수 없지만 4차원의 사고는 사물을 질과 양 이외에 장이라고 하는 새로운 범주가 있다는 사실을 알아내면서 장 속에서는 짓밟는 경쟁을 넘어서 선의의 경쟁이 가능하다는 사실을 터득하게 되었다. 요즘 '만남의 장' 이라는 말이 유행하고 있는데 이는 바로 4차원적인 사고나 생활을 요구하는 단초라고 볼 수 있다. 윈-윈(win-win)이란 개념도 4차원적인 생각 속에서 나온 것이다.

2차원 사고 '흑백논리' 3차원 사고 '변증법'
21세기 4차원 시대는 '만남의 장'과 '윈-윈'의 사고

2차원의 사고는 흑백논리이고 3차원의 논리는 변증법이고 4차원의 생각은 만남의 장을 통한 윈-윈의 휴먼 네트워크(human network)를 만드는 것이다.

21세기 한국은 외세에 의한 이념갈등인 남북분단과 정치권이 만들어 놓은 지역갈등과 '짓밟는 경쟁'이 초래한 노사대립의 3종의 갈등이 존재한다.

정치권은 이 세 가지 갈등을 극복할 수 있는 비전을 제시하고 갈등을 없애는 데 적극적으로 행동하지 않으면 국민과 시대로부터 외면당하게 된다.

'선의의 경쟁'을 뿌리내리는 4차원적인 시대정신에 누가 적합한가를 유권자가 결정해야할 때가 다가오고 있다.

극(極)과 극을 넘어서

2001- 02-12

최근 대우 · 동아건설의 분식 회계가 화제가 되었다. '세계경영' 의 신화, 리비아 수로건설의 대역사 등 갖가지 극찬을 받던 주역들이 하루아침에 난도질 당하고 있다.

지금까지 노동자들은 항상 기업주가 돈을 떼어 먹으려고 장부를 조작해 이익을 축소하며 심지어 흑자를 적자로 바꾼다고 믿었다. 그런데 발표된 것은 이들 재벌이 몇 조 몇 천억을 부풀려 이익을 낸 것으로 둔갑시켰으니 전혀 뜻밖이라고 생각할 수 있다.

은행에서 돈을 꾸기 위해, 또 흑자 났다고 해야 월급쟁이 사장들이 자리를 유지할 수 있으니 또 폼도 잡아야 하니 그렇게 했다. 조작이라도 흑자가 난 것으로 되니 노동자의 임금도 꽤 인상되었다. 그런대로 노사 모두가 '해피' 한 셈이었다. 그런데 노동자는 사용자를 못 믿고 사용자는 노동자를 못 믿는 극단으로 나가고 있다. 한때 평생직장이 유행하더니 지금은 모두가 밥줄이 끊길 각오를 하라고 야단법석이다.

지난날 연공서열이 중요하고 단계를 밟아 올라가야 한다고 인사규정을 만들었는데 지금은 오래 다닌 것이 '죄' 처럼 되어버렸다. 대신 아직 검증되지 않은 '외계인' 들이 각 조직의 최고 책임자로 등장하고 있다. 한때 우리나라 증시 상승률이 세계 제일이더니 급락세도 세계 제일이다.

언론도 일반기업처럼 매년 몇 회사씩 세무조사 받는 것이 정상

언론을 성역으로 대접하다가 갑자기 모든 언론이 일제히 세무조사를 받는 극단적인 일이 벌어지고 있다. 언론도 일반기업처럼 매년 몇 회사씩 세무조사를 받는 것이 정상이다. 여당 할 때 주장과 야당 할 때 주장이 다르니 국민은 어리둥절할 뿐이다. 여당은 모든 게 잘 되어가고 있다고 하고 야당은 아무것도 되는 게 없다고 맞서고 있다.

'정통 민주 야당' 의 동지였던 김대중 대통령과 김영삼 전 대통령은 극과 극으로 대립하는 우리 사회의 모습을 단적으로 보여주고 있다. 모든것이 극과 극이다. 그러니 혼란이다. 극단은 극단을 낳는다. 극좌는 극우를 부른다. 극과 극은 사고를 이분법적으로 나누고 사회를 대립으로 치닫게 한다. 극과 극은 우리 사회가 나아갈 방향과 지켜야할 원칙과 기준자체를 흔들어 버린다. 극과 극의 대립은 지난 날의 원한을 심화시키고 흑백논리만 판치게 만든다. 당연히 동지 아니면 적이라는 식의 편 가르기만 있을 뿐이다. 서로를 죽이는 흑색선전과 유언비어 부풀리기가 난무하게 된다.

그러나 원래부터 극과 극의 대립을 원하는 사람은 아무도 없다. 권력과 금력을 놓고 싸우다 보니 극과 극의 대립이 일어난다. 자리에 앉거나 돈을 버는 데 누구나 동의할 수 있는 방법에 따른다면 대립은 없어진다. 민주주의 원리, 즉 다수가 소수를 존중하고 소수가 다수의 의견을 따를 때 투쟁은 없어진다.

정권재창출이니 정권교체니하는 대립도 아주 간단하게 해결할 수 있다. 자천 타천으로 대권을 꿈꾸는 9룡들이 전당대회에서 선출되는 후보에게 모두 힘을 모아준다면, 여당이 지금처럼 정권재창출 때문에 골머리를 썩이고, 국민을 혼란하게 하는 꼼수를 부릴 필요가 없다.

정치가 극과 극 달리면 경제도 혼란

야당도 마찬가지다. 국민이 바라는 정치를 선보이면 된다. 정권교체를 꼭 해야 한다는 극단적인 생각을 벗어나 마음을 비우면 국민이 선택할 폭은 그만큼 넓어진다. 하지만 지도층, 특히 정치인들이 극과 극을 달리니 경제가 제대로 될 리 없다. 이게 우리 현실이다.

돈 싸움도 마찬가지다. 시장에서 소비자 · 고객들이 선택하게 하면 된다. 서비스 좋고 질 좋고 값싸면 당연히 잘 팔려 돈이 벌린다. 시장에서 선의의 경쟁을 하도록 정부와 국민들이 분위기를 만들면 된다. 기업내부도 마찬가지다. 성실과 능력으로 선의의 경쟁을 하도록 하면 된다. 어찌 보면 극과 극의 문제를 해결하는 것은 이렇게 단순할 수 있다. 민주주의와 시장 경제를 뿌리내리면 된다. 민주주의와 시장경제는 억지로 되는 것이 아니라 이런 단순한 원리를 생활화하면 된다. 극과 극 대신에 건전한 상식이 통하는 중용의 의미를 되새겨야 할 때이다

대처식인가, 루스벨트식인가

2000-07-19

임진왜란 전에 율곡 이이는 선조에게 이렇게 상소문을 올렸다. "개혁을 하면 나라가 흥할 수도 있고 망할 수도 있지만, 개혁을 하지 않으면 반드시 망합니다." 하지만 선조는 이 상소문을 팽개쳤다. 결국 7년간의 임진 정유 두 난리를 겪어야 했다.

IMF 경제위기를 극복했으니 이제는 본격적인 개혁을 해야 할 때이다. 재벌 개혁도 남아 있고, 공공부문 개혁도 미진한데 금융 개혁이 발등의 불이 되고 있다. 의료대란에 이어 금융노동자들도 파업을 벌였다. 현대 사태로 금융감독위원회와 공정거래위원회 등 정부의 위신은 실추됐다. 우리에게 개혁은 김대중 대통령의 말대로 '선택의 문제가 아니라 생존의 문제' 임에 틀림없다. 개혁은 원칙과 기준을 세우고 국민의 지지를 얻어 힘있게 밀고 나가야 우왕 좌왕하지 않고 성공할 수 있다. 그러나 지금 개혁의 청사진이 과연 있는가 의문이다.

대처수상이 했던 방식을 내세우며 개혁 저항을 힘으로라도 제압하여 질서를 바로잡자는 시각도 있다. 대처는 노동당의 사회보장제도를 일부 바꿔 국가 부담의 일부를 개인이 부담하게 하면서 시장 기능을 강화시켰다. 이 과정에서 노동운동의 저항을 강력한 힘으로 제압해야 했다.

대처식 방법도 다수 국민의 지지를 받았다. '파이'를 키우기 위해 기업을 살리자는데 영국 시민들의 동의가 있었다. 더 중요한 것은 노동부분에 앞서 공공부문의 구조조정을 먼저 했고 그 강도도 가혹했다.

개혁의 청사진이 과연 있는가

루즈벨트의 개혁도 있다. 1930년대 대공황을 뉴딜정책으로 극복한 루스벨트는 개혁과정에서 테네시강 개발계획과 같은 SOC투자로 실업자들을 일하게 만들었고, 노동3권을 보장하며 〈사회보장법〉을 제정했고 노인 장애인 등 약자를 위해 노력했다. 또 〈반독점법〉을 제정하여 석유재벌인 록펠러의 스탠다드 오일 등을 분할시킨 강력한 정책을 폈다. 그 결과 노동운동은 활성화되었고, 선거에서 루스벨트는 압도적 지지로 재선되어 뉴딜정책을 힘차게 추진할 수 있었다. 루스벨트는 1933년 첫 대통령 취임연설에서 '우리에게 두려워할 것은 오직 두려움 그 자체뿐'이라고 선언하고 뉴딜 정책의 기치하에 국민들이 모여들게 했다.

50년만에 평화적 정권교체를 한 국민의 정부는 대처식 방법을 택할 것인가 루스벨트식 방법을 택할 것인가, 아니면 새로운 제3의 방법을 창안할 것인가를 이제는 결정해야 할 때이다.

개혁은 지도층의 모범이 더욱 중요하고 민심을 바탕으로 할 때만이 성공할 수 있다.

지금 우리의 개혁과정을 보면 형식은 루스벨트식이지만 내용은 대처식이어서 일관성이 없고 앞뒤가 안 맞아 보인다. 대처가 영국의 탄광노조 등 파업투쟁을 깰 때도 공공부문의 구조조정을 먼저 했기 때문에 지지를 얻을 수 있었다.

국민 고통 요구하려면 상층부터 개혁해야

지금 관료나 정치개혁은 아직 시작 단계에 머물러 있을 뿐이다. 이 문제를 제쳐두고 다른 부문의 구조조정이나 개혁만 강조하니 불만이 높아질 수 밖에 없다. IMF위기 2년이 끝난 후 도시근로자 가구 소득 상위 20% 계층은 오히려 소득이 5% 늘었고 나머지 80%는 감소했다. 특히 위기가 본격화 된 첫해 1998년에는 소득 상위 20% 계층은 전년에 비해 소득이 고작 0.3% 줄었는데 반해 하위 20% 사람들의 소득은 무려 17.2%나 감소했다. 사태의 책임이 먼저 부유층과 지도층에 있는데도 오히려 그들의 소득은 늘었으니 중산층과 서민의 불만은 고조될 수 밖에 없다. 의료대란과 금융파업 사태를 단순히 화이트칼라나 가진자들의 집단 이기주의로만 매도하는 시각에는 문제가 있다. 국민 대다수가 동의하는 개혁을 성공시키기 위해서는 원칙과 기준을 세우고 우선순위를 정해야 한다. 그래야 국민들도 아픔을 감내할 수 있다. 힘으로 누르기만 하는 공안통치 식은 시대착오적이며 노사간 갈등 대립구조를 심화시킨 대처 식은 오늘 우리 현실에 적합하지 않다. 루즈벨트식 개혁을 21세기 한국적 현실에 창조적으로 적용하면 어떨까

정권교체냐, 정권재창출이냐

2011-05-02

2012년 총선 대선이 다가오고 있다. 이번 4·27 재보궐 선거는 그 전초전이다. 재보궐 선거의 백미는 분당을에서 강재섭 한나라당 전 대표와 손학규 민주당 대표 간의 일전이었다.

선거 초반에는 한나라당이 이길 것이라고 대부분 예상했다. '천당 밑에 분당' 이라는 한나라당 아성은 워낙 견고해 무너질 수 없다고 예측했다. '계란으로 바위치기' 라는 말도 있었다.

그러나 결과는 반대로 나타났다. 유권자들이 세상을 바꾼 것이다. 특히 중산층이 한나라당을 버린 것이다. 선거 마지막 한시간 사이 무려 1만명 유권자들이 투표소로 몰려갔다. 넥타이 부대들의 함성이었다. 25년 전 6월항쟁 때 넥타이 부대들이 세상을 바꿨지만 이번에는 넥타이 뿐 아니라 하이힐까지 분노했다. 마지막 한시간 1만명 유권자가 오지 않았다면 2.7%, 2188표로 승리할 수는 없었을 것이다.

투표율이 높으면 여당인 한나라당이 지고, 낮으면 야당인 민주당이 진다는 통설 그 자체야말로 한나라당이 질 수밖에 없는 이유이다. 유권자를 무서워하면 정치를 말아야 한다. 더구나 유권자에 대한 최소한의 서비스인 방송

토론조차도 거부할 정도라면 아무리 유리한 조건이라도 결국 패할 수밖에 없다.

정치는 자기가 아니라 남을 위해서 하는 것

정치는 남을 위해서 하는 것이다. 자기를 위해서 하면 정치가가 아니라 모리배가 된다. 추상적인 국민이 아니라 가까운 이웃 특히 어려운 사람들을 위해 봉사 헌신하는 직업이 바로 정치이다. 자신을 위해서 하려면 장사를 해야 한다.

악착같이 나 아니면 안 된다는 출마자는 이번에 떨어졌다. 남을 위해 남이 하지 않을 곳에 가서 남들이 하라고 할 때 도전하는 것이 바로 진정한 정치이다. 손학규 후보가 그랬고 최문순 후보가 그랬다. 바로 이것이 정의이다.

이미 한나라당은 정책에서도 졌다. 색깔론을 들고 나오면서 강원도는 진 것이나 다름없었다. 강원도 주민 중 누가 전쟁을 원하겠는가. 불법선거 등 시계를 거꾸로 돌리려고 하니 유권자를 너무나 무시했다. 정권의 언론정책에 대해서도 강원도는 심판했다.

이번 재보궐 선거는 사실상 제2의 6월항쟁이라는 대장정이 시작되는 첫 발걸음이다. 1987년 6월항쟁이 중진국으로 들어서는 첫 관문이었던 것처럼 이번 재보권 선거는 2012년 총선과 대선을 거쳐 우리 사회가 선진국으로 도약하는 첫 디딤돌이다.

지금대로라면 한나라당의 정권재창출은 쉽지 않다. 특히 중산층이 무너져서 그렇다. 자영업자들과 화이트칼라들이 분노했기 때문이다. 이들이 3년

반 전 한나라당 이명박 정권을 탄생시킨 주역이었다.

사실 이명박 대통령은 세계적인 금융위기를 어떤 나라보다도 빨리 극복했고, G20 정상회의 의장국으로서 대한민국의 국격을 높였다. 그런데도 지난 6 · 2지방선거와 이번 재보궐 선거에서 참패한 것을 이해하기 힘들 수 있다. 그러나 국민들은 세계적인 위상도 좋지만 구체적인 우리 자신의 삶의 질을 더 중요하게 생각한다. 생활이 악화되면 변화를 추구하는 것은 너무나 당연하다. 빈부격차 속에서 집권여당이 승리할 수는 없다. 이대로 가면 정권교체는 이루어질 수밖에 없다. 내년 4월 총선에서 야당이 과반수를 얻는 것은 피할 수 없다. 야권은 단합하고 여권은 분열하는 속에서 정권재창출은 물 건너갈 수밖에 없다.

'중산층 · 중간층 · 수도권 중부'가 다음 선거의 화두

양극화가 어떻게 되느냐가 앞으로 1년간의 정권교체와 정권재창출의 시금석이다. 객관적인 필요조건이다. 연대와 분열이 주체적인 충분조건이다.

중(中)이 화두이다. 중산층 · 중간층 · 수도권 중부에서 누가, 어느 세력이 지지를 얻느냐에 달려있다. 이것이 현실정치이다.

유권자들이 세상을 바꾼다. 후보자가 세상을 바꾼다고 생각하는 순간 유권자는 얼굴을 돌린다. 후보 중심에서 유권자 중심으로 마음을 바꿀 때 우리 정치의 내일이 있다. 오만은 죽음이고 봉사가 생명이다. 단합하면 승리하고 분열하면 패배한다. 이번 선거의 교훈이다.

제2장

민생정치의 길

침체된 사회와 역동적인 사회

2011-02-07

생활고를 못 견딘 튀니지 한 젊은 노점상의 분신자살이 북아프리카 이슬람 사회들을 뒤흔들고 있다. 민주주의가 없는 사회는 필연적으로 변화와 개혁을 거부한다. 변화와 개혁은 독재체제의 균열을 부르기 때문이다. 그런 사회는 결국 정체되어 국민들에게 고통을 안길 뿐이다. 이슬람 원리주의자가 잡을 것인가, 서구적 개혁을 추구하는 세력이 잡을 것인가 향방이 아직 분명하지 않지만 무바라크 30년 독재의 퇴진과 더불어 이집트에 민주화의 바람이 불 것은 자명하다.

이집트는 하루 2달러 이하의 빈곤층이 인구의 40%이고 국민소득은 2480달러(2009년)로 3천 달러 이하이다. 이집트에 민주화가 찾아온다면 국가가 가진 잠재력에 비해 형편없이 뒤쳐져있는 이집트의 경제도 비약적 발전을 할 것이 분명하다.

우리의 역사도 그랬다. 1987년 전두환 군사정권이 국민의 저항으로 무너지고 민주화가 시작되었다. 그 때 우리의 1인당 국민소득은 3300달러였다.

우리는 1987년에서 1997년까지 1만 달러 소득을 달성했다. 정치 사회적 변화가 경제적 변화로 확산되어 1만 달러 소득을 이루었다. 외환위기로 1만 달러 소득이 뒷걸음치자 평화적 정권교체를 통해 다시 새 발판을 마련했다. 외환위기 이후 1998년부터 2007년까지 10년간 우리는 다시 2만 달러로 발돋움했다.

이집트 하루 2달러 이하 빈곤층, 인구의 40%
민주화가 임금인상 부르고 결국 비약적 성장 이룰 것

그러나 최근 3년간은 정체된 채 머물러 있다. 2010년 역시 2만 달러에 불과하고 그 벽을 넘지 못하고 있다. 물론 금융위기가 있었다. 그러나 경제 단계가 다르다고는 하나 중국과 인도, 브라질은 이 기간에 10%, 8%, 7.5%의 높은 성장률을 나타냈다.

민주화는 정치적 변화를 통해 민생을 살리고 복지를 펼치는 것이다. 지금 우리사회는 바로 이 변화가 멎어 있다. 부분적으로는 역행하고 있다.

오히려 빈부격차는 심해지고 자영업자들은 몰락해가고 비정규직은 양산되고 있다. 지금 서민들의 삶은 고난 그 자체이다. 이대로는 안 된다는 분위기가 퍼져가고 있다.

정권재창출인가, 정권교체인가. 이 모든 것의 기준은 어느 세력이 민주화를 통한 민생 복지를 확대할 수 있을 것인가에 달려 있다.

정몽준 한나라당 전 대표가 사실상 운영하는 아산정책연구원의 1월 20일자 여론조사에서 내년 대선에서 여당 후보 지지는 35.4%, 야당 후보 지지는 36.8%로 나왔다. 국민들이 현 상황의 변화와 개혁을 요구하고 있음을 여실히 보여주고 있다.

어느 세력이 민생복지 확대 할 것인가 국민들은 논쟁을 지켜보고 있다

한나라당과 민주당 등은 진정성을 갖고 민주주의를 통한 민생복지를 위할 것인가의 여부를 결단할 때가 왔다. 국민들은 민생복지 논쟁을 지켜보고 있다. 민생복지의 의지가 있는가, 진정성이 있는가가 더 핵심이다. 의지가 있다면 재원 해결의 방법은 얼마든지 있다. 복지를 시혜적으로 접근하는 것은 민주주의적 사고가 아니다.

여당은 민생복지를 구체적으로 실행할 책무를 지고 있다. 의식주에서 최소한 식과 주의 문제를 해결해내지 못하면 다시 집권할 수 없게 된다. 신선식품 물가와 구제역은 식의 문제이다. 전월세난은 주의 문제이다.

야당은 집권 이후 어떻게 민주주의를 통한 민생복지를 실현할 수 있는가를 구체화시켜 국민들에게 제시해야 한다.

역동적 사회는 변화가 충만한 사회이다. 민생복지의 방법론을 둘러싸고 정치적 변화가 일어나야 한다. 침체되고 정체된 사회는 미래가 없다. 혼돈 속에 창조가 있다.

'3+1' 어떻게 가능하게 할 것인가

2011-01-24

우리나라 국내총생산(GDP)이 대략 1000조원인데 빚도 정부 빚 407조와 공기업 빚 599조원을 합쳐 1000조원을 넘었다. 부채비율이 100%까지 올라가 남유럽처럼 될지 모른다는 위기감이 커지고 있다. 이런 가운데 민주당이 무상급식, 무상의료, 무상보육과 등록금 반값을 들고 나와 포퓰리즘 논쟁이 정치권을 뜨겁게 달구고 있다.

한나라당은 총 소요비가 43조원이나 들어 나라 재정을 거덜 낼 우려가 있다고 비난하고 있다. 반면 민주당은 무상급식에 1조원, 무상의료(본인부담률 10%)에 8조 1000억원, 무상보육 4조 1000억원, 반값 등록금 3조 2000억원을 합쳐 총 16조 4000억원이 들 것이라고 주장하고 있다. 그리고 부자감세 철회와 비과세 감면축소 등 재정구조 개혁을 통해 20조원 안팎의 재원을 마련할 수 있다고 설명하고 있다.

여야 모두 획기적인 발상의 전환이 필요한 때인 것 같다. 지금 같은 수출지향적인 경제성장은 이제 한계가 왔으므로 근본적인 문제를 새롭게 바라보지 않으면 선진국으로 도약할 수 없다는 사실을 고민할 때라고 본다.

첫째가 남북한 문제이다. 우리는 국방비를 1년에 GDP의 3%인 약 30조원을 쓰고 있다. 반면 북한은 총 GDP가 약 25조원으로 우리의 40분의 1에 불과하다. 북한은 GDP 전부를 국방비에 써도 우리보다 5조원이나 적다. 그러나 북한의 특수성을 고려해 국방비를 GDP의 50%라고 가정하더라도 (한국국방연구원은 북한재정의 30% 수준으로 보고 있다) 12조 5000억원이다. (해외 연구기관들은 약 55억 달러, 6조원으로 보고 있다)

남 · 북 모두 국방비 줄여 복지 · SOC 예산으로

남쪽에서 10조원 북쪽에서는 5조원의 국방비를 줄여 남쪽은 복지예산으로, 북쪽은 도로 전력 등 사회간접자본(SOC)에 투자하는 남북관계의 새로운 전환점을 마련해야 한다. 이 문제를 위한 남북한 정상회담을 하루 빨리 추진해야 한다.

둘째 새로운 세원의 발굴은 바로 주식시장에서 만들어야 한다. 전 세계에서 데이 트레이딩이 가장 심한 나라가 우리 대한민국이다. 주식의 장기보유를 유도하기 위해서라도, 또 단타투기로 인한 신용불량자 양산을 막기 위해서라도 주식투자수익에 대한 보유기간별 이익실현 과세제도를 마련해야 한다.

미국 클린턴 행정부에서 이제도를 만들어 성공한 사례를 우리도 참고할 필요가 있다. 현재 우리는 소득있는 곳에 세금이 없는 불합리한 세제구조를 가지고 있다. 이것을 개선하면 최소 10조원 이상을 마련할 수 있다. 이 세원을 복지재원으로 만들어야 한다.

셋째 상속 · 증여세에 대한 새로운 관점을 가져야 한다.

중소기업은 예외로 하더라도 대기업과 그 계열사는 주식평가를 일정 기간마다 새로 해서 오른 주가로 상속 · 증여세를 과세하는 법안을 만들어야 한다. 올해 상속 · 증여세는 3조원에 불과할 것으로 예상된다. 여기에서도 10조원 이상을 마련해야 한다. 아울러 부동산에 대한 과세를 공시지가로 하고 있는데 일정 금액 이상(예를 들면 9억원)의경우에는 과표를 감정가로 올려야 한다.

상속 · 증여세 개정해 복지재원 마련해야

우리 경제의 최대 문제는 내수부진과 양극화와 가계부채이다. 이 문제를 해결하려면 기존 방식으로는 불가능하다.

이명박 정부는 고환율 정책으로 내수부진과 양극화, 가계부채를 과거의 어떤 정권보다 심화시켰다. 자영업과 내수 중소기업이 갈수록 어려워지고 지니 계수는 갈수록 커지고 있다. 가계부채는 900조원을 넘어서고 있다.

고환율 정책도 바뀌어야 하지만 보다 근본적인 재원조달 방안을 마련해야 한다. 복지를 통한 내수 활성화와 양극화 해소, 그리고 가계부채 연착륙을 통해 경제성장의 새로운 패러다임을 마련할 때가 왔다.

일자리 창출이 없는 복지는 불가능하다. 일자리는 창업과 내수 중소기업 활성화에서 나온다. 내수 활성화에 의한 복지가 일자리 창출 그 자체이다. 이것이 선진국형 복지이다. 새롭고 획기적인 방안을 마련하지 않는다면 정치적 무관심층을 정치의 주인으로 일으켜 세울 수 없다. 참여율 즉 투표율을 높일 수 없다. 21세기의 정치는 복지가 되어야 한다.

MB선택 표심은 경제였다

2010-12-27

북한의 연평도 포격으로 나라가 온통 안보 문제로 들끓었다. 안보의 키워드는 정신력과 경제력이다. 과거에는 정신력이 중요했지만 시간이 갈수록 경제력이 중요해지고 있다. 일본의 가미가제 정신이 아무리 강해도 미국의 경제력과 과학기술 앞에 무릎을 꿇었던 것이 역사의 교훈이다.

정신력은 민주주의에서 나온다. 민주주의는 인류 역사에서 가장 통합력을 높이는 제도이다. 이명박 대통령도 연평도 사격훈련 이후 국민통합이 가장 중요하다고 했다. 그러나 여당이 의회에서 3년 연속 날치기하는 상황에서 국민통합력이 높아질 수 없다.

남북관계나 민주주의는 이 대통령의 전공과 거리가 있다. 남북관계는 김대중 대통령, 민주주의는 노무현 대통령의 전공이다. 남북관계와 민주주의는 어느 정도 되었으니 경제를 위해 경영이 전공인 이명박 대통령을 선출한 것이 지난 대선의 표심이었다.

그런데 전공이 아닌 분야에 손을 거꾸로 대니 문제가 어렵게 꼬이고 있다. 그 상태로 놔두는 것이 최선이었다. 대신 부족한 경제를 한 단계 높이기를 원했다. 2만 달러 소득을 4만 달러로 올리겠다는 선거공약을 내세웠으니 못해도 3만 달러 선진국으로 도약할 수 있다고 다수 국민은 믿었다. 아직도 50% 국민들은 이명박 대통령을 믿고 싶어 한다.

그런데 남북관계와 민주주의를 과거로 회귀시키면서 경제를 3만 달러로 높일 수 있는 방법은 눈을 씻고 봐도 없다. 특히 남북관계 때문에 중국과의 관계는 갈수록 악화되고 있다. 수출로 먹고 사는 나라에서, 미국 일본 EU를 합한 만큼의 수출을 중국에 하는 현실에서 중국관계 악화는 경제에 치명적이다.

전공인 경제에 집중해야한다

정권을 잡은 측이 지난 정권의 정책을 깡그리 무시하면 실패한 정권이 될 수밖에 없다. 김대중정부는 김영삼정부의 주요 정책을 계승 발전시켰기 때문에 성공했다.

이명박정부는 2년 밖에 남지 않았다. 남북관계와 민주주의를 원 위치시키고 경제에 집중해야 한다. 중국의 비중을 줄이려면 당연히 내수를 발전시켜야 한다. 고환율 수출드라이브 정책은 수출 대기업에만 좋은 것이고, 지금 같은 상황에서는 중소기업 · 자영업 · 근로자와 재벌대기업 두 집단으로 사회가 갈등 대립하게 된다. 지난 대선에서는 다수의 중소기업 자영업자들이 경제를 강조한 이명박 한나라당 후보를 지지했다. 시간이 갈수록 이들의 지지가 약해지고 있다.

대기업 중심의 수출드라이브정책을 썼던 1970~1986년 우리나라의 평균

성장률은 7.6%였다. 그러나 6월 민주항쟁 이후 노동운동이 활성화되면서 근로소득이 늘고 내수시장이 확대되기 시작했다. 이 시기 1987~1996년의 평균 성장률은 8.1%였다.

최근 근로자들과 자영업 중소기업가들의 생활이 갈수록 힘들어지고 있다. 빈부격차가 심해지니 사회통합은 어려워지고 있다. 그래서일까. 박근혜 차기 한나라당 유력 대통령 후보조차 경제 대신 복지를 앞세우고 나섰다.

사실 복지는 민주당의 트레이드 마크이다. 서민경제도 민주당의 트레이드 마크였다. 녹색도 민주당 색깔이다. 지금 민주 야당 세력들은 민주당 등 다섯 개로 나뉘어져 있어 국민들이 헷갈리고 있다. 또 이슈도 너무 다양하다. 여당인 한나라당이 안보에 기반해 경제로 간다면 야당은 민생에서 출발해 경제로 나가 경쟁해야 한다.

21세기의 안보는 경제력이 중심

21세기의 안보는 경제력이 중심이다. 민주주의도 사실 경제력에서 나온다. 다만 안보건 민주주의건 분열은 죽음이다. 빈부격차가 커질수록 안보는 약해지고 민주주의는 후퇴한다. 이제 이명박 대통령도 경제에 집중하고 야당들도 경제에 집중하기 바란다. 경제는 평화 속에서 자라며 국민통합력의 기반이다. 빈부격차를 해소하고 일자리를 늘리며 사회복지에 힘을 쏟아야 한다. 우리는 이명박 대통령이 진정 경제에 집중해 성공한 대통령이 되기를 바란다.

G2인 미국 · 중국과는 등거리 외교를

2010-12-13

다수의 국민들은 우리 사회가 선진국으로 도약한다고 믿었다. '747 공약' 도 실현되리라 생각했다. 그러나 점점 믿음이 깨지고 있다.

3년 계속된 날치기 예산통과와 천안함 · 연평도 포격으로 인한 안보불안에 겹쳐 국민들의 생활이 갈수록 어려워져 현 정권에 대한 기대를 접는 사람들이 늘어나고 있다.

경제 대통령이어서 경제는 믿었지만 올해 겨우 2만 달러 소득을 간신히 넘길 것 같다. 수출대기업 이외에는 모두가 팍팍해지고 있다.

문제는 앞으로이다. 그나마 경제가 이만큼이라도 버티는 것은 수출 때문이다. 수출의 중심은 중국이다. 미국 일본 유럽을 합친 만큼 중국에 수출하고 있는데 중국과의 관계가 갈수록 악화되고 있다. 물론 북한 때문이긴 하지만 너무나 미국에 편중되어 가고 있다.

중국의 사고는 미국이나 우리와는 다르다. 중국은 시장경제이긴 하지만 사회주의 시장경제이다. 우리 식으로 생각하면 안 된다.

중국과 사이가 나빠지는 것만큼 미국과 일본 유럽이 우리를 도와주면 좋겠지만 경제에 관한 한 그렇지 않다. 외환위기와 금융위기가 바로 그것이다. 환율과 금융의 문제는 중국과의 관계가 아니라 일본과 미국에 의해 일어났다. 미국과 일본은 우리 경제에 고통을 가져다주었다. 우리는 그 해결의 실마리를 중국 수출에서 찾았다.

우리의 대외전략은 기본적으로 '모든 나라와의 상생' 이어야 한다. G2인 미국 중국과는 등거리가 답이다. 어느 쪽에도 치우치지 않는 것이 미래의 방향이다. 그러려면 중심이 튼튼해야 한다. 우리 스스로 위대하고 강한 나라를 만들어야 한다.

금융은 공공성 영역, 개방은 하되 규제해야

자본주의 시장경제에서는 갈수록 금융이 중요해진다. 개방은 하되 금융은 적절히 규제해야 한다. 금융 규제완화가 글로벌 금융위기의 근본 원인이다. 이유는 간단하다. 금융의 중심인 은행의 경우 10%의 자본으로 그 열배를 꿔주는데 다시 그 열배가 파생상품으로 바뀌어 다시 열배 즉 100배 이상의 신용을 창출한다. 경제가 상승국면일 때는 상관이 없지만 안 될 때는 금융에서 문제가 터진다. 그 문제를 모두 국민세금 즉 공적자금으로 메우는 불의가 저질러지고 있다. 이 불의의 배후에는 선진금융, 즉 투기자본이 있다. 정부가 이들을 규제하지 않으면 위대하고 강한 선진국이 결코 될 수 없다. 금융은 시장경제에서 공공성 그 자체여야 하기 때문이다.

수출 중심의 경제정책으로는 사회주의 중국과 대등한 관계를 가질 수 없다. 수출에 제동이 걸리면 한국 경제는 심각해진다. 군사력보다 중요한 것이 경제력이다. 국내총생산(GDP)보다 중요한 것이 1인당 소득이다.

1인당 소득과 함께 우리는 민주주의가 중국보다 앞서 있다. 우리의 민주주의는 자유민주적 기본질서, 즉 의회주의에 기초해 있다. 이것을 중국인들이 부러워하는 것이다. 이것이 3년째 비틀거리고 있다. 미국을 등에 업고 의회주의를 후퇴시키면서 중국과 상대하는 방식은 과거 회귀형이다.

북한은 우리의 상대가 되지 않는다. 우리의 국민총소득(GNI)은 약 900조원이고 군사비는 30조원인데 반해 북한의 GNI는 24조원이다. 우리의 국방비가 너무 많아 오히려 문제였다. 정작 문제는 우리 군의 정신과 기강, 군통수권자의 대응능력이다.

국방력은 여야 합의할 때 강력한 힘 발휘

특히 국방 경쟁력은 여야가 합의할 때 강력한 힘을 발휘한다. 강력한 힘 없이 평화는 존재하지 않는다. 안보 무능에서는 남북회담도 존재할 수 없다. 우리 역사가 이를 말하고 있다. 자신있는 정부만이 남북대화도 할 수 있고 미국과 중국을 상대로 등거리 외교도 할 수 있다.

안보 없이 경제 없다. 우리 안보는 평화와 발전과 통일을 목적으로 한다. 안보는 정신력과 경제력을 바탕으로 하고 있다. 정신력은 민주주의에서 나온다. 경제력은 지속가능발전에서 나온다.

안보가 흐트러지고 있다. 민주주의 후퇴와 빈부격차의 심화가 그것이다. 환상에서 깨어나야 할 때다.

한나라당이 질 수밖에 없는 이유

2010-06-14

이번 지방자치선거는 한국정치를 밑으로부터 바꾼 선거혁명이라 할만하다.

선거 후 한나라당 초선 김영우 의원(포천시 연천군)은 '젊은층이 투표할 것을 두려워하는 절망적인 상황이 안타깝다' 고 지적했다. 한나라당은 투표율이 높으면 진다고들 이야기한다.

주권을 가진 사람인 유권자를 멀리하는 사고를 가졌으니 질 수밖에 없다. 또 젊은층이 투표장에 나오면 진다고 했다. 이는 한나라당이 미래지향적 정당이 아니라는 고백이나 다름없다.

민심은 천심이라고 했다. 민심이란 현대사회에서는 유권자의 마음이고 여론이다. 유권자가 한나라당으로 부터 마음을 돌렸다. 그런데 똑같은 국민이 4년 전에는 한나라당에 이번 선거보다 더한 몰표를 몰아주었다. 이것이 무엇을 뜻하는 것일까. 권력에 대한 견제와 저항이다. 4년 전에는 참여정부 이른바 민중권력에 대한 견제와 저항이었다. 이번에는 이명박 정부에 대한 견제와 저항이다. 보수건 진보건, 지배 권력이건 민중권력이건 주권자들은 권력을 싫어한다. 21세기는 권력을 떠나보내는 시대인 것 같다.

21세기의 추세가 그렇다면 승리한 야당도 지방권력을 휘두르면 다음 선거에서 참담한 결과를 맞을 것이다. 권력 대신 초심으로 돌아가 주민에 봉사하는 생활정치를 강물처럼 펼쳐나가게 한다면 승리의 월계관을 쓰게 될 것이다.

선거는 생활민심의 반영이다. 특히 서민 중산층에게는 금강산도 식후경이라고 의식주 등 경제생활이 중요하다. 일자리와 경제적 안정이 무엇보다 중요하다. 사실 이번 선거는 한나라당이 패배하게 돼 있었다. 자영업 및 중소기업 등 중산층이 무너져나가고 서민들의 삶이 갈수록 팍팍해졌기 때문이다.

자영업자 약 600만명, 이명박후보 지지
지금은 자영업 4곳 중 1곳 사라져

통계청 자료에 따르면 2009년 자영업자의 비율은 전년대비 무려 25.9%가 줄었다. 음식점 학원 병원 등 자영업 4곳 중 1곳이 망했다는 뜻이다. 이 통계는 나머지 3곳도 경영이 어려워졌음을 보여준다. 중산층의 몰락과 양극화의 심화를 단적으로 표시한 통계이다. 역대 이렇게 참담한 통계수치는 없었다. 왜 이런 결과가 나왔을까. 인위적 고환율정책에 의한 내수침체로 자영업과 내수중소기업은 엄청난 경제적 어려움을 겪었다. 지금도 어려움이 계속되고 있다. 이들은 상당수 한나라당에 대한 마음을 접었다.

자영업자는 약 600만명 정도다. 총 취업자의 약 25%다. 이분들이 지난 2007년 대선 때는 다수가 이명박 후보를 밀었다. 지금은 그 반대로 가고 있다. 자영업자 600만명이란 유권자로는 그 가족과 함께 최소 1000만명을 넘는다. 이른바 SSM(대기업슈퍼마켓) 규제법에 대해 지방선거를 앞두고 한나라당이 반대한 것은 현실정치를 포기한 것이나 다름없었다.

자영업 중소기업이 어려워짐과 더불어 빈부의 격차는 늘어나기 시작했다. 2009년 들어 근로자 실질소득은 전년대비 가구당 11만 7173원 줄어들었다. 늘어도 신통치 않은데 절대금액이 줄었으니 서민들의 허탈과 분노는 커져만 갔다. 당연히 불평등지수인 지니계수는 통계사상 최고인 0.319로 나타났다.

공안 · 안보정국으로 선거 치르겠다는 의도 보여
역대선거 지니계수 높아지면 여당 패배

이번 지자제 선거는 여당이 패배할 수밖에 없는 조건을 갖추고 있었다. 우리나라 역대 선거에서 불평등지수가 높아지면 즉 빈익빈 부익부가 커질수록 여당은 패배했다. 중산층 중간층이 무너질 때 권력은 패배한다.

그런데도 중앙권력을 활용해 선거를 치르겠다는 의도가 보였다. 공안통치의 부활, 천안함 사태로 비롯된 안보정국이 바로 중앙권력이었다.

민심을 얻는 일이 바로 정치다. 21세기 훌륭한 정치가는 '작은 것이 아름답다' 는 신념을 갖고 작지만 단단한 경영주체를 많이 만들어야 한다. 그래야 일자리가 창출되고 내수가 활성화 되어 유권자들의 선택을 받게 된다.

6 · 2선거에서 이변 일어날까

2010-05-17

우리나라 선거를 예측하기는 정말 어렵다. 이변이 일어나기 때문이다. 전두환 5공 공안통치가 한창이던 1985년 2 · 12총선에서 누구도 예상 못하던 신민당 돌풍이 있었다. 이는 1987년 6월 민주항쟁의 서곡이었다.

민주화의 열기 속에 치러진 1987년 12월 대통령 선거에서 유권자들은 예상을 뒤엎고 노태우 대통령을 후보를 뽑았다. YS와 DJ가 분열했기 때문이다. 국민들은 단일화하지 못한 후보자들을 준엄히 심판했다. 그렇지만 그 다음해인 1988년 4월 총선에서는 유권자들은 여소야대를 만들어 집권여당을 견제했다. 국민이 주권을 가진 사람임을 보여주었다. 이 역시 이변이었다.

1991년에는 1960년 4 · 19 혁명 이후 30년 만에 지방자치 선거가 부활했다. 풀뿌리 민주주의의 역사가 본격적으로 시작됐다.

지금까지 네 차례 지방자치 선거가 있었다. 4년 전 지방자치선거에서 한나라당은 호남과 제주를 제외한 전국을 휩쓸었다. 노무현 정권에 대한 견제심리가 이변을 낳았다. 서울의 경우 기초단체장 25곳 중 25곳, 광역의원 96

명 모두를 장악했다.

우리 선거는 권력에 대한 심판과 분열에 대한 경고의 역사이다. 아무리 센 권력도 주권을 가진 유권자 앞에서는 맥을 못 춘다. 뿐만 아니라 선거과정에서 분열은 죽음이고 단결이 생명이라는 사실이 증명된다.

수도권과 충북 · 경남이 관심이다

3당 합당으로 YS가 정권을 잡았고 DJ-JP연합으로 평화적 정권교체가 이루어졌다. 4년 전 지방자치선거 결과는 권력에 대한 견제 뿐 아니라 민주당과 열린 우리당의 분열에 대한 유권자의 경고였다. 그렇게 참패할 줄은 몰랐을 것이다. 선거에서 주인공은 후보자나 정당이나 권력이 아니라 바로 주권을 가진 유권자이기 때문에 이런 이변들이 벌어진다. 이번 선거에서도 이변이 나타날 것인가.

이번 6월 2일 치러질 지방자치선거 중 광역단체장을 예측해보자.

우선 여론조사에서 여당이 유리하게 나타나고 있지만 결과는 이와 다를 수도 있다. 대략 현재 여당후보 지지율에서 10%를 빼고 예측하는 것이 좋다. 대통령제 하의 선거에서 여야 양당 후보구도로 치러질 때는 권력을 가진 여당은 불리하고 야당은 유리하기 때문이다.

다만 야당 후보들이 분열하면 10%를 뺄 필요가 없다. 이 경우 야당 후보는 어려워진다. 분단하 대통령제 하에서는 상대적으로 보수정당이 유리하기 때문이다.

이번 영남과 호남의 광역단체장 선거 중에서 경남의 한나라당 후보와 야권 단일화 후보의 경쟁에서 이변이 나올 수도 있다. 10% 이내의 격차이기 때문이다. 충청단체장의 경우 충북에서 이변이 나올 수도 있다. 이 역시 10% 이내의 격차이기 때문이다. 대전 충남의 경우 그 지역 제1야당의 후보가 누구이냐에 따라 승자가 결정된다. 충청의 경우 세종시 여파가 중요한 변수이다. 수도권에서는 특히 여당의 안정론, 천안함 세종시 이슈와 야당의 정권견제, 양극화 심판론이 맞붙고 있다. 최대의 관심은 서울과 경기이다. 천안함 사건이 있었던 인천의 경우 야당 후보 단일화로 여야 간 격차가 10% 이내로 좁혀지고 있다.

이번에는 기초와 광역 다른 이변 가능성 있다

사실 지방자치선거는 광역단체보다 국민생활과 밀접한 기초단체가 더 중요하다. 지방자치는 생활정치이고 풀뿌리 민주주의이기 때문이다. 특히 교육이 중요하다. 이번 선거에서 야당 후보들이 무상급식을 주장하는 교육감 후보들과 어떻게 상승작용을 일으키느냐에 따라 판세가 달라질 수 있다.

무상급식이 막판 수도권 선거의 주요 이슈로 다시 등장한다면 수도권에서 이변이 만들어질 수 있을지도 모른다. 40대 주부들의 큰 관심사이기 때문이다.

40대가 어느 쪽으로 움직이느냐에 따라 이번 선거의 승패가 결정된다고 선거 전문가들은 말한다. 이번 선거는 지방행정과 의회뿐만 아니라 교육자치가 동시에 치러지는 첫번째 선거이다. 이제까지는 광역과 기초가 대체로 동일했지만 이번에는 기초와 광역이 다른 이변이 나올 수도 있다.

어린이를 돌보는 생활정치로

2010-03-22

아동 청소년 성범죄로 부모들은 어찌할 바를 모르고 있다. 딸자식 어떻게 키울까가 정말 걱정이다. 안양 혜진 예슬이 사건에 이어 안산 나영이 사건, 그리고 이번 부산 여중생 사건 등이 매년 되풀이 되고 있다. 중앙정부는 동네의 생활안전은 뒷전이다. 말만 요란할 뿐이다. 이제는 자기 동네 자기 지역을 스스로 지켜야 할 때가 왔다. 생활자치로 새로운 전기를 마련해야 한다. 이번 6월 2일 지방선거에 모두가 눈을 부릅뜨고 투표해 아동청소년 성범죄만이라도 없애는 단체장을 뽑도록 해야 한다. 학교 앞 CCTV도 필요하고 전자발찌도 해야 하지만 지방자치단체는 성범죄자 치료센터, 아동치료보호시설 등 예방과 재범방지대책 등에 예산과 인력을 대폭 늘려 나가야 한다. 사실 이에 대한 예산과 인력은 그리 많이 필요치 않다.

관심이 없었기 때문이다. 수감자 한 사람에 들어가는 비용은 연 1921만 6000원 정도인데 현재 수감자 5000여명을 계산한다면 매년 1000억원의 예산이 들어가고 있다. 매년 500억원을 예방과 재범방지대책에 투입한다면 성범죄자들을 최소 50% 이하로 떨어뜨릴 수 있다고 전문가들은 이야기하고 있다.

그러나 신규로 신청한 아동치료보호시설 30억원 예산이 2009년에 삭감됐다. 빈 수레가 요란하듯 아동청소년 성범죄에 대해 여성부, 보건복지부, 경찰청, 법무부, 교육부 등에서 법석을 떨었지만 이명박정부는 국가청소년위원회를 해체시켰다. 국민생활의 안전에는 관심이 적었다.

수감비용 절반의 예방비용으로 범죄율 50% 낮출 수 있다

반면 지난 2년간 해외에서 수입한 무기만 8조 8000억원 규모여서 참여정부 5년보다 많았다. 그 돈의 10%만이라도 성범죄 등 생활안전대책에 쓴다면 안전하게 아이들을 학교에 보낼 수 있을 것이다. 성범죄 안전대책은 지역에서 동네 어르신들의 '우리아이 지킴이' 활동을 통해 효과적으로 실현될 수 있다. 바로 이것이 사회서비스 일자리 창출이다.

유권자인 부모들은 자신의 의식주보다 아이들의 안전과 건강, 교육을 더 중요시한다. 안전과 건강, 교육을 중앙정부와 지방자치단체가 함께 해주기를 바라고 있다. 아이들의 안전 건강 교육이 공공재이기 때문이다. 어른들은 당연히 아이들의 친환경 무료급식을 요구한다. 세금을 내기 때문이다. 헌법에 보장돼 있는 의무교육이기 때문이다. 이제까지는 돈이 없어서 미뤄왔던 일이다. 2만 달러 소득에서 무상급식이 이루어지지 않는다면 어른자격이 없는 것이나 다름없다.

1년간 전국에 무상급식을 실시하는데 2조원이 들어간다고 알려져 있다. 2조원이라는 돈은 4대강 예산 등 개발 예산을 5% 정도만 줄이면 충분하다.

어찌 보면 돈 문제는 그리 중요하지 않다. 가장 돈이 많은 서울은 거의 하지 않은 데 반해 경제가 가장 어려운 전라북도는 64.4%(학교수 기준)로 전국 1위이기 때문이다.

3년간 4000개 유아시설 만든 칠레

생활자치의 활성화는 개발보다는 사회서비스로 일자리를 창출해 선진국으로 도약하는 기반이다. 안보에서 안전으로, 개발에서 복지로 바뀌어야 한다. 사람이 사람답게 사는 것이 21세기 대한민국이다. 말만 요란하게 떠들지 말자. 애 낳지 않는다고 젊은이들을 욕하지 말자.

2006년에 자녀 셋을 둔 미혼모 출신 칠레의 바첼레트 대통령은 획기적인 육아 보육정책을 추진했다. "4세 이하의 모든 어린이들을 국가가 책임지겠습니다"라는 선언과 함께 하루 평균 2.5개씩의 국립 유아시설을 만들어 3년 후 4000개가 되었다.

칠레는 1인당 국민소득이 한국의 절반밖에 안 되는 나라다. 이 여성 대통령은 88%의 지지율을 얻으면서 퇴임했다. 중앙정부가 안 하면 지방자치단체라도 이러한 생활정책을 과감하게 실행하면 된다. '돈 없다' '권한 없다'는 핑계를 대지 말자. '인력이 부족하다'는 이야기도 하지 말자.

어린이들을 돌보지 못하는 권력정치는 사라져야 한다. 권력투쟁에서 생활정책 경쟁으로 바뀌어야 한다. 이제는 권력이 아니라 생활이다. 생활 자치를 통해 밑으로부터 바꿔나가야 한다. 풀뿌리가 튼튼해야 봉사의 정치라는 꽃도 핀다.

작지만 강한 나라 · 직장 · 사람

2009-12-31

새 천년 21세기도 10년이 지났다. 참으로 급변했던 10년이었다. 외환위기를 거친 뒤 국민소득 1만 달러에서 2만 달러로 상승하며 중진국 반열에 든 기간이었다. IT 즉 정보통신산업이 부각되는 등 세계가 우리의 성공을 주목한 시기였다. 오천년 한민족 역사상 드물게 14억 중국인들이 부러워하기 시작한 때였다.

2009년 한해 역시 다사다난했다. 새해와 더불어 향후 10년간 우리의 주요 관심사는 2만 달러 중진국에서 3만 달러 선진국으로 도약하느냐 여부일 것이다. 지난 세기 우리는 미국 중국 일본 러시아 4대국의 틈바구니에서 주눅들며 고민하는 삶을 살아왔다. 그러나 '작은 고추가 맵다'는 속담이 말해주듯 21세기와 함께 이제 우리도 자신감을 가질 수 있게 됐다.

2000여 년 전 작은 도시국가인 로마가 지중해 일대를 석권했다. 18세기에는 작은 섬나라 영국이 대서양을 장악하고 해가 지지 않는 제국을 건설했다.

21세기는 동북아가 욱일승천하는 시대가 될 것임을 미국 유럽 등 수많은 서구학자들이 예측해왔다. 금융위기를 거친 뒤 약진한 중국은 그 대표적인 사례로 거론되고 있다. 우리나라 역시 금융위기를 극복하며 도약의 발판을 준비하고 있다. 일제의 수탈과 전쟁의 폐허 속에서 근대화와 민주화를 이룩하며 세계가 주목하는 IT강국으로 성장한 나라가 우리 대한민국이라는 자부심을 가질 필요가 있다. 지난날 그 원동력은 양질의 저렴하고 풍부한 노동력이었다. 양질의 노동력은 바로 교육열에서 나왔다. 우리 부모 세대의 교육열이 자랑스러운 오늘을 만들었다.

사람이 가장 중요하다는 사회 분위기 만들어야

그러나 시대가 바뀌었다. 양질의 노동력은 저렴할 수가 없다. 이제는 소득이 높아져야만 한다. 그래야 내수가 발전하고 이를 바탕으로 선순환 사회를 이루며 창의적인 교육을 발전시켜 새로운 미래를 개척할 수 있다.

창의적 교육은 '토지나 자본보다 사람이 가장 중요하다' 는 사회적 분위기 속에서 만들어진다. 창의적 교육은 민주주의의 토대 없이는 결코 나올 수 없다. 민주주의는 권력의 정치에서는 꽃필 수 없다. 봉사의 정치가 널리 펴질 때 민주주의는 강물처럼 넘칠 것이다.

또한 우리는 21세기를 이끌 새로운 인간상을 구현하며 새로운 일자리를 창출해야 한다. 사람을 소중히 여기고 시간을 탄력적으로 생각하는, 작지만 강한 이들이야말로 21세기를 이끌어갈 새로운 사람들이다.

이를 4차원형 인간이라고 이름 붙이고자 한다. 이 사람들에 의해 새로운 산업과 업종에서 창업과 고용이 늘어나야 한다. 정보통신산업과 녹색생명산업이 그 대표적인 경우다. 21세기형 인간들이 만드는 작지만 강한 직장이 샘물처럼 솟아나야 한다. 직장사랑 나라사랑의 분위기가 만들어지는 일터 말이다. 우리 스스로 주인 주체가 되는 직장을 만들어 나가야 한다. 그렇게 해서 자긍심 가득한 직장인, 건전한 상식을 가진 생활인들이 넘쳐날 때 우리 사회는 새로운 21세기 선진국으로 도약할 수 있다.

지금 우리 사회 곳곳에 갈등의 고리가 난마처럼 뒤엉켜 있다. 이 난맥상을 풀지 못하면 한 발자국도 전진할 수 없다. 진취적 기상이 소멸되고 만다.

소통은 힘센 사람이 먼저 낮춰야 시작된다

우리 사회는 그 해답을 이미 갖고 있다. 다름 아닌 '소통'이다. 소통은 가진 사람, 높은 사람, 힘센 사람이 먼저 마음과 몸을 낮추는 데서 시작된다. 소통은 또한 서로 기본적인 원칙을 합의하는 데서 시작된다. 신뢰야말로 소통의 첫걸음이다. 힘으로 억눌러서는 소통은커녕 갈등의 골만 더해질 뿐이다. 말로만이 아닌 실천으로 보여주는 소통이 진짜 소통이다.

소통은 과거의 잘잘못을 따지기보다 내일을 향한 미래지향적인 자세를 가질 때 깊어진다. 깊은 만남과 대화의 장은 우리 자신을 새로운 사람으로, 우리 직장을 새로운 일터로, 우리나라를 명실공히 21세기 글로벌 리더 국가로 이끌어 갈 무한한 에너지의 원천이다.

변화와 도약을 성공으로 이끄는 데는 큰 나라, 큰 기업보다 작은 나라, 작은 일터가 훨씬 유리하다. 우리나라 우리 직장이 그럴 수 있다. 새 10년의 첫해는 우리 국민 모두가 남다른 자부심을 안고 맞이하기를 기원한다.

빈부격차 커지면 결국 정권이 교체 된다

2009-11-02

10 · 28 국회의원 재보궐 선거를 놓고 정치권은 설왕설래한다. 이명박 대통령의 인기가 40%~50%에 달하고 한나라당의 지지도가 민주당을 10% 이상 앞서는 가운데 지난 4 · 29 재보궐 선거와 이번 선거에서 모두 한나라당이 참패했기 때문에 더 말들이 많다.

한나라당은 집권여당이 질 수밖에 없는 토대를 갖췄기 때문에 진 것이다. 그 토대는 바로 경제적 이유다. '어깨가 축 처진 직장인 생활인들' 이 누구를 지지하는가가 선거를 결정한다. 빈부격차가 커질수록 집권여당인 한나라당은 불리하다.

생활상의 소득불균형을 나타내는 대표적인 지수가 지니계수다. 지니계수는 0과 1사이에서 클수록 불평등이 심한 것을 나타낸다. 외환위기 전인 1995년에 0.243이던 지니계수가 외환위기 때인 1998년에는 0.313으로 높아졌다. 2002년에는 0.283으로 다시 줄어들어 빈부격차가 완화되었다. 외환위기를 그래도 잘 극복했고 빈부격차가 줄어들어 정권은 승계되었다.

그런데 참여정부 들어 계속 지니계수가 높아져 말기인 2007년에는 다시

0.314까지 치솟았다. 서민 중산층의 불만이 고조되었고 당연히 정권교체의 요구가 커질 수밖에 없었다. 그 결과 한나라당 이명박 정부가 들어섰다.

새 정부 들어 2008년의 지니계수는 0.316으로 2007년보다 높아졌다. 지니계수 통계 작성 이래 가장 높은 수치다. 2009년 들어 부동산과 주식 등 자산가치는 더 커졌고 근로자실질소득은 전년대비 가구당 11만 7173원이 줄었다. 빈익빈 부익부 현상은 갈수록 심해지고 있다. 아직 통계가 나오진 않았지만 2009년도 지니계수는 2008년보다 더 높아질 것이다.

2008년 지니계수 0.316
통계 작성 이래 가장 높은 수치

이런 불평등을 고치지 않는 한 아무리 친서민 중도실용을 선언해도 선거에서 이기기 어렵다. 서민들은 이명박 대통령의 친서민 중도실용이 말은 좋은데 피부에 와 닿지 않고 구체적인 내용이 없다고 느낀다. 결국 투표할 때는 당선 가능한 야당에 표를 몰아주고 있다. 집권여당이 여론조사 때는 많이 나오지만 막상 뚜껑을 열면 참패하는 이유가 바로 그것이다.

이러한 투표 행태는 참여정부 5년 내내 지속되었다. 참여정부 때도 서민정책을 표방했지만 부동산 가격 폭등 등 오히려 빈부격차가 커졌다. 국민들은 선거 때마다 야당인 한나라당에 표를 몰아주었다.

YS 문민정부 때도 마찬가지였다. YS가 집권한 1993년의 지니계수는 0.284였지만 1996년에는 0.247로 줄어 빈부격차가 완화되었다. YS 신한국당은 그해 총선에서 대승했다. 그러나 오만해진 YS 신한국당은 1997년 말

노동법 날치기 등 민심을 역행했고 빈부격차는 확대되었다. 지니계수는 0.281로 급격히 높아졌다. 여기에 외환위기가 겹치면서 역사상 최초로 평화적 정권교체가 이루어졌다.

빈부격차가 커지면 결국 정권이 교체된다. 그것이 우리의 역사적 경험이다. 미국도 우리와 같다. 금융위기로 빈부격차가 커지면서 오바마 대통령의 민주당이 정권교체에 성공했다. 집권여당은 성장률보다 빈부격차를 줄이는 정책을 가장 중요하게 생각해야 한다. 반면 야당은 빈부격차를 줄이면서 어떻게 성장할 수 있는지에 대한 대안을 국민에게 제시하고 국민의 마음을 얻어야 한다.

선거는 생활민심의 반영이다

유권자인 국민은 선거 때 주권을 가진 사람으로 긍지를 갖게 된다. 주권을 가진 국민들은 권력자를 싫어하고 섬기는 사람을 좋아한다. 그리고 자신의 구체적인 삶 가까이 다가와 생활을 개선시켜줄 후보에게 표를 던진다. 생활정치가 중요해지는 이유다.

빈부격차는 선거의 토대이다. 물론 선거에서 이것이 전부는 아니다. 그렇지만 빈부격차를 줄이면 집권여당이 선거에 승리한다. 빈부격차가 커지고 여기에 불을 붙이면, 즉 새벽부터 맨발로 뛰어 민심을 얻으면 야당이 승리한다.

'느리다'의 녹색생명산업으로 도약을

2009-06-15

22조원을 투자하는 4대강 사업이 근대화시대의 토목건설이냐 21세기의 녹색성장산업이냐를 놓고 논쟁이 분분하다. 4대강 사업이 경제위기를 극복하고 일자리를 창출하는 미래지향적인 녹색성장산업인가는 그 구체적 내용이 무엇인가에 달려 있다.

IT 등 정보통신산업이 외환위기를 극복한 일등공신이었다. 지금의 경제위기는 무엇으로 극복할 수 있을까. 신성장 동력의 핵심은 무엇일까. 우리는 DNA 등 녹색생명산업이 우리 한국사회를 선진국으로 도약시키는 핵심 산업이라고 주장한다.

정부가 뒤늦게나마 저탄소 녹색성장을 기치로 내건 것은 정말 잘한 일이다. 747고도성장 정책은 21세기에 또 세계적 불황기에 가능할 수 없게 되었다. 추진할수록 반발과 부작용만 커질 뿐이다. 시대의 조류를 역행하기 때문이다.

지난 10년 간 우리 사회는 IT 등 정보통신산업을 통해 1만 달러 소득에서

2만 달러로 비약적으로 발전했다. 왜 그랬을까. 어째서 지금 우리는 DNA 등 녹색생명산업을 21세기의 세계적인 불황을 극복할 수 있는 산업이라고 주장하는가.

정보통신산업과 녹색생명산업의 차별성

IT 등 정보통신산업과 DNA 등 녹색생명산업의 동일성과 차별성은 무엇일까. IT 등 정보 통신 산업은 '빠르다'를 대표하는 시공간의 4차원 산업이며 DNA 등 녹색생명산업은 '느리다'를 대표하는 시공간의 4차원 산업이다.

위기가 기회라는 말은 위기 때 발상의 전환을 통해 한 차원 높아질 때 기회가 될 수 있다는 뜻이다. 개혁 역시 마찬가지다. 개혁이 과거의 것을 모두 부정하면 실패하지만 차원을 높여 지난날의 긍정적인 면들을 계승 발전시키면 성공한다.

근대화는 3차원의 상품들을 무한정 쏟아내는 고도성장의 신화를 만들었다. 근대화는 철강, 시멘트 등 고탄소 제조업과 건설업을 시대의 총아로 만들었다. 그리고 소비가 미덕인 과소비사회를 만들어냈다.

이제는 발상을 바꿔야 한다. 근대화는 자본이 모든 것을 지배한다. 그러나 4차원의 선진화는 사람을 중심으로 한다. IT산업의 상징인 마이크로 소프트사의 빌 게이츠는 자본보다는 사람을 중심으로 경영을 하고 있다. 빠른 4차원 산업의 앞선 리더이다. IT 등 정보통신산업은 미국이 앞서갔지만 정보통신망을 빠르게 전국화 시킨 나라는 우리였다.

이제 우리는 느린 4차원산업을 가장 먼저 발전시키고 동양의 로마가 되어야 한다. 녹색생명산업은 당연히 저탄소여야 한다. 그러므로 저성장이다. 자본에 의한 제조업 건설업보다는 사람을 중시하는 서비스업이 활성화될 때 녹색생명산업은 꽃피게 된다. 사람에 대한 투자가 최우선일 때 녹색생명산업은 탄생한다. 녹색생명의 서비스업은 갈등과 대립 속에서 꽃필 수 없다. 낡은 생각과 생활과 제도는 바뀌어야 한다. 돈은 수단이고 사람이 목적인 사회 분위기가 만들어질 때 녹색생명산업은 발전할 수 있다. 이제는 갈등 대립을 없애지 않고는 한 발자국도 전진할 수 없게 되었다.

갈등 대립은 비효율 그 자체이다. 빈부격차 지역갈등 세대갈등 남북대립 등 모든 갈등 대립이 심해지고 있다. 이 속에서는 녹색생명산업이 뿌리내릴 수 없다. 우리나라가 전 세계에서 출산율이 가장 낮은 이유도 바로 이것이다. 국민소득도 후퇴하고 있다. 녹색생명이 우리 모두의 꿈이며 미래가 되어야 한다.

녹색생명산업은 신뢰와 소통 속에서 탄생

갈등 대립을 극복하는 과정 그 자체가 녹색생명산업의 시작이다. 녹색생명산업은 신뢰와 소통 속에서 탄생한다. 자주 만나 머리를 맞대고 대화를 하면 어떤 어려운 문제도 해결될 수 있다. 그것이 바로 4차원의 통일장이다. 녹색생명은 그 자체가 통일과 융합이다.

근대화의 고도성장은 우리 사회에 많은 갈등과 대립을 만들어냈다. 21세기형 녹색생명산업을 구체화시켜 우리 사회를 한 차원 도약 승화시켜야 할 때다.

신뢰의 위기

2008-10-06

20세기 들어 세계는 자본주의와 사회주의의 대립으로 많은 사람들이 고통을 겪었다. 1989년에는 베를린 장벽이 허물어졌고 1991년에는 소련의 국가사회주의가 몰락해 시장경제로 바뀌었다. 그 뒤 20년이 지난 2008년, 미국 월가의 금융자본주의가 붕괴되고 있다.

이미 그러한 전조는 여러 곳에서 나타났다. 2007년에 유로화의 EU는 27% 대 25%로 GDP에서 달러의 미국을 추월했다. 신자유주의의 미국식 금융자본주의는 몰락하고 독일의 경제학자 W.오이켄이 말하는 유럽식의 사회적 시장경제가 대안으로 떠오르고 있다. 성장률에서 중국은 10%대이지만 미국 일본 독일 영국 프랑스 등 이른바 선진 자본주의 나라들 중 몇몇은 마이너스로 떨어질 수도 있다. 단지 기축통화로서 달러가 갖는 독점적 지위 때문에 그나마 미국의 금융자본주의는 숨을 쉬고 있다.

1조 8000억 달러의 외환보유고를 가지고 있는 중국은 화가 나있다. 달러가 20% 떨어지면 3600억 달러의 가치가 사라지기 때문이다. 기축통화로서의 달러는 흔들리고 소련 붕괴 이후 세계를 주름잡았던 미국의 일극체제는 붕괴되고 있다. 이는 바로 신뢰의 위기에서 비롯된 것이다. 21세기는 글로벌한 시장경제의 시대이다. 시장은 신용을 기반으로 하고 신용은 신뢰를 기초로 한다. 금융의 경우 특히 그렇다. 남의 돈을 가지고 운용하기 때문이다. 그래서 국가가 안보를 중요시하는 것처럼 금융은 안정성을 가장 중요한 기반으로 해야 한다.

남의 돈으로 운용하는 금융은 공공성 · 신뢰 중시해야

세계금융의 중심지 월가에서 가장 심각하게 도덕적 위험(모럴 해저드)이 누적되었다. 월가의 투자은행들은 오로지 돈벌이에만 눈이 멀어 흥청망청했다. 결국 미국 국민의 공적자금으로 위기를 탈출하고 있다.

1998년 우리의 외환위기는 한 나라의 위기였고 세계적으로도 아시아의 위기 정도였지만 지금은 이 파고가 전 세계로 퍼져나가고 있다. 먼저 유럽의 금융기관들이 쓰러지고 있다. 이 위기는 1~2년 안에 해결되지 않는다. 오래 갈 것이다.

이 위기를 수습하는 방식은 간단하다. 신뢰의 위기에서 왔고 신용이 붕괴되어가고 있으므로 신뢰를 회복하는 것이 급선무다.

우리 한국의 사례를 미국이 본받아야 한다. 우리의 외환위기 극복은 국민과 정부가 일치단결한 금 모으기 운동에서부터 출발했다. 이 운동 속에서 공적자금이 투입되어 전 세계에서 역사상 가장 빠른 외환위기 극복 사례를 만들었다. 물론 현 부시의 공화당 정부로는 우리나라와 같은 위기 극복은 어렵다. 단합이 되지 않기 때문이다. 미국민들이 정부를 신뢰하지 않기 때문이다.

당시 한국정부는 64조원의 공적자금 투입을 예상했지만, 실제로는 165조원이 투입되었다. 미국의 경우 7000억 달러의 최소 2배 이상인 1조 5000억 달러가 투입될 것으로 예상된다. 그러려면 미국은 솔직해야 한다. 하루빨리 이라크전쟁 등에서 철군해 재정을 전비 대신 무너진 금융체계를 정상화시키는 데 투입해야 한다.

관료 · 금융권과 학계, 미국식 금융자본주의에 너무 경도

다행히 우리 한국은 제조업 중심의 경제이므로 미국의 금융위기로부터 어느 정도 벗어나 있다. 그러나 외환위기 극복 이후 정부 관료들과 우리 금융권과 학계가 미국식 금융자본주의에 너무 경도돼 있는 것이 큰 문제이다. 여기에 이명박정부에 대한 국민의 신뢰 부족도 있다.

미국 발 금융위기의 파고를 차단하려면 정부가 국민과 하나가 되어야 한다. 유일하게 한국 돈의 가치만 달러가치 하락세와 연동해서 더 떨어지고 있는 까닭은 무엇일까. 한국 돈의 가치가 떨어지는 것은 우리 한국의 지위가 국제사회에서 떨어지는 것이고 동시에 물건 값의 총화인 물가가 오르는 것이다. 중산층과 월급쟁이와 서민은 갈수록 어려워진다.

정치적으로는 유권자와 갈수록 멀어지는 것이고 갈수록 신뢰를 잃는다는 의미다. 결국 신뢰의 위기가 심화된다. 이명박정부가 신뢰를 얻으려면 지금까지의 정책을 180도 바꿔야 한다. 그러려면 사람부터 바꿔야 한다.

대통령은 '대통합의 두령' 이자 '회의 주재자'

2007-02-12

정해년 2007년은 6백년만에 맞는 황금돼지해일 뿐 아니라 대통령 선거가 있다. 우리나라 대통령들은 지금까지 한 분도 크게 존경을 받지 못했다. 너무나 불행한 일이다.

대통령이란 우리말은 '대통합의 두령' 인데 역대 대통령은 대통합에 실패했기 때문에 우리 국민들은 자신들이 뽑은 대통령을 존경하지 않는다. 어떤 분들은 강압적으로 통합을 이루려고 독재를 함으로써 실질적으로 국민들을 분열시켰고, 어떤 분들은 개혁을 통합보다 앞세워 임기 초에는 지지를 받았지만 마지막에 개혁을 통한 통합을 이루지 못해 국민들을 실망시켰다.

대통령은 영어로 'President' 이다. 이 프레지던트 제도는 서구 민주주의로부터 우리에게 도입됐다. 우리 선배들이 우리말로 표현하는데 많은 고민을 했을 것이다. 그 결과 '대통합의 두령' 의 약자인 대통령으로 번역했다.

영어 'President' 는 라틴어 'Presidens' (프레지덴스)에서 왔다. '앞에 앉아있는 사람' 이라는 뜻으로 회의 주재자, 지도자, 의장을 의미한다. 그래서 기업의 사장도 President로 쓰고 있다.

현재의 '대통령' 이란 의미가 되기까지 역사는 길다. 광대한 영토를 지배하던 로마제국에서 이 단어는 처음 시작됐다. 3세기경 속주 총독을 praeses 라고 불렀다. 어원적으로 President와 같은 의미다. 현지의 지방 지배집단을 하나의 회의체로 구성하고 그 회의체를 주재하는 식으로 파견된 것이 총독이었다. 그러다 보니 '의장' 이란 의미로 사용된 것으로 추정된다.

'대통령' 의 의미는 집단이해관계 조정과 통합

중세에는 프랑스와 영국 등에서 회의체나 집단의 의장의 명칭으로 President가 계속 사용됐으며 17세기 영국이 북미지역에 식민지를 건설하면서부터 식민지 총독이나 대표의 의미로 사용됐다. 1776년 미국이 독립을 선언하고 하나의 독립국가로 등장하면서 13개주 대표들은 '국가수반' 을 'President' 로 부르기 시작했다. 이후 미국과 유사한 정치제도를 도입한 나라에서 최고지도자를 지칭하는 말로 President라는 단어가 본격적으로 사용되기 시작했다. President라는 단어는 일방적 권력자가 아니고 회의체를 잘 관장해 중지를 모은다는 의미가 포함돼 있다.

대통령이 본래 뜻인 집단의 이해관계를 통합시키는 회의를 잘 관장해 중지를 모으는 역할을 하기보다 권력을 휘두를 때 불행해진다. 대통령이 권위주의자, 독재자로 비칠 때 국민과 멀어지게 된다. 대통령에 출마하는 사람들은 국민과 가까워지기 위해 어린애들을 안고 사진 찍기를 좋아한다. 그러나 우리의 경우 대통령이 되고 난 후에는 국민과 멀어진다. 더구나 민주주의의 숫자 원리인 3분의 1, 과반수, 3분의 2도 무시되는 행태를 보이면서 불행해진다. 일단 지지율이 3분의 1을 넘지 못하면 크게 반성해야 한다. 그리고 되돌아 봐야 한다. 반드시 국민들에게 오만으로 비춰졌기 때문이다.

강압적 통합, 개혁하면서 분열은 하책
개혁하면서 통합해야 가장 상책

대통령의 필요조건은 통합이다. 개혁은 통합을 전제하는 개혁일 때 의미가 있다. 제일 나쁜 것은 강압적으로 통합시키는 것이고 다음이 개혁을 통해 분열시키는 것이다. 제일 좋은 것이 단계적으로 개혁을 하면서 통합을 하는 것이다. 일거에 개혁하면 분열의 후유증이 오래가기 때문이다. 통합은 상대방의 입장을 전제하고 차이를 인정한 내용이 풍부한 하나가 되는 길이다. 통합을 주도하는 사람들이 먼저 모범을 보일 때 개혁도 가능해진다. 권력을 갖고 상대방을 일방적으로 공격하여 강압적 통합을 하면 그 결과는 더 심한 분열로 나타난다.

민주주의는 다수가 소수 의견을 존중하는 데서부터 시작된다. 그럴 때 소수도 다수를 따르게 된다. 권력이 끼면 이 원리가 작동되지 않는다. 그러므로 우리는 권력의 정치를 반대한다. 봉사의 정치가 펼쳐질 때 민주주의가 뿌리 내린다. 이번 대선이 이러한 새로운 흐름을 만들어 내기를 진실로 바란다.

무조건 감세도 무조건 증세도 옳지 않다

2006-06-19

집권 여당의 김근태 대표가 '서민경제' 라는 화두를 던졌다. 세계화 속에서 20대 80, 심지어는 10 대 90으로 양극화되는 현실에서 어떻게 이 갈등 대립 모순을 극복하고 통합된 잘 사는 선진경제를 만들어낼까 하는 심각한 고민의 산물이라고 생각된다.

행정부가 제대로 못한 경제 양극화 해소를 뒤늦게나마 여당 대표가 풀겠다고 나섰으니

듣던 중 반가운 소리다. 아직도 290만 명의 금융채무불이행자가 있다.

원래 의회는 절대주의 왕권이 자의적으로 세금을 많이 걷는 것에 대해 부르주아를 중심으로 국민대중들이 반발해 혁명과 전쟁을 통해 만들어낸 민주주의의 가장 기본적인 제도이다.

여당은 이번 지자제 선거 결과를 보고 민심의 이탈이 얼마나 심했는가를 잘 느꼈을 것이다. 서민경제라는 말도 비록 늦었지만 그래서 나왔을 것이다. 사실 참여정부는 서민들이 힘을 모아 만들어 낸 정권이다. 그러나 3년 6개월이 지난 지금까지 과연 정부가 서민을 위해 무엇을 했는지 묻지 않을 수 없게 만들었다. 서민을 실질적으로 정책에 참여시켜 개혁을 단행했는지에 대

해 긍정적으로 답할 수 없게 만들었다.

2003년에서 2005년까지 소득 5분위 배율은 5.22에서 5.43으로 악화됐고 지니 계수 역시 0.306에서 0.320으로 소득불평등도가 대단히 심화되고 있다. 외환위기 직후인 1999년의 통계(지니 계수 0.320)를 제외하고는 가장 불평등이 심화되고 있다.

개방경제에서는 경기활성화와 양극화 심화 같이 온다

서민경제를 어떻게 활성화 시킬 것인가? 야당인 한나라당은 감세를 통해 경기가 활성화 되면 자연히 서민경제도 좋아진다고 주장한다. 반면 여당인 열린우리당은 세금을 더 많이 걷어 재정을 통해 사회복지예산을 대폭 증액해 서민들을 지원함으로써 양극화를 해소하겠다고 하고 있다. 그렇지만 많은 국민들은 여야의 주장에 모두 동의하지 않고 있다.

경기가 활성화 되면 서민경제가 좋아지는 것은 세계화 이전 경제상황에서는 가능했지만 개방경제 속에서는 경기가 활성화될수록 양극화가 더 심해지고 서민경제가 더 어려워지는 것이 오늘날 현실이다. 당연히 정부의 역할이 중요해진다.

그러나 증세정책 역시 과거의 이론이다. 정부가 혁신되어 효율이 높아지면 증세정책으로 경기가 활성화되고 서민들의 사회복지가 늘어날 수 있지만 기업보다 정부의 효율이 낮은 것이 오늘날 전세계의 공통적인 현실일진데 증세정책을 좋아할 국민은 별로 없다.

그러면 어떻게 해야 할까? 부분적인 증세정책(헌법 제38조)과 고용을 증대시키는 중소기업 세금감면(헌법 제123조 3항)과 주거와 같은 기본적인 생계비에 대한 감세정책(헌법 제119조 2항)이 종합적으로 실현될 때 서민경제 활성화가 이루어진다.

증세정책은 상속증여세 강화와 고소득 자영업자의 탈루소득 색출 및 외국기업의 탈세 방지로 나타나야 한다. 둘째 고용을 늘리는 기업의 세금감면은 중소기업의 법인세 감면을 뜻한다. 셋째 기본적 생활비에 대한 감세정책은 특히 부동산 보유세 중 호화주택을 제외한 1가구 1주택에 대한 보유세 면제를 의미한다.

상속 · 증여세 강화하고 중소기업 법인세 감면을

무조건 감세도 옳지 않고 무조건 증세도 옳지 않다. 권력자는 증세를 좋아하고 권력을 잡으려는 사람들은 감세를 통해 표를 얻으려 한다. 증세와 감세와 같은 극단적인 대립은 여야의 선동정치에 의한 것이다. 이제는 구체적인 정책으로 나라의 미래와 어려운 국민들의 생존을 위해 노력해야 한다.

세계화가 진행될수록 다국적 대기업은 신자유주의 세계화를 부르짖어 양극화를 더 심화시킨다. 세계화를 우리는 주체적 세계화로 받아들여 여야가 국민과 함께 머리를 맞대어 구체적인 대안들을 만들고 실천해 나가지 않으면 선진국으로 도약할 수 없다. 국가경쟁력이 떨어질 뿐만 아니라 서민은 더 한층 살기 어렵게 된다.

민생경제 회복은 남북관계 개선에서

2004-10-04

내수 민생경제가 어렵다. 어떻게 내수 경제를 활성화할 수 있을까? 실업 취업난이 심각하다. 어떻게 일자리를 창출할 것인가? 중소영세기업이 어렵다. 어떻게 중소영세기업을 살릴 것인가?

우리가 아무리 어렵더라도 북한보다는 월등 좋다. 또 중국의 경제성장이 아무리 높다 하더라도 중국보다는 훨씬 잘 산다. 우리는 1만 달러 소득이고 중국은 1000달러가 조금 넘기 때문이다. 우리 기업이 고임금 때문에 국내에서 못 견뎌 중국으로 간다고 야단이다. 그렇지만 이것도 쉽지 않다. 중국으로 간 중소기업의 경우 반수 이상이 사실상 망했다. 후진타오 체제가 등장한 이후 이런 추세는 더 강화될 것이라고 한다.

중소영세기업을 살려 일자리를 창출하고 내수 민생경제를 회복하려면 남북관계를 개선하는 것에서 실마리를 찾을 수 있다. 북한의 1인당 소득은 중국의 5분의 1인 200달러가 안되니 노동집약적 산업이 중국보다 훨씬 유리하다. 뿐만 아니라 언어소통이 쉽고 일을 중국 사람보다 더 잘한다. 단지 북한에는 인프라가 부족하고 시장경제제도가 마련되어 있지 않다.

이를 해결하기 위해 개성공단을 건설했다. 개성공단이 성공하면 북한은 개방화의 길을 걷게 된다. 시장경제에 편입될 수밖에 없다. 북한주민들은 200달러 소득에서 수 년 안에 1000달러 소득으로 올라설 수 있다.

개성 공단 이사장, 국적은 남한
북한법인 고용이니 업무 소극적 될 수 밖에

형편이 어렵고 노동집약적인 중소영세기업을 살릴 수 있는 이 개성공단 사업이 지지부진하고 있다. 한국의 산업단지관리공단 이사장이었던 김동근 사장이 개성공단 이사장으로 선임되었지만 시작한지 2년이 지나도 성과가 나오지 않고 있다. 그 이유는 무엇일까? 김동근 이사장은 개성공단관리기관이라는 북한법인에서 고용한 사람이다. 그러므로 북한을 적으로 보는 국가보안법이 존재하는 한에는 역할을 제대로 할 수 없다. 국적은 남한이고 소속은 북한이니 소극적이 될 수밖에 없다. 적을 이롭게 하는 국보법을 위반하는 행동을 할 수밖에 없는 구조이기 때문이다. 이런 조건에서 어떻게 그가 적극적으로 개성공단을 활성화시켜 한국의 중소영세기업들을 유치할 수 있을 것인가?

이제까지 우리 정치권은 국가보안법을 인권의 문제, 또는 안보의 문제로 보아 싸움으로 일관해 왔다. 인권도 중요하고 안보도 중요하지만 민생경제 활성화 없는 인권이나 안보는 모두 사상누각에 불과하다. 민생경제 활성화와 일자리 창출과 중소영세기업 회생이야말로 인권과 안보의 디딤돌이다.

21세기는 상생의 시대이다. 여와 야도 남과 북도 싸워서는 안 된다. 가슴을 열고 서로간의 장점을 배우려고 하는 것이 상생의 시발점이다.

안보보다 민생경제의 관점으로 국보법 접근

남북관계의 개선이야말로 고유가로 인한 물가 상승도 해결할 실마리를 마련할 수 있다. 시베리아에서 북한을 통해 천연가스를 들여오면 에너지 문제도 해결할 수 있다. 남북관계를 개선, 시베리아 철도를 통해 유럽으로 값싸게 수출품을 공급하면 물류문제를 해결할 수 있다. 남북관계를 개선할 때 국제 여행수지 적자폭도 상당 부분 해결할 수 있다. 금강산 묘향산 칠보산 백두산 등 관광자원이 많은 북한과 함께 한다면 말이다.

그러니 어려워지고 있는 한국 경제를 위해서 북한을 적으로 보는 국가보안법을 철폐해야 한다. 그래서 북한과 교류를 확대해 남쪽의 어려운 중소영세기업도 살리고 또한 북한이 고립에서 벗어나 세계화된 시장경제 속에 들어올 수 있는 여건을 우리 남쪽이 만들어주어야 한다. 북한은 체제유지를 위해 전전긍긍하고 있다.

북한보다 인구가 2배 이상 많고 1인당 소득이 50배가 넘는 남한이 북쪽에 대해 안보 걱정을 지나치게 하는 것은 상식적이지 않다. 현대전은 경제력과 인구에 비례한다고 한다. 오히려 우리의 안보는 독도문제나 고구려사 문제에서 보듯이 일본과 중국과의 관계가 더 중요해지고 있다.

비정규직과 신용불량자, 청년실업에 대한 새 관점

2004-03-02

필자가 YTN 사장으로 있을 때 일이다. 영업직 모 간부가 방송사에 있는 계급 제도를 타파해주기를 강력히 호소했다. 아니 21세기를 앞둔 민주사회에서 웬 계급이냐고 물으니 언론계에는 인도의 카스트제도와 같은 계급이 존재한다고 강조했다. 취재기자는 브라만이고 사진기자는 쿠샤트리아요 사무직은 바이샤요, 우리 영업직은 수드라라는 것이다. 이 계급제도가 있는 한 우리 직장의 희망과 미래는 없다고 눈물을 흘리면서 이야기했다. 아마 사농공상의 오랜 전통을 가진 우리 사회에서 영업직의 한이 가슴속 깊이 맺혀 있는 듯 했다.

이런 상황에서는 당연히 각 층마다 단단한 콘크리트의 벽이 있어 의사소통은 안 될 것이고 효율과 생산성은 떨어질 것이며 적자와 빚더미에 올라앉을 수밖에 없었을 것이다.

지금 우리 사회도 마치 인도 카스트 제도처럼 4계층이 존재한다고 볼 수 있다. 외환위기 이후 잘 나가는 소득 상위 10% 계층, 정규직 근로자 950만 명, 비정규직 근로자 및 다수 농어민층 850만 명, 그리고 신용불량자 및 실업자 450만 명의 4계층이 점차 계급화 되어 가는 것이 지금 우리 사회의 가장 심각한 문제이다.

우리 사회의 4계층이 점차 계급화되고 있다

특히 비정규직 근로자와 신용불량자 그리고 청년실업자의 문제는 발등에 떨어진 불이다. 이들에게 희망과 미래를 주지 않는 한, 이들이 우리사회의 발전에 적극 참여하지 않는 한 선진국으로의 도약은 불가능하다.

이 문제는 과거와 같은 생각이나 방식으로는 결코 해결될 수 없고 경제정책만으로도 풀기가 어려우며 정부만의 힘으로는 될 수 없다는 사실을 모르는 사람은 없다. 한편으로는 외환위기 이후 세계화의 물결 속에서 나타난 현상이지만 다른 한편 21세기 불확실성의 시대에 나타날 수밖에 없는 과도적인 문제이기도 하다.

21세기 변화와 개혁이 급속히 이루어지는 불확실성의 시대에는 모든 분야가 불안정하게 된다. 다시 말하면 불안정이야말로 이 시대의 특징이다. 21세기의 새로운 생각을 과학화, 이론화시킨 아인쉬타인 역시 비정규직이었으며 이 시대에 가장 돈을 많이 번 마이크로소프트의 빌 게이츠도 대학 중퇴자였다.

불확정성의 시대에서는 새로운 사고에 기반을 둔 새로운 방식이 나와야 한다. 비정규직 근로자를 강제적으로 정규직화 한다든지 신용불량자의 빚을 원리금을 무조건 깎아줘 모럴헤저드를 만드는 방식으로 해결한다든지 청년실업자의 문제를 철밥통화하여 해결하려는 과거의 사고나 방식으로는 결코

21세기의 새로운 참여정부의 리더십이 확립될 수 없다.

그러면 어떻게 해야 할까. 비정규직이 정규직보다 안정적 고용에서 불리하지만 반대로 생각하면 묶여있는 고용에서 더 자유롭고 프리랜서로서 월급을 더 받을 수 있도록 사회적 분위기를 형성하는데 지도자들이 앞장서야 한다. 비정규직을 하청 저임금 노동자가 아니라 파트너로 오히려 더 좋은 조건으로 일하도록 사회적 풍토를 바꿔야 한다는 말이다.

비정규직은 하청 저임금노동자 아닌 보수 더 많은 파트너로 풍토 바꿔야

예를 들면 신용불량자 역시 불확실성의 시대에 도전하다 일시적으로 실패한 사업가라고 생각을 바꿔 그들이 다시 도전할 수 있는 기회를 제공하도록 정부나 기업이 노력해야 한다. 또한 청년실업의 문제는 사원주주제의 벤처형 창업을 많이 하도록 정부와 사회가 도와야 한다.

우리 사회의 지도자들이 이 시대의 불확실성이 오히려 위대한 도약의 계기가 된다는 열정과 확신을 갖고 연결자로서의 통합의 리더십을 발휘하여 문제를 해결할 수 있는 방법을 제시하는 새로운 시대의 개척자가 된다면 우리 사회는 2만 달러 선진국으로 도약할 수 있다.

혼돈과 창조의 역사

2003-05-26

경제학자 슘페터는 창조적 파괴를 통해 역사가 발전한다고 했다. 그는 혁신(Innovation)이야말로 발전의 원동력이라고 말했다.

노무현 대통령의 말은 과거 대통령의 권위와는 아주 다른 모습이다. 혹자는 이를 비난하지만 21세기 변혁의 시대에는 잘하면 창조적 파괴가 될 수도 있다.

참여정부는 권위주의적인 기존 질서에 대한 저항에서 탄생됐다. 군부독재 세력과 3김 정치로 대표되는 기존 질서를 부수는 데서부터 시작되었다. 투쟁이 참여정부 탄생의 동력이라고 볼 수 있다.

그러나 낡은 질서를 파괴해야 하지만 어떻게 해야 창조적 파괴가 될 것인지는 그리 쉽지 않다.

도약을 하려면 혼돈은 필수적이다. 누구도 혼돈을 피해갈 수 없다. 문제는 혼돈 속에서 국민들에게 새로운 희망의 빛을 비춰주어야 한다는 것이다. 노 대통령에게 기대가 컸던 것은 이 때문이다. 그래서 젊은이들은 '노짱'이라 불렀다. 그 노짱이 흔들리고 있어서 젊은이들이 갈피를 못 잡고, 나이든 사람들은 '그러면 그렇지, 노인들 우습게보다가 꼴좋다' 고 고소해한다. 감정적으로 세대간 차이가 있어도 큰 문제는 없지만 지역감정처럼 구조적으로 이 갈등 대립이 고착화되면 우리나라의 창조의 역사는 없다.

도약을 하려면 혼돈은 필수
혼돈 속에서 새 희망 보여야 창조적 파괴된다

방미외교와 화물연대의 작업거부로부터 시작된 혼돈을 창조의 역사로 승화시킬 것인가 아니면 갈등의 나락으로 떨어뜨릴 것인가의 답은 간단하다. 예를 들어 방미외교가 당당한 자주적 외교인가 저자세 외교인가의 답은 솔직함이다. 대국인 미국을 몰랐을 때는 큰소리 쳤지만 가보고 만나보니 큰소리만 쳐서는 안 된다고 하여 이번에는 일보 후퇴하는 것이 좋다는 결론을 내려 행동했다고 솔직하게 말하면 된다. 그것이 아니라 고생해 전쟁을 막았는데 왜 비판하느냐, 성공했는데 대통령에게 이럴 수 있느냐고 하면 국민적 감정과 부딪히게 된다.

화물연대 문제도 그렇다. 어려운 사람들은 도와주어야 하고 그렇지만 법이 있으니 지켜야 한다고 강조하고 정확하게 법 집행을 하면 된다. 그렇지 못했다면 죄송하다고 하고 다음부터 원칙대로 법 집행을 하면 국민들은 받아들인다.

국민의 정부 당시 옷 로비 사건이 반면교사이다. 외환위기를 극복한 공이 혁혁한 김대중 대통령은 "외국에서 나라를 위해 노구를 이끌고 죽도록 고생하고 왔는데 비판한다"고 화를 냈다. 대통령은 당연히 서운했겠지만 국민들은 그 말에 등을 돌렸다.

노무현 대통령이 16대 대통령으로 당선되는 날 내일신문은 '홀가분한 출발, 불안정한 리더십' 이라는 제목으로 기사를 내 보냈다. 홀가분한 출발은 지역과 부패로부터 자유로운 최초의 대통령이라는 의미였고 불안정한 리더십이란 과거 대통령보다 권위가 약하고 준비되지 못한 측면이 있기 때문에 보완하라는 뜻이었다.

홀가분한 출발, 불안정한 리더십

그러면 어떻게 불안정한 리더십을 안정적이고 강력한 리더십으로 바꿀 수 있을까. 우리 정치사의 경험은 단일화, 합당, 연합, 즉 '통일 단결은 생명이고 분열 고립은 죽음이다' 는 사실을 일깨워준다. 이러한 통일 단결의 흐름을 만들지 못하면 안정적 리더십은 이룰 수 없다.

혹자는 노 대통령의 말실수, 청와대의 아마추어리즘 등을 불안정한 리더십의 원인으로 파악하지만 그것 자체는 중요하지 않다. 그러한 실수들이 통일 단결의 흐름을 외면하여 고립화 될 때 실수가 극대화 되고 국정수행에 타격을 주게 된다.

창조의 역사는 시작이 간단하다. 말과 약속은 신중하게 하고 그리고 한 말과 한 약속은 반드시 지키려고 노력하는 그 과정이 있다면 우리 사회는 선진국으로 도약한다. 그 바탕위에서 통일 단결의 자세로 개혁을 실천하는 것이 창조의 길이다.

국민소득 2만 달러의 빛과 그림자

2011-04-04

국민소득이 다시 2만 달러를 회복했다. 1인당 2만 달러는 4인 가족을 기준으로 본다면 가구당 8만 달러를 번다는 뜻이다. 환율을 1100원으로 치더라도 8800만원 정도의 가구소득을 올려야 평균적인 한국인이라는 의미이다. 8800만원을 못버는 가장들은 집안에서 기를 펼 수가 없게 되었다. 밖에서는 불만이 터질 수밖에 없을 것이다.

6000만원을 버는 가장은 이제 평균적인 삶을 살려면 배우자를 2800만원을 받는 비정규직이나 자영업으로 내보내지 않으면 안되게 되었다. 800만 비정규직, 600만 자영업자로 들어가 치열한 생활전선 속에 내몰려야 한다. 비정규직의 평균 월급은 대략 120만원으로 정규직의 50%도 되지 않으며 갈수록 고용이 불안정해지고 있다.

2008년 597만명의 자영업자 가운데 59만명이 몰락해 2010년 12월에는 538만명으로 급격히 줄어들고 있다. 이들 59만명은 아마도 빚을 잔뜩 진 신용불량자나 실업자로 떨어졌을 것이다. 국세청 발표에 의하면 자영업자의 3분의 1 정도인 152만명이 월 100만원 매출도 올리지 못하고 있다.

직장과 직업까지 양극화되고 있다. 직장인들은 8800만원 이상 버는 사람들과 그 이하의 사람들로 나뉘어지고 있다. 점차 양자간에 넘을 수 없는 강이 만들어지고 있다.

헌법전문 '국민생활의 균등한 향상' 지켜지는지 물어야

정부의 존재이유를 되물어야 할 때가 오고 있다. 헌법전문에 있는 '국민생활의 균등한 향상' 이 지켜지는지 되묻지 않을 수 없다. 국민 경제생활과 관계된 정부의 기본임무는 물가안정과 일자리 창출이다. 그런데 이명박정부는 처음부터 단추를 잘못 끼웠다. 그 후과가 지금 나타나고 있다.

성장과 수출 중심의 성과주의는 고환율이라는 수단을 통해 달성되었다. 또 CEO형 대통령의 위기관리 능력은 금융위기 때 잘 나타났다. 그리고 국민소득 2만달러를 빠르게 회복했다. 그러나 너무 손쉬운 방식을 썼기 때문에 그 후과는 갈수록 커지고 있다.

우리는 개방경제로 살 수밖에 없지만 인위적으로 환율을 높이면 물가가 오르고, 자칫 인위적으로 환율을 낮추면 외환이 부족해 외환위기가 발생할 수 있다. 환율을 알맞게 올려야 함에도 불구하고 단기간에 20% 이상 올려버렸으니 지금 어떻게 해도 물가를 잡을 수 없게 되었다.

여기에 돈까지 왕창 풀었으니 어떤 방식으로든 물가를 잡기 어렵게 되었다. 인플레는 근로자들의 생활을 야금야금 수탈하는 보이지 않는 바이러스이다. 당연히 노동소득분배율은 하락할 수밖에 없고 순저축율도 하락세로 돌아섰다.

내일신문과 디오피니언 안부근연구소가 3월 30일 실시한 정례 여론조사 결과 국민 90.2%가 물가상승과 전세대란을 체감하고 있는 것으로 나타났다. 또 국민들의 74.6%는 물가안정과 전세대란 해소를 위해 정부가 발표한 정책에 대해 신뢰하지 않았다. 현 정부가 물가인상과 전세대란을 해결하지 못할 것으로 보는 국민들이 81.3%에 이르는 것으로 드러났다.

성장과 수출 중심의 성과주의는 비즈니스 프랜들리로 나타났다. 당연히 수출대기업이 고환율로 좋아질 수밖에 없다. 그러나 대기업들은 일자리를 늘리기는커녕 계속 줄이고 있다. 대기업 일자리는 2009년, 198만 3000개에서 지난해 195만 2000개로 3만 1000개가 줄었다.

동반성장 아쉽게도 때 늦어

이에 반해 중소기업들은 갈수록 힘들어지고 있다. 내수 중소기업은 더 힘들고 수출 하청 중소기업도 죽지 못해 회사를 돌리고 있다. 중소기업의 전망이 어둡고 고용이 불안하니 젊은이들은 중소기업에 가려고 하지 않는다. 중소기업에는 인력이 부족하지만 청년실업자는 35만명을 넘고 있다.

뒤늦게 동반성장을 하겠다고 나서고 있지만 아쉽게도 때가 늦었다. 성장과 수출 중심의 성과주의를 포기하지 않으면 소용이 없다. 그러나 이 성과주의를 포기하면 MB정부 자체가 부정 당하니 어찌할까. 이제라도 정책을 바꿀 것을 강력히 권고한다. 물가를 안정시키기 위해 환율을 정상화시키고 비즈니스 프랜들리가 아니라 일자리 창출을 위해 창업을 장려하고 내수와 중소기업과 자영업을 최우선으로 하는 정책으로 바꿔야 한다.

제3장

민주주의의 원칙을 세우자

투표율 높이는 제도적 방안 마련해야

2011-01-10

2400년 전 가장 융성한 나라는 그리스 아테네였다. 민주주의의 꽃을 피운 시기이다. 역사는 그 정점을 '페리클레스 시대' 라고 칭송한다.

페리클레스는 다음과 같이 말했다. "소수의 독점을 배격하고 다수의 참여를 수호하는 정치체제 그 이름을 민주 정치라고 부른다" 그는 정치 무관심을 민주주의 최대의 적으로 생각했다. 그는 또 이렇게 말했다. "이곳 아테네에서는 정치에 무관심한 시민을 조용함을 즐기는 자로 여기지 않고 시민으로서 무의미한 인간으로 간주한다."

아테네 시민들은 이미 민주주의는 시민의 적극적 참여 없이는 유지될 수 없다는 것을 잘 알고 있었던 것이다.

1987년 대통령 선거 때의 투표율은 89.2%를 기록했다. 독재 권력을 바꾸기 위한 시대적 소명이 국민들을 투표장으로 가게 만들었다. 그러나 지금은 어떤가. 정치는 생활인들로부터 멀어졌다. 2006년 지방자치 선거의 투표율은 51.6%였고 2008년 국회의원 총선 투표율은 46.1%에 불과했다. 재보궐 선거는 아예 30%대를 걱정해야할 판이다. 미래세대인 젊은 층의 투표율은 더욱 낮다.

선거제도는 국민이 쟁취한 민주주의의 형식이다. 당연히 독재자들은 선거를 싫어한다. 선거를 망판이라고 말하는 사람까지 나온다. 선거 때는 유권자 즉 주권을 가진 사람들이 목소리를 높이기 때문이다.

투표율 3분의 2 이상위해 인센티브 도입 고려해야
대학 투표소 많이, 편리하게 마련 방안도 적극검토

밑으로부터의 새로운 흐름을 만들어야 한다. 지금까지 우리 선거는 유권자 중심이 아니라 후보자 중심이었다. 유권자 중심의 선거는 기권하지 않고 적극적으로 투표장에 나가는 데서부터 시작된다. 선거에서 가장 중요한 일은 '기권하지 말고 찍읍시다' 의 분위기를 만들고 넓히는 것이다. 이 기본원리를 부인할 수 있는 사람은 독재자 이외에는 아무도 없다.

유권자를 우리정치의 중심에 세우는 것이야말로 한국정치의 최대 과제이다. 유권자의 투표율을 최소 3분의 2 이상으로 올리기 위해 여야 모든 정치권이 지혜를 모으고 결단을 해야 한다.

재외국민투표까지 이루어낸 마당이다. 투표율 제고를 위한 소득세 감면 등 포인트에 의한 인센티브 도입을 강력하게 고려해야 한다. 또한 젊은 대학생의 투표 참여가 쉽도록 각 대학등에 투표소를 좀 더 편리하게 많이 마련하는 방안도 적극 검토하여야 한다. 대의제를 기반으로 하는 자유민주적 기본질서는 투표율 50% 이하에서는 뿌리내릴 수 없다.

이 원칙이 개헌논쟁이나 선거구 조정보다 훨씬 중요하다. 이 원칙은 여야 유불리라는 당리당략을 넘어서는 한국정치의 새로운 이정표를 만드는 사실상 선거혁명이다.

무관심과 높은 기권율은 불완전한 민주주의가 된다

우리나라에서 선거혁명은 1960년 4·19혁명이 있었고, 1987년 6월 민주항쟁이 있었다. 두 선거혁명은 모두 정치권이 아닌 국민들이 만들어냈다. 가두투쟁을 통해 밑으로부터 직접 만들어낸 것이다.

그 투쟁의 결과 이제 국민들이 직접적 가두시위로 정권을 선택하는 일은 안 해도 될 정도가 되었다. 그러나 정치에 대한 실망과 염증으로 정치 무관심이 만연하고 기권율이 높다라면 민주주의는 그만큼 불완전한 것이 될 수밖에 없다.

투표율을 높이기 위한 제도적 방안을 만드는 새로운 선거혁명을 할 때 성공한 국회와 정부가 될 수 있다.

우리 국민들은 투표율을 높이기 위한 노력을 많이 한 후보와 정당에 지지와 성원을 보내야 한다. 정치 선진화는 후보자들과 정당들이 이 원칙을 실현하기 위해 얼마나 노력하는가에 달려 있다.

압도적 다수의 유권자들이 정치에 참여한다는 것은 복지와 민생과 평화 등 자신들의 문제를 스스로 해결하기 위해 적극 나선다는 의미이다.

소액 후원금 제도의 정신

2010-11-15

G20 국제회의가 성공리에 끝났다. 그러나 우리 국내 정치는 먹구름이 짙어지고 있다. 검찰과 정치권이 정면으로 충돌했고 지금은 잠시 휴전 상태이지만 언제 터질지 모른다. 선진국으로 들어가기 위한 진통이다. 이 진통은 전국청원경찰친목협의회(청목회)의 소액 후원금 검찰수사에서 시작됐다.

검찰은 변칙과 불법으로 집행된 소액후원금제도에 대해 법에 따라 국회의원들이라도 예외 없이 수사하는 것이라고 밝히고 있다. 특히 2004년에 개정된 정치자금법이 법인과 단체의 후원금을 금지하고 있다는 이유다. 당시 개정된 법은 기업의 검은돈이 정치권에 유입되는 것을 막기 위한 취지에서 마련됐다.

반면 정치권은 이번 청목회 수사 등은 과잉수사로서 절차에도 하자가 있고 시기와 방법도 잘못되었다고 주장하고 있다. 특히 국회 본회의가 열리고 있는 중에 전격적으로 11명의 의원 사무실을 동시에 압수수색하는 일은 전례가 없을 뿐만 아니라 국회를 유린하는 처사라고 여야 없이 주장하고 있다.

더구나 야당은 민간인 사찰에 사용된 청와대 대포 폰 정국을 덮기 위한 권력 차원의 의도된 공세라고 비난하고 있다.

어려운 국민, 단체의 입법 추진은 정당
거대기업의 10만원 쪼개기 헌금과는 달라

양측의 논란은 국론분열로 이어질 수 있다. 우리는 판단이 어려울 때는 헌법정신에서 그 해답을 찾고자 한다. 우리 헌법 전문에는 '모든 사회적 폐습과 불의를 타파하며, 자율과 조화를 바탕으로 자유민주적 기본질서를 더욱 확고히 하여' 라고 되어 있다. 검찰은 모든 사회적 폐습과 불의를 타파하는 것에 초점을 맞추고 있고 정치권은 자율과 조화를 바탕으로 정당 활동을 통해 자유민주적 기본질서를 더욱 확고히 한다고 주장한다.

소액후원회제도는 정부가 소득공제를 해주고 선거관리위원회가 적극 장려하는 제도이다. 청원경찰들은 월 90만원에서 200만원을 받는 대표적인 서민층이므로 이들을 위한 입법 활동이야말로 국회의원의 당연한 임무라고 정치권은 주장하고 있다.

그러나 검찰은 일찍이 2007년 S-oil에서 10만원씩 집단적으로 후원금을 기부 받은 문석호 전 의원에게 2심에서는 무죄, 대법원에서는 유죄를 선고한 판례를 근거로 제시하고 있다. 이 개정된 정치자금법의 정신은 S-oil과 같은 거대기업이 금권으로 이른바 로비의 대가로 10만원씩 쪼개서 정치후원금 형식을 빌려 지원하는 것은 위법이라는 판단이다.

그러나 이번 청목회 사건의 경우처럼 사회적 경제적 약자들이 뜻을 모아 그들의 단체가 자신들에게 유리한 입법을 추진한 것은 바로 사회적 폐습과 불의가 아니라 오히려 자율과 조화를 바탕으로 자유민주적 기본질서를 더욱 공고히 하는 것이라고 생각할 수밖에 없다.

이것이 소액후원회제도의 정신이다. 만약 이것이 부정된다면 다수 주민들이 민주주의 정치에 참여할 수 있는 길이 봉쇄되는 결과를 초래할 것이다. 다수의 주민들이 정치에 참여하지 않는다면 그 사회는 자유민주적 기본질서와 반대되는 소수 특권층이 지배하는 권위주의 독재체제로 회귀하게 된다.

금권에 의한 특권적 후원은 엄정 금지

물론 소액후원금제도의 잘못된 관행을 이번에 제도적으로 고쳐야 한다. 법을 위반했으면 처벌을 받아야 하는 것이 법치주의의 기본이다.

검찰과 정치권은 잘못된 후원회제도의 관행과 압수수색 복사본 영장의 잘못된 관행끼리 서로 싸우지 말라. 국민이 판단한다.

금권에 의한 특권적인 후원에 대해서는 법의 엄정한 심판을 받아야 하지만 금력이 아니라 어려운 사람들의 마음이 모아지는 후원은 장려되어야 한다. 그래서 선거관리위원회도 매년 연말이면 소액후원을 하라고 캠페인을 하고 있다.

우리는 이번 청목회 사태를 보고 빅토르 위고가 쓴 레미제라블(비참한 사람들)의 장발장과 자베르 검사를 생각하게 된다.

현행 헌법에 권력분산 조항 있다

2010-11-01

정치권 일부에서 개헌 논쟁의 불을 다시 지피고 있다. 시작은 이재오 특임장관으로부터다. 안상수 한나라당 대표도 G20이 끝나면 본격적으로 논의해보자고 제안했다. 이에 대해 민주당 손학규 대표는 관훈클럽 토론회에서 '다음 정권이 들어섰을 때 바로 개헌 논의를 시작하는 게 순리' 라며 개헌시기를 차기 정부로 미루자고 주장했다.

이 개헌 논쟁이 달아올라 개헌이 실현될 수 있을까. 결론은 쉽지 않을 뿐만 아니라 또다시 국론분열로 아무 소득 없이 끝날 것으로 예측된다. 이유는 자명하다. 내용과 방식이 모두 틀렸고 시기도 적절치 못하기 때문이다.

개헌을 하려면 집권 초기에 해야 한다. 중반이 넘어서면 권력누수를 막기 위한 꼼수로 비치기 때문이다. 방식도 문제다. 집권층이나 집권여당에서 개헌을 들고 나오면 될 일도 안 되는 것이 오늘의 현실이다. 지금은 자유당 때나 유신 5공 때가 아니기 때문이다. 6월 민주항쟁을 거친 이후의 대한민국이고 21세기이기 때문이다. 밑으로부터 일반국민으로부터 학계로부터 시작되어야 개헌 가능성이 생길 수 있다.

무엇보다 개헌의 내용이다. 지금까지의 개헌은 권력구조 중심이었다. 정치권에서 제기하는 개헌 논의도 바로 권력 구조에 대한 것이다. 권력분산이니, 이원집정제니 내각제니 4년 중임제니 등등이 그것이다. 권력구조 개편은 자칫 국민의 이해 요구와 거리가 먼 권력자들만의 잔치일 수 있다.

권력분산 조항 대통령이 안 지키는것이 문제

현행 헌법은 권력분산 조항이 잘 담겨 있다. 단지 권력자인 대통령이 지키지 않는 것이 문제의 핵심이다. 헌법 87조 1항 '국무위원은 국무총리의 제청으로 대통령이 임명 한다'를 대통령이 지키면 권력분산은 어느 정도 실현된다. 대통령부터 헌법을 지키지 않으니 사회가 갈등과 혼란으로 빠져드는 것이다. 현행 헌법은 1987년 6월 민주항쟁으로 만들어진 헌법이다. 1987년 10월 29일에 선포된 현행 헌법은 모든 정당이 합의하고 국회에서 만장일치로 찬성해 국민투표에서 압도적 지지로 통과됐다.

이 헌법은 당시 기존 정치권이 만든 헌법이 아니다. 민주주의를 향해 치열하게 투쟁한 우리 국민들의 염원을 담아낸 기본 틀이다. 과거의 헌법과 근본적으로 다르다. 이런 헌법을 개정하자고 하는 것은 과거로 돌아가자는, 즉 경제 민주화를 후퇴시키고 권위주의 헌법으로 회귀하려는 의도가 있을 수 있다. 오히려 이 헌법을 구체화 시키지 못하거나 실행이 되지 않고 거꾸로 가는 것이 문제이다. 예를 들면 헌법 119조 2항은 이렇게 명문화하고 있다.

"국가는 균형 있는 국민경제의 성장 및 안정과 적정한 소득의 분배를 유지하고, 시장의 지배와 경제력의 남용을 방지하며, 경제주체 간의 조화를 통한 경제의 민주화를 위하여 경제에 관한 규제와 조정을 할 수 있다"

기업형 슈퍼마켓(SSM)의 문제도 이 조항을 지키면 바로 해결된다. 상생법이 만들어지지 못하는 이유는 정부와 국회가 헌법을 지키지 않기 때문이다. 경제 민주화를 위해 김대중정부 때 사원주주제의 기초에 관한 '근로복지기본법'을 만들었다. 그러나 그 후 사실상 유명무실화 되고 있다.

헌법 119조 휴지조각에 불과해
'경제민주화' 투표로 실현 시켜야

국가보안법의 개폐를 제외하고 지난 20여 년간 정치 민주화는 어느 정도 이루어졌지만 경제 민주화는 퇴보했다. 양극화는 심화되고 부는 소수에게 집중되었고 소득불균형 역시 최악이다. 대기업 집단은 비대해지고 권력화 되어 세습되고 있다. 헌법 119조는 휴지조각에 불과해졌다.

과연 경제 민주화에 관해 국회와 정부는 그 사이 무엇을 했는가.

1987년에는 가두에서 온몸으로 전 국민이 들고 일어나 이 헌법을 명문화 시켰다. 그러나 그 시행은 반쪽에 불과했다. 형식은 잘 만들어져 있지만 내용은 아직 반쪽밖에 채워지지 않고 있다. 이제는 경제 민주화가 보다 절실하다. 일반 국민들의 삶과 직결되기 때문이다. 정치 민주화는 항쟁으로 이뤄냈지만 경제 민주화는 투표로 실현시켜야 한다.

6월 민주항쟁은 아직도 진행 중이다. 미완성이다.

투표로 새로운 미래를 열자

2010-05-31

전쟁의 위험과 공포 속에서 경제와 민생은 온전할 수 없다. 남과 북이 긴장하고 충돌하면 일반 국민들은 고통스럽고 손해를 본다. 당연히 군비는 증강되고 재정적자가 늘어난다. 일반 상품들의 국제경쟁력은 떨어진다. 전쟁 위험이 있는 나라에 투자할 외국인은 없다. 금융이 불안해지고 투자도 위축된다. 경제는 침체되고 실업자는 늘어난다.

2009년 11월 제3차 서해교전에서 북한은 대패했다. 2000년 1차 서해교전에서도 북한은 패배했다. 1차 서해교전 이후 남북간에는 정상회담을 통해 6 · 15 공동성명이 나와 평화체제가 본격적으로 확립되기 시작했다. 그 사이 우리나라는 1만 달러 소득에서 2만 달러로 2배 성장했다.

그러나 지금은 그 반대로 나가고 있다. 2009년 서해교전에서 패배한 북한군은 "백배 천배로 값비싼 대가를 치르게 될 것"이라고 위협했다. 당시는 금강산에서 총격사건이 있은 후여서 남북관계는 긴장으로 치닫고 있을 때였다.

우리는 너무 방심했다. 유비무환의 자세를 가졌어야 했다. 특히 경제적 약자가 화나면 물불 가리지 않는다. 뒤늦게 소 잃고 외양간 고칠 때는 더 좋은 외양간, 다시 말해 한 차원 높은 평화체제를 만들어 내야 한다.

더구나 2차 금융위기로 확대될 가능성이 높은 시기이다. 자칫 내외적으로 위기가 확대되어 그나마 회복돼가는 우리 경제에 찬물을 끼얹을까 두렵다. 증권시장의 시가총액은 주가가 떨어져 현재 1000조원 정도 되는데 서해에서 다시 남북간 충돌이 일어나면 주가가 최소 10% 하락할 수 있다. 100조원이 날아가게 된다. 북한군이 대북 확성기를 조준 격파해서 포격전이 벌어지면 주가는 최소 20% 이상 폭락할 수 있다. 그러면 200조원이 공중으로 사라진다.

북한에 대한 시장경제 교육비

개성공단을 통해 1년에 북한에 가는 돈은 약 5000만 달러(600억원)이고 현재까지 지급된 금강산 관광 및 사업대가가 총 4억 8700만 달러, 금강산 관광시설비용 2200억원 등이다. 사실 1년에 1000억원이 북한에 간다고 하더라도 이 돈의 효과는 그 10배, 100배 이상이다. 이는 민주주의와 시장경제의 우월성을 보여주는 북한 교육비다. 교육은 시간이 걸린다. 단시간에 오래된 사고가 바뀔 수 없다.

우리 남쪽에는 북한을 어떻게 해서든지 단계적으로 시장경제로 나가게 할 책임이 있다. 시장경제를 통해 그 기반이 되는 민주사회로 바뀔 수 있는 여건을 마련해야 한다. 1단계가 바로 우리와 중국의 역할이다. 2단계는 우리가 좀 더 선진화된 민주사회가 되어 북한에 모범을 보여주는 것이다. 우리에

겐 보수와 진보를 넘는 민주사회가 무엇인가를 북에도 알릴 의무가 있다.

그런데 지금 우리는 거꾸로 가고 있다. 권위주의와 관치경제는 민주주의와 시장경제에 반대된다. 극좌와 극우는 역사와 민족의 죄인이다. 자칫 이들에 의해 전쟁이 일어날까 국민들은 노심초사하고 있다. 이명박 대통령이 북에 대한 제재조치를 발표했지만 자칫 우리 경제만 치명상을 입을 수 있다. 남북관계는 시간이 답이다.

민주주의는 투표를 통해 소망을 이루는 과정

한반도와 동북아에서 평화와 안정은 무엇보다 중요하다. 생존 그 자체이다. 어느 길을 택할 것인가. 과거로 회귀할 것인가, 아니면 위기를 기회로 남북관계의 새로운 미래를 열어젖힐 것인가. 1차 서해교전 이후 정상회담과 6·15 선언을 한 것처럼 다시 남북정상회담과 평화협정을 맺는 한 차원 높은 결단과 지혜를 발휘할 때가 왔다. 그래야 3만 달러 선진국으로 도약할 수 있다.

평화와 민주와 시장을 남과 북의 모든 국민들은 소망하고 있다. 정치 지도자들은 국민들의 마음을 읽을 줄 알아야 한다. 역시 국민들도 자신의 의사를 표현할 줄 알아야 한다. 진정한 국가안보는 전쟁을 막고 평화와 안정을 이루는 일이다.

이는 국민들이 안보의 주인 주체가 될 때 힘을 발휘한다. 민주주의는 투표를 통해 자신들의 소망을 한발 한발 이루는 과정 그 자체이다. 선거는 생활정치에서 시작되어 국가안보로 직결된다.

헌법과 국회, 그리고 대통령

2010-01-11

우리 정치는 혼돈 그 자체다. 정부와 국회의 관계가 뒤바뀌어 있기 때문이다.

국회는 통법부가 아니다. 헌법 제52조에 따라 정부도 입법제출권을 가지고 있지만 입법권은 국회의 고유권한이다. 그것이 국회의 존립근거다.

현행 헌법은 정부보다 국회를 앞세우고 있다. 헌법 제3장이 국회이고 제4장이 정부이다. 그 순서가 바뀐 적도 있었다.

유신헌법에서는 제3장은 통일주체국민회의이고 제4장이 대통령으로 별도로 나와 있다. 제5장은 정부, 제6장에서야 국회를 다루었다. 국회가 그렇게 천대받기는 헌정 사상 처음이었다. 전두환 정권 하의 제5공화국 헌법도 제3장이 정부이고, 제4장에서 국회를 다루고 있다. 모두 거꾸로 된 헌법이었다. 우리는 유신 8년, 5공 7년을 거치면서 국회와 정부의 관계가 온통 뒤죽박죽이 되어버렸다.

민주국가에서는 정부보다 국회를 앞세우는 헌법을 채택하고 있다. 우리는 지금 헌법에서야 민주주의의 기본 틀을 명문화했다. 정부보다 국회를 더 중요시하는 헌법 틀이 그것이다. 그러나 요즘 현실은 반대로 나가고 있다.

입법권조차도 행정부가 국회의 우위에 서려는 경향이 강화되고 있다. 국회의장과 국회의원들에게 권한다. 대통령과 국무위원들에게도 권한다. 현행 헌법을 숙독하기 바란다. 분명히 우리 헌법은 국회를 정부보다 앞세우고 있다. 입법권이 행정권보다 더 중요하다는 뜻이다.

헌법 2장은 국민의 권리와 의무
3장 국회, 4장은 정부로 국회가 정부보다 우선

우리 헌법은 제1장 총강에서 '대한민국은 민주공화국이다. 대한민국의 주권은 국민에게 있고 모든 권력은 국민으로부터 나온다' 라고 서술하고 있으며 제2장에서 국민의 권리와 의무, 제3장에서 국회의 권한과 역할을 규정하고 있다. 국회라는 항목의 첫 조항이 헌법 제40조인데 바로 '입법권은 국회에 속한다' 라고 규정한다.

그러나 근래 들어 국회 스스로 정부의 거수기가 되어가는 비참한 현실이 고쳐지지 않고 오히려 더 심해지고 있다. 국회의 최고 수장인 국회의장이 "노동관계법은 직권상정하지 않겠다"고 국민 앞에 천명한 후 2010년 새해 벽두 02시 5분경에 직권상정해서 여당 단독으로 통과시킨 일이 벌어졌다. 대통령과 통화한 뒤 국회의장의 태도가 급반전했다고 한다. 유신이나 5공적 발상이 아니면 어떻게 이런 사태가 일어날 수 있을까. 국회가 스스로 권위를 추락시키고 있다.

언론도 반성해야 한다. 국회보다 정부가 우위라는 사고를 낳는 보도를 하지 말자. 대통령이 국회 위에 있다고 생각하는 기사를 쓰지 말자. 대통령도 중요하고 행정부도 중요하지만 국회야말로 입법 행정 사법에서 가장 기본적인 조직이라는 것을 다시 일깨울 때가 왔다.

유신 8년, 5공 7년 잔재 국회와 정부의 관계 온통 뒤죽박죽

국회 스스로도 자신을 되돌아봐야 한다. 국회의원은 가장 명예롭고 자긍심을 갖는 자리라고 생각할 때 국회의 위상이 높아진다. 대통령 앞에 서면 한없이 작아지는 국회의원은 사퇴하시기 바란다. 행정부 장관이 되기 위해 대통령의 심기를 살피며 국회의원의 긍지를 버리는 사람은 정치를 그만두어야 한다. 차제에 장관 · 의원 겸직 금지를 검토하는 것도 고려해 봐야한다. 비리에 연루되어 검찰에 불려 다닐 행동을 아예 하지 않도록 결단을 해야 한다. 그래야 실추된 국회의 권위를 되찾고 헌법정신을 제자리에 돌려놓을 수 있다. 헌법을 지키지 않으면 법치주의는 물 건너가고 선진국으로의 도약은 신기루에 불과하다. 국회의 권위가 실추되는 것이 나라의 품격을 떨어뜨리는 첫째 요인이다. 국회와 정부의 관계를 어떻게 세우는가가 그 해결의 첫걸음이다. 유신과 5공의 잔재를 하루빨리 없애야 선진국으로 도약할 수 있다.

국회의원 선거제도 바꿔야

2008-03-24

정치인들은 선거 때마다 지역감정을 없애겠다고 공언했다. 그러나 실패했다. 훌륭한 사람이 정치권에만 들어가면 변한다고들 한다. 왜일까. 선거제도에 문제가 있기 때문이다. 대통령 선거제도는 1987년 6월 민주항쟁을 통해 직선제가 뿌리내리게 됐다.

헌법정신과 헌법체계는 입법이 행정보다 중요하다. 우리 헌법에는 국회(제3장)가 정부(제4장)보다 중요해 앞에 명시되어 있다. 국회보다 정부를 앞세운 것은 유신헌법이다. 대통령 직선제만으로는 부족하다. 국회의원 선거제도가 크게 바뀌지 않았기 때문이다. 현재 우리 정치는 영남은 한나라당, 호남은 민주당 등 지역주의에 기댄 지역분열이 다시 나타나고 있다. 국민과 역사가 바라는 통합의 방향이 아니라 오히려 지역갈등과 분열을 고착시키는 쪽으로 가고 있다.

국회의원 총수는 299명인데 지역구가 81%인 245명이고 비례대표가 20%도 안 되는 54명이다. 지역구 중 영남과 호남의 비율은 68:31이다. 1인

독식인 소선거구제 하에서는 영남을 기반으로 하는 정당이 절대적으로 유리하다. 16대에는 호남의 경우 한나라당이 단 1석도 없고 영남은 민주당이 단 1석도 없었다. 17대에서는 호남에서는 한나라당이 단 1석도 없고 영남에서는 민주당이 2석에 불과했다. 이번 18대 총선에서도 사정은 비슷할 것이다. 아마 한 명도 없을지도 모른다. 그간 영호남지역에 후보자조차 내지 못하는 사례가 빈번했다.

50%를 전문성 갖춘 비례대표 의원으로

이제는 정말 심각하게 고민해야 한다. 국민들뿐만 아니라 정치인들도 크게 바뀌어야 한다. 계속 짓밟는 투쟁을 통해 대립의 역사를 반복할 것인가 아니면 획기적인 변화를 통해 21세기의 선의의 경쟁을 통한 통합의 새로운 역사를 만들 것인가를 택해야 한다.

우리는 18대 국회에서 독일처럼 국회의원의 50%를 전문성을 갖춘 비례대표 의원으로, 50%를 건전한 상식을 가진 지역구의원으로 뽑는 획기적인 선거제도 개혁을 제안한다. 21세기는 지식정보화 사회이고 국가간 경쟁이 치열해지고 있어 전문성이 갈수록 중요해지므로 전문인을 국회에 보내지 않으면 안 된다.

동시에 소선거구제를 광역 대선거구제로 바꾸어 유권자수에 비례하는 합리적인 선거제도가 마련되어야 한다고 주장한다. 교통 통신의 발전으로 경제 사회 생활권이 사실상 소지역에서 광역지역으로 바뀌었다. 소선거구 주민들의 의견수렴은 유급화 되어 있는 기초 및 광역의회 의원과 기초 광역단체장선거를 통해 반영되고 있다. 예를 들면 전국 16개 광역단체를 기본으로, 서울과 경기도는 한강을 중심으로 둘로 분할하여 총 18개 광역선거구를 만들 것을 주장한다.

그래야만 영남이나 호남에서 한나라당 민주당 선진당 민노당 등이 한명씩이라도 당선되고 특히 영호남의 지역갈등이 정치 제도적으로 축소 완화된다. 그러면 대통령제 하의 양당제와 내각제 하의 다당제의 단점을 모두 보완할 수 있다. 진정한 정당정치가 활성화된다.

국민들은 기존 국회의원들의 지역이기주의 때문에 이러한 좋은 제안들이 채택되지 않는다고 비판하고 있다. 위의 두 제안만 관철되면 파행을 일삼고 있는 의회가 선의의 경쟁과 상생의 새로운 시대를 열게 될 것이다.

소선거구제를 광역대선거구제로 변경을

지금은 민주주의도 시장경제도 금융도 세계화되는 변화무쌍한 시대이다. 바뀌지 않으면 경쟁력을 잃어 퇴보하고 몰락한다. 특히 우리 사회를 이끌어갈 정치권이 바뀌지 않으면 한 발짝도 앞으로 나갈 수 없다.

17대 총선에 이어 18대 총선에서 여야 모두 국회의원이 대폭 물갈이 된다해도 비례대표 의원을 대폭 늘리고 소선구제를 대선거구제로 바꾸지 않으면 결과는 마찬가지다.

새로 선출되는 국회의원들은 과거처럼 또 욕을 먹을 것인가 아니면 이렇게 제도를 바꿔 21세기 우리 국민들에게 희망의 등불이 될 것인가를 결단해야 한다.

새로운 그림을 그리는 민초들

2009-05-11

이번 재보궐 선거의 후폭풍이 열흘이 지나도록 계속되고 있다. 유권자들이 바라는 바가 무엇인지 정치권이 모르기 때문이다. 외면적으로는 '0대5'의 여권 참패지만 내용을 보면 제1야당의 승리도 아니다. 민주당도 1석밖에 못 얻었을 뿐 아니라 광주 전남 지방의회선거에서 참패했기 때문이다.

이번 선거는 단적으로 어떠한 권력이건 권력 그 자체에 대한 민초들의 조용한 응징이다. 광주 전남 두 곳의 지방선거에서 민노당이 승리한 것은 광주 전남의 오래된 권력인 민주당을 민초들이 외면한 것이다.

전북 역시 민주당의 아성이었지만 이번에 국회의원 두 곳 모두 무소속의 승리로 귀결되었다. 울산은 정몽준 의원의 영향력이 큰 곳이지만 진보신당 후보에게 참패했다. 경주 역시 현재 권력을 상징하는 후보에 대해 민초들은 무소속 후보를 선택했다. 뿐만 아니라 충북의 증평 기초의원 선거에서 지방권력으로 등장하고 있는 자유선진당이 열세의 민주당 후보에게 패배했다. 경기도 도지사의 권력을 배경으로 한 시흥시장 한나라당 후보는 민주당 후보에게 석패했다. 또한 한나라당이 총력을 경주한 부평에서도 야당에게 참패했다.

어느 곳에서건 권력은 모두 졌다. 어떠한 권력이든 거부하는 새로운 흐름이 나타나고 있다. 이것이 21세기의 특징이라고 말할 수 있다.

우리 사회가 선진화되고 세계화될수록 민초들은 권력을 거부하는 새로운 그림을 그리고 있다. 양 극단의 사람들은 좌우 보수진보 권력을 선호하지만 중간층 다수는 권력을 거부하기 때문에 이러한 현상이 나타나고 있다. 권력이 무너지고 있다.

기존 권력은 여 · 야 모두 응징 당한 선거
오만 · 나태한 권력에 조용히 반기들은 민초

이번 재보궐 선거를 보면서 우리 국민은 참으로 현명하다고 말하지 않을 수 없다. 권력의 관점에서 보면 이번 선거는 이해될 수 없지만 그 반대로 생각하면 쉽다. 권력이 오만해지고 나태해지면 민초들은 저항의 깃발을 들게 된다. 조용한 저항이 바로 선거에서 나타난다.

이제는 어떤 정치세력이든 선거에서 승리하려면 권력을 놓아야 된다. 군림하지 않고 부패하지 않는 것이 선거승리의 필요조건이다. 충분조건은 민초세력을 규합하는 것이다. 필요조건은 후보자의 조건이고 충분조건은 정당 등 정치세력의 조건인 것이다. 과거 고도성장기에는 권력자의 작은 부패를 용인하는 경향이 있었다. 그러나 선진국이 되면 어떤 권력자의 부패도 용납되지 않는다. 더구나 고실업 저성장기에는 민초들은 권력자의 부패에 대해 단호하게 책임을 묻는다. 민초들이 화가 나 있기 때문이다.

특히 민주화세력은 부패권력에 대한 저항 속에서 자기 정당성을 세워온 세력이므로 더욱 더 권력자의 부패를 용납하기 어렵다. 권력은 집중될수록 국민 위에 군림한다. 권력을 분산시키는 방향으로 가는 것이 선진형이다. 시민사회의 시작은 삼권 분립에서 나왔다. 효율성을 강조하면서 행정권력이 의회 권력과 사법권력을 장악하고 독재와 독선의 길로 갔던것이 지난 20세기의 역사였다.

정부는 심판관으로서만 인정
권력은 거부, 서비스 원하는 시대

민초들이 바라는 새로운 그림은 권력 그 자체를 없애는 새로운 차원을 뜻한다. 행정권력은 물론, 의회권력과 사법권력, 지방자치권력도 거부하는 것이 21세기 민초들의 소망이다. 민초들은 권력을 거부하고 행정서비스, 국민을 대변하는 의회, 정의의 파수꾼인 사법, 민초들의 의견을 수렴하는 지방자치를 진정으로 원한다. 정부를 심판관으로서만 인정하고 민초를 괴롭히는 어떠한 권력도 거부한다는 의미이다.

민초들은 그들이 잘 살 수 있는 정책을 취하는 정치세력을 원한다. 민초가 잘 사는 정치는 바로 경제정책에서 판가름 난다. 빈부격차를 줄이고 일자리를 늘리는 구체적인 방안을 제시하는 것이 중요하다. 지난날의 수출 중심 고도성장 정책에서 실현가능한 내수 중심의 지속가능성장을 실천하는 정치세력이 승리하는 시대이다.

후보 단일화와 대세론

2002-11-25

국민들의 눈과 귀가 다시 정치로 모였다. 민주당 노무현 후보가 국민통합21 정몽준 후보와 대결에서 승리, 단일화 후보로 확정됐다. 단일화의 위력은 정말 대단하다. 이회창 후보의 대세론을 금방 뒤 흔들어 버렸다.

'분열은 죽음이고 단결이 생명이다' 라는 말이 있다. 약자들인 노동자들이 항상 외치는 말이기도 하지만 우리나라 정치 역사를 되돌아보아도 틀림없다.

1960년 4.19 혁명으로 자유당 독재가 무너지고 민주당이 집권했지만 민주당 신 구파가 분열하니 5.16 쿠데타가 일어나 민주당 정권은 붕괴됐다.

1971년 강자인 박정희 대통령에 대해 40대 기수론을 내걸고 YS와 DJ가 표 대결을 하여 분열할 뻔했으나 YS가 김대중 대통령 후보의 선거대책본부장을 맡아 혼신을 다했다. 박정희 대통령은 권력을 거의 내놓을 뻔했다. 이에 박 대통령은 유신독재를 선언하여 자멸의 길을 걸었다. 바로 약자들의 단결이 강자에게 심대한 타격을 준 것이다.

1979년 10 · 26 후 양김의 분열은 전두환 군사쿠데타를 만들었지만 87년 국민들이 대동단결하여 6월항쟁을 승리로 이끌면서 선거혁명을 탄생시켰다. 그러나 YS와 DJ는 87년 대통령 선거에서 다시 분열하여 노태우 정권을 만드는 역사적인 잘못을 저질렀다. 당시 YS 측에서는 1971년도에 자신들이 DJ를 밀어 박정희 정권에 대항하는 강력한 정치인 DJ를 만들었으니 이번에는 DJ가 YS를 밀어 군부독재를 끝장내자고 했다. 국민에 대한 봉사보다는 권력에 의한 개혁만을 추구한 YS와 DJ는 결국 단일화에 실패하고 만다.

YS와 DJ 합친 71년 대선
권력 거의 내놓을 위기 처했던 박정희 정권

이에 1988년 총선에서 패배한 약자인 YS가 중심이 되어 1990년 3당 합당을 함으로써 문민정부를 탄생시켰고 다시 1997년 대선 때는 강력한 한나라당 이회창 후보에 대해 DJ는 JP와 연합하고 한나라당에서 이탈한 이인제 후보가 출마하여 어렵게 국민의 정부를 탄생시켰다. 여하튼 이러한 역사적 사실은 단결이 승리의 길이라는 사실을 보여준다.

이번 노무현 정몽준 후보들은 2강 1중일 때는 단일화할 수 없었으나 1강 2중이 되어 약자가 되자 단일화를 하게 되었다. 특히 민주당 내의 후보단일화 운동과 민주당 지지세력의 정권 재창출이라는 압력으로 후보 단일화는 선언되었다. 단일화는 약자들의 논리와 방책이다.

지금은 1987년 때와는 아주 다르다. 87년의 대선 때는 YS와 DJ는 2강이었고 노태우 후보는 1중, 김종필 후보는 1약이었다. 당연히 강자끼리 단일화되기는 어려운 국면이었다. 이제 1강 2중에서 2중이 단일화되니 국민들의 관심은 높아졌다. 국민들의 시선이 노 정 TV토론에 쏠렸다.

대세론은 끝나고 있다. 불확정성의 원리가 관철되고 있다. 누가 단결의 중심이고 누가 국민 앞에 겸손하여 진정 국민을 주인으로 섬기느냐 하는 기준이 이번 대선 승리의 요인이 될 것이다.

2강 1중일 때는 단일화 안되었다 단일화는 1강 2중일 때 약자들의 방책

한나라당 이회창 후보는 탈당한 박근혜 의원을 영입한데 이어 JP와 이인제 의원 등 충청권 정치세력과 함께 해야 다시 대세론을 만들 수 있을 것이다. 단일화로 대세론이 어려워졌지만 다시 통일단결로 이회창 후보가 그 중심에 선다면 새로운 대세론이 나올 수 있다.

단결은 바로 생명이고 승리의 길이다. 결국 박빙의 승부가 펼쳐지게 되었다. 합종연횡이 과거 시대 후보자들의 전략전술이지만 민주주의에서는 결국 중립적인 유권자의 지지를 누가 얻느냐와 얼마나 겸손하게 유권자의 마음을 잡느냐에 승패가 달려있다.

권력 · 돈 · 명예의 3분할은 국민의 요구

2002-02-18

동양사회, 한국에서는 특히 청렴한 공직자를 원한다. 권력과 돈을 함께 가져서는 안 된다는 뜻이다. 명예 또한 권력과 함께 보유하기는 무척 어렵다. 조선왕조 5백년 27명의 왕 중 후세에 존경받는 이는 세종대왕, 정조 등에 불과하니, 권력과 존경 또한 공존하기 어려운 것은 확실한가보다. 한국뿐만 아니라 중국도 이와 같았다. 중국은 왕조변천이 잦아서 왕의 숫자도 엄청나게 많지만 존경받는 이는 많지 않다.

공자도 당대에 존경받는 사람을 찾을 수 없어 요순시대를 그리워했다. 권력이 세 질수록 존경은커녕 욕먹는 권력자만 나왔다. 혼란스러운 중국을 통일한 모택동도 결국은 사후에 욕을 먹고 말았다. 그래서인지 등소평은 아예 최고 지위에 오르지 않았고, 죽은 후 존경을 받고 있다.

오늘 한국에서는 권력을 가진 사람이 돈도 가지려하고 명예까지도 차지하려하니 욕심꾸러기들의 볼이 터지는 사태가 일어나고 있다. 이른바 게이트가 자고 나면 신문지상을 덮고 있다. 또 권력자들이 명예박사학위를 얻겠다고 애쓰는 웃지 못 할 일들도 일어나고 있다.

공덕비는 떠난 후에 세워주는 것
오늘의 명예보다 훗날의 명예 추구하는 지혜를

항간에는 권력을 잡았으니, 당연히 돈과 명예를 가져야 한다고 말하는 사람도 있다. 그러나 국민들은 결코 그렇게 생각하지 않는다. 특히 권력자는 돈과는 거리가 멀어야 한다고 요구하고 있다. 또한 권력자는 오늘의 명예보다는 훗날의 명예를 추구하는 지혜를 가져야 한다고 믿는다. 권력자가 오늘의 명예를 위해 업적을 부풀리면 고개를 돌리는 것이 동양의 전통이다. 공덕비는 떠난 후에 세워주는 것이며 재임 중에 이를 세웠다가 비웃음을 산 예가 한국 역사에 수없이 많다.

오죽하면 지금 한국 사회에 존경할 만한 스승이 없고 사회의 원로가 없다는 개탄이 그칠 줄 모를까.

동양사회는 돈과 권력보다 명예를 소중히 여기는 역사적 전통을 가지고 있다. 요즈음 젊은이들 중에 인도수상 네루를 아는 사람은 많지 않지만 인도 국민들이 존경하는 간디를 모르는 사람은 거의 없다. 간디는 돈도 권력도 없었지만 지금까지 인도 국민뿐만 아니라 전 세계인들로부터 사랑과 존경을 받고 있다. 이란의 호메이니가 대통령과 같은 권좌에 있었다면 아마 그도 지금쯤 이란인으로부터 욕을 먹고 있을 것이다.

봉건절대주의를 부수고 나온 민주주의는 정치와 경제, 즉 권력과 돈을 구분하고 정치영역인 권력은 셋으로 쪼갰다. 입법 · 행정 · 사법이 그것이다.

그것도 모자라서 제4의 힘인 언론을 권력의 감시견제자로 헌법상 지위를 보장했다. 권력이 집중되면 그만큼 폐해가 크다는 교훈을 역사에서 얻었던 것이다.

'과거보다 부패 10분의 1로 줄었다' 국민은 용납못할 강변(强辯)으로 받아들여

동양과 한국의 좋은 전통도 그러하고 서구의 민주이념도 모두 권력과 돈 명예를 한손에 가지려 추구하지 말라는 것이다.

다수 국민들은 권력자들은 공과 사를 철저히 구분하여 권력자는 자신의 보수 이외에는 돈을 가져서는 안 된다고 믿고 있다. 특히 친인척이 권력자의 관계를 이용하여 인사에 개입하거나 치부하는 행위에 대해서는 분노한다. YS 때 아들이 국정을 농단했다고 하여 국민이 분노했고, 지금도 권력자의 친인척이나 실세들의 부패행각에 민심이 등을 돌렸다.

과거에 비하면 부패가 10분의 1도 안될 만큼 사회가 맑아졌다고 강변하며 국민들이 이를 몰라준다고 탓하는 권력자들이 있다. 국민보다 수준 낮은 이런 권력자들은 하루빨리 권좌에서 떠나라고 국민들은 질타한다.

국가 기강이 확립되어야 한다

1999-09-22

정약용의 개혁은 민심을 기반으로 목민관이 먼저 모범을 보여야 한다는 데서부터 출발한다고 볼 수 있다. 정약용은 농민반란이 일어났던 황해도 곡산에서 학정에 못 이겨 항거한 농민 주모자를 사면 복권시킴으로써 농민들의 지지를 받았다.

그러나 그것만으로 정약용의 개혁을 다 설명할 수 없다. 정약용은 먼저 그 자신이 일식삼찬(一食三竄)하는 검소한 생활로 모범을 보였다. 그리고 오랫동안 양민을 괴롭혀 온 산적 무리를 토벌하여 그 주모자의 목을 쳤다. 관군만으로는 토벌을 할 수 없자 그는 농민 의병을 모집하고 직접 작전을 지휘하여 국가 기강을 확립했다.

개혁은 낡은 것을 버리고 새로운 시스템을 건설하는 과정이다. 얼핏 보면 혼돈으로 비춰질 수 있다. 새로운 시스템은 아직 건설되지 않고, 낡은 것은 부서지는 과도적 상태에 있기 때문이다. 낡은 것은 당연히 새 것에 대해 반발하고, 낡은 체제에서 이득을 본 세력은 개혁을 무력화시키기 위해 유언비어를 유포시키고 개혁이 성공하는 것을 막기 위해 안간힘을 쓸지도 모른다.

우리 역사를 보아도 조광조와 정약용은 반(反)개혁 세력의 음모로 죽거나 유배를 당했고, 이율곡의 개혁 상소문은 내팽개쳐졌다. 동서고금의 역사를 보면, 기존 사회지도층이나 권력층 내부에서 끊임없이 개혁을 무력화시키기 위해 상상할 수 없는 음모나 모략을 꾸미는 것을 볼 수 있다.

'개혁은 혼란' 이라는 선동 막으려면 스스로 기강 확립해야

이런 막강한 반대에 직면한 개혁세력이 권력의 안팎에서 스스로 기강을 확립하지 않으면 개혁은 성공할 수 없다. 다만 국가기강 확립이라는 말이 흔쾌히 들리지 않는 이유는 역대 권위주의 정권이 권력의 정통성을 갖지 못하고 이 말로 국민을 억압하고 군림하려 했기 때문이다.

개혁주체세력이 나라와 국민을 사랑하지 않고 개혁에 성공할 수 있을까. 국가경영에 대한 구체적 비전 없이 개혁이 성공할 수 있을까. 더욱이 개혁을 뭉개려 하고 새로운 시스템의 건설과정을 혼란이라 선동하는 것을 막아내지 못하고 어떻게 개혁이 성공할 수 있을까. 개혁을 향한 국가기강 확립은 바로 이러한 바탕 위에서 이뤄져야 한다.

평화적 정권교체는 힘있게 개혁을 추진할 수 있는 정통성을 마련해 주었다. 정통성이 중요한 것은 과거 권위주의 정권의 예를 보면 잘 알 수 있다. 심야통행 금지를 해제하고 물가를 억제하고 나름 경제성장을 이뤘음에도 개혁을 향한 새로운 국가기강은 확립될 수 없었다. 정통성이 없었기 때문이다.

남아공의 만델라 대통령이 물러날 때 실업률은 40%였으며 경제는 엉망이었다. 그러나 지금 남아공에서 실업폭동이나 인종갈등이 심각하여 국가기강이 무너지고 있다는 얘기는 들리지 않는다. 만델라는 인종갈등과 인권억압에 대한 문제를 해결하라는 소명에 충실했고 경제건설의 과제는 그 분야 전문가인 음베기에게 넘겨줌으로써 역사에 길이 남을 대통령이 되었다.

YS '문민정부' 교육 · 사법개혁 추진 실패
'국민의 정부' 시대 개혁 요구는 더 높아져

죽을 고비를 여러 차례 겪으면서 40년 동안 민주화 운동을 했고 IMF를 극복했으며 경제가 점차 나아지는 마당에 왜 지지율은 오히려 떨어지는가를 고민하는 여권인사들은 진정 국민들이 원하는 것이 무엇인가 깊이 생각해 보아야 할 것이다.

국민들은 과거와는 다른 정권, 다른 생각과 자세, 모범적인 생활과 21세기를 향한 선진국형 시스템을 원하고 있다. 과거 정권 때보다 낫지 않느냐는 것만으로는 개혁 요구를 충족시킬 수 없다. YS시대 교육개혁 사법개혁을 추진했으나 실패했다. 국민의 정부에 대한 개혁 욕구는 더 한층 높지 않을 수 없게 된 것이다. 개혁은 개혁주체들이 행동하고 실천하며 낡은 것을 버리고 새로운 시스템을 건설하는 과정 그 자체이다. 도덕성을 갖지 못할 때 국가기강은 흔들릴 수밖에 없다.

누가 다음 대통령이 될까

2011-03-07

대통령선거가 아직 2년 가까이 남아 있는데도 서서히 열기가 달아오르고 있다. 예비 후보군과 정당의 움직임도 빨라지고 있다. 유권자들의 관심 또한 날카로워지고 있다.

임기 5년의 단임 대통령제 하에서는 집권 3년이 지나면 다음 정권에 대한 관심이 높아진다. 현 정권을 지지하는 사람들은 정권재창출을 위해 다음 대통령 후보를 누구로 할 것인가가 최대의 관심이다. 물론 현 대통령측은 가능한 한 다음 대선후보가 조기에 부각되지 않게 여러 작업들을 진행한다.

정권교체를 바라는 사람들은 누구를 후보로 해야 정권을 잡을 수 있을까 여러 경우의 수를 가지고 가상대결해 본다. 야권 후보들은 갈수록 현 대통령과 각을 세운다.

언론은 기회가 있을 때마다 여론조사로 대선주자들의 지지율을 발표해 유권자들의 관심을 끌려고 애쓴다.

내일신문은 대선주자들의 단순 지지도보다는 대통령 선출과정의 절차에 따른 예비 대선후보 여론조사를 실시, 보도하고 있다. 단순 지지도 조사는 일종의 인기투표로, 실제 투표와 무관하게 특정후보에 대한 지지의사를 표시할 수 있어 실제 현실을 반영하는 데는 제한적이다. 여권과 야권 후보군을 따로 조사하는 방식의 여론조사는 보다 현실에 충실하고 적합한 방법이 될 수 있다. 대통령 선출과정은 우선 먼저 여야 주요 정당의 후보경선에서부터 출발한다.

단순 지지도 조사는 인기투표, 실제투표와 다를 수 있어

2011년 내일신문 · 디오피니언 3월 정례여론조사에 따르면 예상후보 경쟁력은 여권인 한나라당의 박근혜 후보가 61.1%로 2010년 12월 53.0%, 2011년 2월 59.0%에 이어 압도적이다. 2위는 오세훈 후보로 10.9%, 3위는 김문수 후보로 8.6%이다.

반면 범야권 예상후보 경쟁력은 손학규 후보가 33.8%로 2010년 12월 24.0%, 2011년 2월 32.4%에 이어 상승세를 타면서 2위인 유시민 후보와 격차가 벌어지고 있다. 유시민 후보는 이번 3월 조사에서 13.4%로 2010년 12월 15.7%, 2011년 2월 16.4%보다 하락하고 있다. 3위인 정동영 후보는 12.8%로 2010년 12월 11.4%, 2011년 2월 11.4%보다 조금 올랐다. 그렇지만 범야권에서는 아직 모름과 무응답이 31.1%나 되어 지지율의 변화가능성도 열려있다.

이번 조사에서 정당지지도는 한나라당이 34.3%로 민주당 19.1%보다 15.2%p가 높다. 하지만 무당층이 39.3%로 상당히 높을 뿐 아니라 야권이 분열돼 있는 상황과 여론조사에 대한 기피 등을 고려해야 한다. 자유선진당은 2.6%, 민주노동당 1.3%, 진보신당 1.4%, 국민참여당 1.7% 등이다. 이 또한 분단 아래의 대통령제라는 여건이 반영된 것으로 보인다.

물론 지금의 여론조사가 절대적일 수는 없다. 여론조사에 의한 대세론은 역대 선거에서 뒤집혀 왔고 그만큼 우리 사회는 역동적이다. 그렇지만 여론조사는 추세를 반영하고 여론조사 발표가 유권자에게 영향을 미치는 것 또한 현실이다.

민생문제 해결 못하면 정권교체 가능성 높아져

대통령의 권력은 막강하다. 역할은 무소불위에 가깝다. 그래서 대통령후보의 자질과 국가경영능력에 유권자들의 관심이 집중된다. 국내총생산(GDP)이 1000조원인데 정부 예산이 300조원이므로 관심을 갖지 않을 수 없다. 민생복지에서부터 안보국방에 이르기까지 국민생활에 영향이 미치지 않는 곳이 없다. 환율과 금리정책 역시 우리 생활에 밀접하고 일자리 창출과 근로조건 등도 대통령이 누구냐에 따라 달라지는 것이 현실이다. 대통령이 사실상 임명하는 자리는 너무나 많다. 미국의 경우 3000자리로 알려져 있다. 우리는 이보다 훨씬 많다. 다음 대통령의 역할에서 보다 중요한 것은 한반도 평화를 정착시키기 위한 남북관계 발전과 국제적으로 대한민국의 위상을 높이는 일이다.

제4장

세계화 속 우리 살길은

희한한 환율전쟁에서 살아나려면

2010-10-18

환율 논쟁이 뜨겁다. 전쟁으로 치닫고 있다. 우리에게도 심각하게 영향을 미칠 것 같다. 환율이라고 하면 우리는 외환위기를 떠올린다. 크게 혼났기 때문이다. 엄청난 지각변동이 일어났다. 수많은 기업이 망했고 실업자들이 넘쳐났다. 정권도 교체되었다.

이번의 환율전쟁은 미국과 중국이라는 두 거대 국가 사이에 벌어지고 있다. 이상한 일이다. 서로 자국의 환율(돈 값)을 저평가(싸게)하려고 난리이니 말이다. 돈 값은 그 나라의 경제력을 뜻하는데 자기나라 경제력을 낮추겠다고 아우성이니 보통사람들은 이해하기 어렵다. 환율이 올라가면 수출은 좋지만 내수는 어렵고, 돈 값이 싸지니 물건 만드는 업주는 좋지만 월급쟁이 근로자는 손해를 보는 데도 말이다. 이 싸움은 미국이 먼저 걸었다. 미국인들이 중국인들보다 훨씬 잘 사는데, 그리고 미국이 훨씬 강국인데 '중국 너 때문에 우리가 못 살게 되었으니 너희 돈 값을 올리라' 고 아우성이다. 올리지 않으면 가만두지 않겠다고 으름장을 놓고 있다.

중국 또한 희한하다. 자기는 아직 힘없는 사람들이니 돈 값을 올릴 수 없다고 버티고 있다. 또 은근히 으름장까지 놓는다. '우리가 돈 값을 올리면 수출기업이 망해 우리도 손해지만 결국 너희도 크게 손해 볼 뿐 아니라 세계경제가 심각해질지도 모른다. 알아서 하라' 며 버티고 있다. 보호주의 망령이 나타나고 있다. 곧 전 세계를 휩쓸지 모른다는 공포감이 퍼지고 있다. 이제까지 세계평화 인류애 리더십 등 수만 가지 미사여구를 써왔던 두 강대국이 서서히 본색을 드러내고 있다.

두 강대국, 자국 돈 값 싸게 하려고 난리

10월 초 워싱턴 G20재무차관회의와 IMF총회에서 이 싸움을 타결지으려 했으나 실패했다. 세계은행 및 IMF 총재까지 나서 미국과 유럽의 대변인 역할을 하면서 환율전쟁은 더욱 진흙탕 싸움으로 변했다. 2라운드는 10월 22일부터 이틀간 한국의 경주에서 개최하는 G20 재무장관 · 중앙은행 총재회의에서 벌어질 예정이지만 결과는 뻔하다. 결국 11월 11일~12일 G20 서울정상회의 때 극적 타결이 이루어질지 관심이 쏠리지만 다수의 전문가들은 비관적으로 보고 있다. 중국은 지난 1985년 플라자 합의 때 일본이나 독일처럼 당하지 않겠다고 단단히 벼르고 있다. 미국의 압력을 견디는 것이 중국지도부의 생존 전략, 즉 진정한 강대국으로의 부상이라고 생각하고 있다. 더 이상 달러가 지배하는 세상에 맥없이 당하는 나라가 아니라는 것을 이번에 확실히 보여주겠다는 의지를 나타내고 있다. 독일 프랑스 등 유로 존 국가들과 영국은 미국 편에 섰다. 아마 가재는 게 편이기 때문이리라. 일본인들은 한국과 중국을 걸고넘어지며 이 틈에 자신들의 이익을 챙기기 시작했다. 엔화를 떨어뜨려 일본 수출기업들을 도와주기로 했다. 문제는 우리다. 우리나라는 G20정상회의 주최국이니 참으로 진퇴양난이다. 미국 EU 등을 편들어 중국을 압박하자면 우리 원화를 급격히 평가절상(환율인하)할 수밖에 없다. 그 사이 정부가 너무나 고환율 정책을 밀어붙였기 때문이다.

점진적으로 환율 인하, 내수경제 활성화시켜야

급격한 환율변동은 경제에 독약 그 자체이다. 이명박 정부의 급격한 고환율 정책기조는 우리나라 내수경제를 파탄시켰다. 우리사회의 빈익빈 부익부 양극화를 더욱 심화시켰다. 급격한 환율하락(원화절상)은 수출기업의 채산성을 악화시켜 그나마 우리경제를 버텨왔던 마지막 보루까지 무너뜨릴 수 있다.

1997년 경제위기 당시는 내수경제가 튼튼했는데도 급격한 환율하락으로 외환보유고가 바닥나 IMF에서 구제금융을 받을 수밖에 없었다. 지금은 그렇지는 않다. 대신 내수경제 붕괴에 수출경제 위축이라는 내우외환의 위기가 다가오고 있다. 정치에서도 그렇지만 경제에서는 양극단으로 정책이 오락가락할 때가 바로 위기의 시작이다. 예측가능성이 없기 때문이다. 자칫 충격으로 중상을 입을 수 있다. 고래싸움에 버티면서 서서히 점진적으로 환율을 인하해서 내수경제를 활성화시켜야 한다. 수출경쟁력도 잃어버리지 않는 지혜를 가져야 한다. 환율전쟁으로 세계경제가 파란이 일 때 우선 내수를 튼튼히 하면서 세계로 뻗어나가야 한다.

다시 저축이 미덕이다

2009-10-05

미국의 '월 스트리트 저널' 은 우리의 최근 경기상황을 거품이 절정에 달했던 미국의 2006년에 빗댔다. 한국경제가 거품을 확대재생산하면서 참담했던 미국의 전철을 밟고 있다고 경고했다.

저널은 저금리에 힘입어 한국의 부동산값이 연속 치솟아 정부가 규제에 나설 정도라며 거품의 확산을 지적했고, 또한 최근 주식시장이 강세를 보이면서 한국인들은 '국민스포츠' 처럼 주식투자를 하고 있다고 비꼬았다. 그러면서 이러한 과열상황은 줄어드는 저축률과 급증하는 가계부채로 지탱되고 있다고 진단했다.

2006년부터 시작된 미국의 부동산 거품은 결국 2008년 세계적인 경제위기를 만들었다. 뉴욕 월가 발 금융위기로 케인즈가 다시 부각되었다. CDO(부채담보부증권), CDS(국가신용부도스와프) 등 파생상품에 대해 금융감독 당국이 역할을 전혀 하지 않아 위기는 가중되었다.

당연히 신자유주의의 자유방임은 추락하고 대신 공공성을 담보하는 정부의 역할이 높아지고 있다. 케인즈가 부각되면서 '소비가 미덕' 이라는 논리도 교조적으로 퍼져나가고 있다.

미국과 중국의 총 저축률, 베짱이와 개미 보는 듯

그러나 이번 경제위기는 금융위기 만에 의한 것이 아니다. 생산과 소비의 괴리와 미국 등 선진국과 중국 등 신흥국 간의 불균형 등이 보다 근원적인 원인이다.

1930년대의 공황은 빈부의 격차에 의한 생산과 소비의 괴리가 그 원인이었으므로 소비를 늘리기 위해 특히 정부지출을 일차적으로 시행하여 위기를 극복하려 했다. 그래서 '소비가 미덕' 이라는 말이 나왔다.

그러나 지금은 어떠한가? 미국 등 선진국은 소비를 위주로 했다. 놀고 먹었다는 뜻이다. 미국의 총 저축률은 13.6%인데 비해 중국은 52.3%이다. 1989년부터 2007년까지 18년간 미국의 총 저축률은 16%에서 13%대로 떨어졌지만 중국은 36%에서 52%로 크게 늘어났다. 중국 사람들은 열심히 일하고 저축도 열심히 했다. 그 결과 중국은 2조 달러 이상의 외환보유고를 가지고 있다. 미국 국채만도 8000억 달러를 가지고 있다. 마치 베짱이와 개미의 우화를 보는 듯하다. 우리 한국은 어떠한가? 총 저축률이 1989년 37.6%에서 18년뒤인 2007년에는 30.6%로 감소했다. 개인저축률은 최근 4.8%대로 급감했다. 집값이 너무 올라 대다수가 빚으로 주택을 구입했기 때문이다.

18년간 총 저축률이 급격히 떨어진 대표적인 나라는 한국과 일본이다. 물론 한국이 일본보다 더 많이 떨어졌다. 일본은 '잃어버린 10년' 이 시작되던 부동산 붐 때 저축률이 급격히 떨어졌다. 당시 일본도 미국처럼 소비가 미덕이라 하여 빚을 내서 집을 샀고 펑펑 썼다. 아마 미국도 일본의 잃어버린 10년처럼 경기가 잠시 올라갔다가 장기적인 침체에 빠질 것 같다.

소비가 미덕인 시대는 지났다

전 세계에서 총 저축률 1위는 중국이다. 지금도 50%가 넘는데 갈수록 높아지고 있다. 이 추세대로 가면 중국이 일본을 제치고 G2로 당당히 설 것이다.

총 저축률이 두 번째로 높은 나라는 잘나가는 도시국가인 싱가포르이다. 세번째가 39%인 노르웨이다. 반면 저축률이 가장 낮은 나라는 미국이다. 2008년에는 12.7%로 전년보다 거의 1%포인트가 떨어졌다. 영국이 두번째로 낮아서 14.7%이다. 이번 금융위기 때 미국과 영국이 치명상을 입은 게 이 때문이었다. 소비가 미덕인 시대는 지났다. 소비는 결국 재정적자와 가계부채로 나타난다. 외환위기의 경험을 통해 우리는 과다부채는 결국 부도로 이어진다는 사실을 잘 알게 되었다. 소비가 미덕인 시절에는 빚을 잘 끌어들이는 것이 커다란 능력으로 인정받았지만 더 이상은 아니다. 빚을 줄이면 특히 위기 때 빛을 발한다. 외환위기 때 400%였던 기업 부채비율이 최근 120%대로 떨어진 한국경제는 이번 금융위기를 잘 극복하고 있다. 재정적자가 400조원이 넘는다고 한다. 재정적자의 증가 폭이 너무 가파르다. 가계부채의 상승도 너무 가파르다. 빚을 냈을 때는 좋지만 갚을 때는 피눈물이 난다. 빚을 못 갚으면 국가가 부도나고 신용불량자로 전락한다. 어린이 저축통장이 절실히 생각나는 시절이다.

V-W형인가 L-M형인가

2009-04-13

미국 등 세계 주요 나라들이 금융안정과 경기부양을 위해 약 5조 달러의 유동성을 풀었고 여기에 또 5조 달러를 풀어 총 10조 달러가 공급될 것으로 예상된다. 금융시장은 안정을 찾고 있고 주식시장도 유동성 장세를 나타내고 있다.

이처럼 금융은 안정되어가지만 실물경제와 고용문제는 풀릴 기미를 보이지 않는다. 30년간 펼친 신자유주의 정책의 영향으로 빈부격차가 심해져 구매력이 없기 때문이다. 사실 이번 위기는 금융거품이 꺼지면서 시작했다. 그러므로 금융을 투입하더라도 일시적으로 아픔을 진정시키는 효과밖에 없다. 병이 근본적으로 치료되지는 않는다. 금융보다 실물이 더 중요하다.

금융은 실물을 돕는 수단이고 보조자이다. 이번 위기는 앵글로 색슨형 금융자본주의의 몰락 그 자체이다. 세계 제일의 시티은행과 AIG보험의 추락이 그것을 의미한다. 지난 2년 동안 시티은행의 주가는 100분의1 이하로 떨어졌다.

금융과 실물의 관계는 돈과 땀의 관계이다. 돈 중심인 영국 · 미국과 땀 중심인 중국 · 브라질의 대결이 2009년 4월 2일 런던 G20 정상회의였다. 결과는 땀의 승리로 귀착되고 있다. 영 · 미 중심 나라들의 2009년 경제성장률은 모두 마이너스로 예측된다. IMF 발표에 의하면 미국 -2.0%, 영국 -2.9%, EU -3.2%, 일본 -5.8%, 한국 -4.0%인 데 반해 중국 6.7%, 인도 5.1%, 브라질 5.8% 이다. 국민소득 크기(스칼라)보다 미래성장의 잠재력과 방향(벡터)이 중요하다.

금융과 실물은 돈과 땀의 관계

위기는 기회이다. 그냥 있으면 위기는 몰락이다. 크게 바뀌어야 한다. 생각과 생활과 시스템을 한차원 높여야 한다. 돈 숭상이 아니라 땀 존중으로 바뀌어야 한다. 우리는 외환위기를 세계에서 가장 빨리 극복한 나라이다. 다른 나라들이 우리의 경험을 배우려 하고 있다. 우리는 1998년 외환위기 극복과 같은 V자형 경제회복을 원하지만 U자형이 될 것인가, W자형이 될 것인가가 관심이다. 그러나 크게 바뀌지 않고 신속하게 구조조정을 하지 않으면 L자형(일본의 잃어버린 10년) 또는 M자형(과거 남미형)으로 떨어질 수 있다. 정부가 이번 4월에 엄청난 추가경정예산을 통해 재정을 다시 투입하고 금융을 풀어 V자형으로 만들려고 하지만 이번 위기는 그렇게 빨리 극복되기 어려울 것이다. 우리나라만의 문제가 아니고 또 위기의 폭과 깊이가 다르기 때문이다. 오히려 유동성 장세로 W자형으로 될 가능성이 높다.

L자형이나 M자형 대신 U자형이나 W자형이 되려면 어떻게 해야 할까? 어떻게 생각과 생활과 시스템을 바꿔 한차원 높은 선진사회로 도약할 수 있

을까. 한차원 높은 생각은 기존의 3차원적인 사고에서 시간을 중시하는 시공간의 4차원적 생각으로 전환할 때 실현된다. 4차원 사고는 아인슈타인이 최초로 이론화시켰다. 아인슈타인 이론의 핵심은 4차원의 장(場 Field)이다. 아인슈타인의 새로운 사고는 인류에게 엄청난 영향을 미쳤다.

장은 소통과 통합이다. 만남과 대화의 장이 중요하다. 그래서 갈등을 없애고 조화로운 공동체의 삶을 살아가는 시대가 21세기이다. 바로 그런 삶이 선진화된 삶이다. 이번 금융위기는 갈등을 통해 남을 지배하는 기존 영 · 미식 대신 한 · 중 · 일과 같은 공동체 사고와 생활과 시스템을 통해 극복할 수 있다.

돈 중심에서 사람 · 땀 · 실물 존중으로 바뀌어야

세계적인 금융위기를 극복하려면 한 · 중 · 일의 도움없이는 불가능하다. 중국이 1조 9000억 달러, 일본이 1조 달러, 한국이 2000억 달러의 외환보유고를 갖고 있기 때문이다. 이런 상황에서 갈등과 대립의 사고는 위기를 확대시킬 뿐이다. L-M형으로 떨어진다. 한 · 중 · 일 3국 갈등 및 남북 갈등과 국내 갈등을 풀어갈 수 있는 통합의 정치리더십이 절실히 필요하다.

기업도 마찬가지다. 돈 중심으로는 갈등만 심화된다. 사람 · 땀 · 실물 존중으로 바뀔 때 통합의 장이 마련되어 위기를 극복한다. 통합의 장은 엄청난 힘을 발휘한다. 사람 · 땀 · 실물 존중으로 분위기가 바뀌면 유능한 인재들이 중소기업에 적극 참여한다. 일자리도 창출된다. 이 흐름에 역행하면 위기에서 벗어날 수 없다.

시장과 정부는 대립하는가

2009-02-16

전 세계의 GDP는 대략 54조 달러로 알려져 있다. 그런데 2008년 8월부터 2009년 1월 말까지 세계증권시장에서 사라진 돈이 20조 달러에 달한다. 우리나라 증시도 40% 이상 하락했다. 약 4000억 달러가 사라졌다. 원 달러 환율을 1000원으로 계산해도 400조원이다.

1월말 스위스 다보스에 세계의 유수 CEO들과 경제학자들, 정부 관리들이 모여 지금 벌어지고 있는 세계적인 경제위기를 논의했지만 그 결과는 신통치 못했다. 답이 없었다. 비관적이었다. 신자유주의는 물론 미국식 자본주의까지 도마 위에 올랐다. 어떤 연사는 종말(Armageddon)의 시기로 들어가고 있다고까지 말했다. IMF도 한치 앞도 내다보지 못하고 있다. 그의 생명도 끝나가고 있다.

준공황으로 치닫고 있다. 정부가 적극적으로 나서 경제를 회복시켜야 한다고들 한다. 그 방법이라는 것이 감세와 재정확대, 금리인하, 공적 자금으로 금융기관 살리기 등이다. 그러나 효과는 회의적이다. 경제위기를 금융과 재정으로만 풀려고 하기 때문이다.

금융과 재정으로만 경제위기 극복은 회의적

잔치는 끝났다. 기본으로 돌아가야 한다. 시장이란 무엇인가? 정부는 무엇인가? 또 개인과 사회에 대해서도 다시 생각해야 한다. 상업성과 공공성은 대립하는가? 그리고 나서 금융과 부동산에 대해서 다시 생각해야 한다.

이번 위기의 시작인 미국 발 금융위기는 금융에서 시작되었다. 금융업은 남의 돈을 빌려서 이른바 신용을 창출하는 사업이다. 그러므로 공공성이 담보되어야 한다. 남의 돈을 빌렸고 또 신용을 창출하기 때문이다.

가장 신용이 있는 사람이 금융업에 종사해야 한다. 금융인은 의사나 법률가보다 시장경제에서 더 중요한 사람들이다. 자격을 갖추어야 하고 윤리규정을 잘 지켜야 한다. 그러나 그러지 못했다. 미국 월가의 상당수 투자은행 간부들은 돈밖에 모르는 가장 비도덕적인 인간들로 드러났다. 사실 그들은 범법자들이다. 호황 때 스톡옵션과 보너스를 받고 어려워지면 도망가면 그뿐인 시스템을 만들어놓고 가장 선진적인 제도라고 기만했다. 그들은 빚을 레버리지(지렛대)라고 요상하게 말해 대중을 속여 왔다. 이제 모든 것이 드러나고 있다. 그러나 이런 문제 때문에 시장을 없애거나 축소해서는 안 된다. 그렇게 될 수도 없다. 지금은 정부가 모든 것을 다 할 수 없는 시대이다. 왜냐하면 개인의 창의성과 자발성이 점점 높아지고 있기 때문이다. 개인들이 모여 시장을 만들어낸다. 새로운 시장은 끊임없이 만들어지고 있다.

문제는 금융시장과 부동산시장이다. 두 시장 다 공공성이 더욱 높아져야 하는 시장이다. 지난 시기 금융과 부동산을 모두 정부 지배 아래 둔 적도 있었다. 국가 권력이 절대적인 상황에서이다. 바로 국가주의 이념이다. 정부만능주의이다. 이는 비효율의 극치로 나타났다. 그 반작용으로 시장만능주의가 나타났다. 이 시장만능주의를 황금만능주의자들이 이용했다. 부패한 정부가 이들과 유착하고 심지어는 조장했다. 이는 금융뿐만 아니라 부동산에서도 마찬가지이다. 이번 세계 경제위기는 부동산과 금융과 무책임한 정부의 유착에 의해 일어났다. 우리의 경우도 정부가 신도시 개발과 재개발, 지목 변경 등을 통해 부동산 가격을 계속 올려 금융을 위기에 빠뜨리고 있다. 근본적으로 고쳐야 한다.

금융과 부동산 분야 공공성 강화해야

금융이나 부동산에는 공공성, 즉 정부의 규칙(Rule)을 한층 강화해야 한다. 이 분야의 규제는 규제가 아니라 공공성이다. 이 분야의 공공성을 시장만능주의자들이 규제라고 왜곡해 철폐 대상으로 만들었다. 이번 경제위기를 거치면서 시장과 정부는 통일되어야 한다는 원칙이 확인되고 있다.

구체적으로 어떻게 통일하고 조화를 이뤄야 할까? 시장은 일상적 · 단기적 · 상업적으로 움직이지만 정부는 정책적 · 장기적 · 공공적인 관점에서 규칙을 만들어야 한다. 이 둘은 시간적으로 통일될 수 있다. 개인이 모여 사회와 국가가 만들어지는 것처럼 상업성과 공공성은 대립되는 것이 아니다. 개인과 기업의 세금으로 국가가 유지되는 것이 바로 이런 이치가 아닌가.

사람 · 물건 · 돈

2009-01-12

1930년대 대공황 시기에 케인즈는 정부지출을 늘릴 것을 강력히 권고했다. 그는 유효수요를 늘려 마이너스 성장을 플러스로 돌려야 한다고 보았다. 케인즈는 저축의 패러독스를 말하면서 소비가 미덕이라고 주장했다. 그는 정부지출을 소비로 보았다.

공황으로 치닫는 이번 불황이 과소비와 탐욕과 오만에서 비롯됐다는 것은 대다수 전문가들이 인정하고 있다. 하이에크 등 자유주의자들은 정부개입을 반대하고 오직 시장만이 모든 것을 결정해야 한다고 주장했지만 이번 대불황으로 그들의 입지는 좁아지고 있다. 신자유주의자들이 추구하는 정책의 파탄 때문이다.

과소비가 이번 대불황의 원인이라면 소비가 미덕이라는 케인즈 학파의 논리는 설 땅을 잃게 된다. 하이에크 등 자유주의자들은 기업가의 이윤추구 즉 탐욕을 경제성장의 동력으로 보는데 이번 대불황의 원인 중 하나가 탐욕이라면 이 원리에 따른 성장은 더 이상 어려워질 수밖에 없다. 케인즈나 하이에크 등 근대경제학은 파탄에 이르렀다. 이 이론으로는 이번 대불황을 극복할 방안을 마련할 수가 없다. 당연히 경제학무용론까지 나오고 있다. 그래서 사람과 물건과 돈 즉 인간과 상품과 화폐(자본)의 근본적인 관계를 다시 생각할 때가 왔다고 생각한다. 인문학의 근본원리를 다시 생각할 때다.

이번 대불황은 실물보다 화폐를 중시한데서 연유한다. 위기를 금융과 재정으로 해결하려고 하지만 갈수록 어려워지고 있다. 돈 값인 이자율은 사실상 제로가 되고 있다. 금융위기인데 금융으로 문제를 풀려니 갈수록 꼬이는 것이다.

케인즈 · 하이에크의 근대경제학 파탄

FRB 의장이었던 그린스펀이 이자율을 떨어뜨려 이번 사태가 났다고 분석했는데도 똑같은 실수가 반복되고 있다. 재정 역시 돈으로 문제를 풀려는 방식이다. 케인즈의 유효수요 이론에 따른 것이다. 과소비를 계속하자는 것이다. 이런 것은 근본적인 문제 해결이 아닌 일시적인 미봉책이어서 공황으로 가는 사태를 일시적으로 막을 수 있을 뿐이다. 오히려 재정지출은 적자재정을 심화시켜 정부의 신뢰도를 떨어뜨린다. 공공성이 훼손되는 것이다.

근본적으로는 사람보다 돈을 더 중시했기 때문에 이번 문제가 발생했다. 발상의 대전환이 필요하다. 돈을 중심으로 보지 말자. 오히려 사람을 중심으로 획기적으로 발상을 바꾸자. 21세기 녹색성장으로 기존 패러다임을 바꾸려는 것은 돈 중심이 아니라 사람 중심으로 경제발전을 이루려는 인간의 노력이다.

소비가 미덕이 아니라 절약이 미덕이다. 절약은 알뜰한 소비이다. 차보다 사람이 더 중요하다. 차도보다 인도가 넓고 좋아야 한다. 큰 도시보다 소도시가 좋아야 한다. 도시보다 농촌이 좋아야 한다. 사무실 근무보다 재택근무가 좋아야 한다. 과거로 돌아가자는 말이 아니다. 미래로 한 단계 도약하자는 의미이다. 정부가 재정을 이렇게 투자해야 한다.

상품도 돈을 위해서가 아니라 사람을 위해서 생산하도록 사회적 분위기를 만들고 정부가 인센티브를 주어야 한다. 정부재정은 기업이윤을 증대시키는 쪽이 아니라 사람의 생명과 건강을 증진시키는 쪽으로 써야 한다. 생명공학(BT) 등 사람을 많이 고용하는 R&D 투자로 투자의 새 판을 짜야 한다.

사람 중심으로 물건과 돈 상호 통일해야

기업 조직도 바뀌어야 한다. 소유에서 먼저 변화가 일어나야 한다. 사원주주회사나 소유를 분산한 회사에 법적 제도적 인센티브가 주어져야 한다. 조세 차등의 원칙을 새롭게 만들어야 한다.

사람 중심의 정부정책이 중요하다. 정부의 역할 즉 공공성을 강화해야 하는 것이다. 대립적 관점으로 보지 말자. 공공성과 상업성은 대립하는 것이 아니라 시간으로 통일되어 있다. 공공성은 거시적이고 장기적이며 사람 중심의 관점이고, 상업성은 미시적이고 단기적이며 상대적으로 돈 중심의 관점이다. 돈은 사람에게 필요한 수단이지만 공공성을 우선해야 한다. 권력을 행사하는 정부가 아니라 봉사하는 정부의 역할이 중요하다는 뜻이다. 권력은 정경유착에 불과하다.

사람을 중심으로 물건과 돈을 상호 통일해야 한다.

국제수지 흑자
무조건 달성하자

2008-12-29

21세기에는 예측력이 가장 중요하다. 예측하지 못하면 낭패를 보기 쉽다. 1997년 외환위기를 예측하지 못해 우리는 너무 힘든 시간을 보냈다. 그러나 이번 미국 발 금융위기는 충분히 예측할 수 있었다.

2007년 봄에 미국에서 서브프라임 모기지 문제가 나타났다. 한국 언론도 지난해 여름에 이 문제를 보도했다. 하지만 우리는 대통령 선거에 매달려 이 문제를 간과했다. 지난해 말 이 문제가 전세계의 금융위기로 확산될 것이라는 사실을 알고 있었지만 정부는 외환 보유고가 많아 괜찮다는 자만심에 빠져 있었다.

그러나 단기외채 문제가 불거져 다시 어려움에 처해 있다. 3년 전에 이 문제를 예언한 크루그먼은 실물 옹호론자로서 선진국 역내의 자유무역에 관한 논문으로 노벨 경제학상을 받았다.

이명박 정부는 지난해 말 대선공약으로 7% 성장을 내세웠다. 그 후 2008년 초 6%를 주장하더니 다시 5%를 달성한다고 했다. 2009년 경제성장 예측치도 처음에는 5%에서 4%, 최근에는 3%로 하향조정 했다.

정부예산은 1년 전에 산정한다. 성장률 예측을 잘못하면 세입예산은 물론 세출예산에서도 커다란 착오를 일으킨다.

환율관리 못하면 정부 신뢰 없어

국내 문제는 그렇다 치자. 대외경제 관계의 핵심은 환율이다. 환율을 대체적으로 예측 가능하게 정부가 관리하지 않으면 그 정부는 존립이유를 잃어버린다.

2008년 환율이 1달러당 1400원을 넘을지 누가 생각이나 했겠는가? 1997년 IMF 외환위기 때 혼줄이 나고도 정부가 외환관리를 이렇게 못한다면 어느 국민이 그 정부를 신뢰할까?

미국 발 금융위기면 미국 환율이 요동을 쳐야 하는데 외환보유고가 많다고 하는 한국의 환율이 요동을 쳤으니 그 모든 책임은 이명박 정부가 지지 않을 수 없다. 예측력이 부재했기 때문이다.

정부를 탓해봐야 소용없다. 그 피해는 모두 국민들에게 돌아간다. 이제는 국민들이 나서야 한다. 외환위기 때는 국민과 정부가 혼연일치해 전세계 역사상 가장 빨리 위기를 극복했다.

무조건 국제수지를 흑자로 만들어야 한다. 2008년 우리나라의 경상수지는 전년의 58억 8000만 달러 흑자에서 64억 1000만 달러 적자로 반전했다. 유가급등이 주원인이라고 하지만 수출을 늘리고 수입을 줄여 무역수지를 흑자로 만들고 여행수지 등 무역 외 수지도 흑자를 내야 한다. 수출의 22%를 차지하는 중국의 비중을 더 높이기 위해 대 중국 관계를 강화해야 한다. 중국에 대한 흑자규모가 작년보다 줄어들었다. 특히 충칭 등 서부 대개발에 한국기업이 참여할 수 있도록 정부와 기업이 적극 노력해야 한다. 중동 러시아 남미 등 수출다변화도 중요하다.

기름값이 떨어졌다해도 에너지 절약을 더 강화하고 원자력발전소를 만들어 에너지의 수입 비중을 낮춰야 한다. 또한 쌀 같은 우리 농축산물 애용 운동을 전개하여 밀 등 수입농산물을 대체해야 한다.

국민통합없이 경제위기 극복 어렵다

외국관광객 유치운동을 벌여야 한다. 여행서비스업을 국가적 차원에서 발전시켜야한다. 또한 재외동포들에게 한국주식갖기 운동을 민간차원에서 전개하고 이들에게는 증권거래세 등을 일시적으로 면제해야 한다.

우리는 지난 1년 동안 또 외환위기 같은 어려움이 오지 않을까 하고 가슴을 졸이며 살았다.

2009년에는 정부가 최소한 민간보다 미래를 더 잘 예측하기 바란다. 그리고 국민들과 힘을 합쳐 미국 발 경제위기를 극복하는 데 솔직하고 겸허한 자세를 갖기를 바란다.

더 이상 국민 편 가르기를 해서는 안 된다. 지난 10년간의 정책을 무조건 배척해서는 더더욱 안 된다. 국민통합 없이 경제위기는 극복할 수 없다. 경제위기가 3~4년 계속 되면 어떤 정권도 유지하기 어렵다.

위기 때 분열하면 망한다

2008-11-03

연일 요동치는 글로벌 금융위기는 언제까지 계속될 것인가? 우리의 외환금융 상황은 과연 안전한가? 우리는 어떻게 이 상황을 극복할 것인가? 나아가 이 책임은 누가 질 것인가?

현 상황이 1929년 대공황 이후 최대의 금융위기라는 것을 부인하는 사람은 아무도 없다. 이 위기를 단기간에 극복하기는 어렵다. 짧게는 2~3년, 길게는 4~5년, 최악의 경우 5년 이상 장기화될 수도 있다고 경제학자들은 예측하고 있다.

불행히도 우리 경제는 대외의존도가 70% 이상으로 대단히 높아서 글로벌 금융위기에 직격탄을 맞을 수밖에 없다. 곡물 자급률이 27%에 불과하고 에너지의 해외 의존도는 97%에 이른다. 식량에 기름은 물론 유학경비에 해외여행에 더해서 증권시장에서 외국인의 높은 점유율로 국제수지는 불안 그 자체였다. 환율이 폭등할 인화물질이 너무나 많았다.

1997년 IMF 외환위기 때보다 지금은 외환보유고가 훨씬 많고, 부채비율도 400%에서 100% 이하로 떨어졌지만 글로벌 금융위기가 계속되고 있어 상황이 심각하다. 그 때는 1년 반 만에 위기를 끝낼 수 있었지만 지금은 다르다. 국민통합력이 약하고 신뢰의 위기까지 겹쳐 정치적 리더십도 발휘하기 어려운 여건이다.

국산품 애용과 자사주 갖기 운동 절실

이명박 정부는 모든 것을 다 하려고 하는 바람에 신뢰를 더 잃어 버렸다. 위기의 순간에는 우선 순위를 정해 정부가 할 일, 국민이 할 일, 기업이 할 일 등 역할을 나누어 신속하게 움직이는 것이 중요하다. 지금 정부의 최우선 과제는 환율을 안정시키는 것이다. 외환 문제는 기업이나 가계가 해결할 수 없다. 오직 정부만이 할 수 있다. 외환 문제가 없을 거라고 장담 하다가 시장의 역습을 받은 것은 외국 금융자본을 너무 믿었기 때문이다. 결정적 실책이었다. 싼 단기 외국자본을 무분별하게 들여온 은행들도 문제다. 다행히 한미간에 300억 달러 통화 맞교환이 성사되어 고비를 넘겼다. 여기에 10월부터 국제수지 흑자가 계속될 것으로 보여 외환유동성 위기는 진정되고 있다.

그러나 언제 또 터질지 모른다. 미국이 불안하기 때문이다. 또 전세계가 불황의 늪에 빠져 수출이 줄어들 가능성이 높다. 국제수지 적자가 계속되면 다시 외환 유동성위기가 올 수 있다. 이럴 때일수록 유비무환의 자세를 가져야 한다. 2조 달러를 가지고 있는 중국과도 외환 스왑을 체결하는 것이 절실하다. 수출 비중도 미국(10.7%)보다 중국(22.4%)이 훨씬 높다. 중국도 우리에게 달러를 빌려주면 위안화 약세가 되어 한중 간 윈윈 게임이 된다. 외환이 안정되면 키코 문제나 물가 문제도 해결된다. 국민들은 빵 대신 밥을 먹고, 가능한 한 걸어 다니고, 에너지를 절약하고, 외국산보다 국산을 쓰는 범국민운동을 벌여 대외의존도를 낮추어야 한다. 또한 자기회사 주식갖기 운동을 벌여 주식시장을 안정시키는 국민운동도 전개해야 한다.

기업은 부채를 더 줄이고 유동성을 확보해 장기불황에 대비해야 한다. 상장기업은 자사주를 매입해 임직원들에게 상여금을 자사주로 지급할 수 있는 노사대타협을 이뤄야 한다. 그러면 주가도 안정되고 유동성도 개선되며 부채비율도 줄어든다. 비상장 중소기업들은 사원들이 증자에 참여할 수 있도록 분위기를 만들어 이 위기를 극복해야 한다.

분열하면 망하고 단결하면 위기극복

이 위기의 1차 책임자는 미국의 부시 대통령과 그린스펀 전 FRB의장이다. 미국으로부터 위기가 터져 나와 전 세계를 어렵게 만들었기 때문이다. 그 책임을 물어야 한다. 우리도 2007년 중반부터 본격화된 서브프라임 모기지 사태를 강 건너 불 보듯 한 금융당국에 책임을 물어야 한다. 아직도 사태의 본질을 파악 못하고 남 탓만 하는 사람들이 있다.

대통령을 비롯한 여권은 아직도 '10년 좌파정권' 운운하며 국론을 분열시켜 위기 극복의 기회를 잃어버리고 있다. 지난 10년 동안 외환위기를 극복했고 국민소득도 2만 달러를 넘었다. 지난 10년을 비난하면서 분열한다면 2008년 말에는 국민소득이 1만 5000달러로 급락하고 실물경제도 더 어려워질 것이다. 위기때는 분열하면 망한다. 단결 통일해야 위기를 극복할 기회가 생긴다.

우리도 금리 올려야 한다

2006-05-15

미국 연방준비제도이사회(FRB)가 연방기금금리를 0.25% 또 올려 5.0%가 됐다. 반면 우리 금융통화위원회는 다음 날 4%인 콜 금리를 동결해 한미간의 금리격차는 1%가 됐다.

환율이 국제간의 돈 값이라면 금리는 국내의 돈 값이다. 국내의 돈 값이 싸면 인플레가 일어날 수 있다. 그래서 미국 FRB도 금리를 올렸다.

우리는 이자율이 싸므로 돈이 너무 많이 풀려 있지만 인플레는 일어나지 않는다고 정부 당국은 말하고 있다. 중국효과 등으로 생활필수품에서는 인플레가 일어나지 않고 있지만 부동산과 자산 인플레가 계속 되고 있다. 440조원의 부동자금이 있는 한 이런 현상은 계속될 수밖에 없다.

우리 금통위나 정부 당국은 지금 미국을 따라 금리를 올리면 달러가 더 들어와 환율하락을 막을 수 없고 또 서민 대중 그리고 중소기업들의 이자부담을 가중시킬 수 있다는 논리를 내세우고 있다. 부분적으로 일리가 있지만 문제를 근본적이고 적극적으로 해결하려는 결정은 아니라고 본다.

환율은 그 나라의 경제력을 표현하므로 환율이 낮아지는 추세는 좋은 것이다. 한국의 경제적 힘이 미국보다 강해진다는 것을 의미한다. 이제 우리도 경제규모가 세계 10위가 됐다. 억지로 환율을 유지하려는 것은 잘못이다. 그간 수출을 늘리기 위해 외국환평형기금채권 등을 이용해 정책적으로 환율을 높이고 유지하려고 한 것이 문제였다. 이것이 관치경제가 아니고 무엇인가?

돈 많이 풀려 부동산 등 자산 인플레 초래

당연히 부작용이 따를 수밖에 없다. 바로 연착륙이 안 되고 경착륙이 되어 그 충격이 예상외로 크지 않을 수 없다. 갑자기 환율이 떨어지니 중소수출업체는 적자가 나서 망한다고 아우성이다. 수출대기업의 하청 협력업체들은 환율 인하의 어려움을 직접 감당할 수밖에 없어 원청 대기업의 단가 인하를 비판하고 정부 정책을 비난하지 않을 수 없게 된다.

정치가들과 관료들이 자신들의 임기 내에 좋은 성과를 내려는 단기적 정책 때문에 중소기업들은 멍들어가고 있다. 사실 수출기업들은 높은 환율과 낮은 이자율로 그사이 돈을 많이 벌었지만 최근 2년이라는 짧은 기간에 환율이 20%나 떨어졌으니 견딜 도리가 없다.

여기에 금리를 또 올린다는 말은 더 망하라는 소리밖에 되지 않는다고 비난할 수도 있다. 그러나 기업을 경영해 이윤을 창출할 때 환율이나 이자로 손쉽게 돈을 벌 생각을 해서는 안 된다. 특히 제조업의 경우 더 그렇다. 기술개발과 생산성 향상과 시스템을 바꿔 효율을 높이는 쪽에서 이윤을 창출해야만 경쟁력을 갖출 수 있다.

최근에 중소기업가 중 공장을 돌려서 돈 번 사람은 별로 없고 대신 땅값이 올랐거나 또 아파트를 사거나 골프 회원권을 사서 돈을 벌었다고들 한다. 기업경영은 형식적으로 하는 경우가 많다는 뜻이다.

금리가 싸면 돈을 빌려 부동산과 주식과 골프회원권 등을 사는 것은 누구도 막을 수 없다. 부동산을 공공의 적으로 몰고 세금폭탄을 퍼부어도 막기는 쉽지 않다.

과거 일본을 보라고 외친들 무슨 소용이 있는가. 증시가 폭락할지 모른다고 아무리 외쳐도 부동산 주식 등이 계속 뛰고 있는 상황 속에서 많은 사람들이 자신은 막차를 타지 않을 운 좋은 사람이라고 생각할 때 우리 경제와 사회는 멍들어 간다. 하지만 언젠가는 거품이 터질 것이다. 우리는 1998년 외환위기를 경험했다.

저소득층 사회안전망 확대해야

미리 예고하고 예측해야 한다. 유비무환의 분위기를 만들어야 한다. 정부가 시장에 영향을 미치는 가장 효율적인 정책이 금리정책이다.

금리를 인상하면 당장 어려움이 닥치는 중소기업에 대해서는 저금리 대신 내부 경영의 결실인 법인세 인하를 통해 어려움을 덜어주어야 한다. 서민가계에 대해서는 정부의 사회안전망을 확대하여 어려움을 완화해 주어야 한다. 지금과 같은 부동산 등 자산인플레 속에서는 우리 사회의 갈등이 갈수록 깊어질 수 밖에 없다.

한 · 미 FTA와 주체적 세계화

2006-05-01

2006년 2월 노무현 정부는 한 · 미 FTA 협상을 갑작스럽게 선언했다.

FTA(자유무역협정)는 국가간 무역장벽과 같은 경제적 국경을 없앰으로써 상품이나 서비스의 교역을 자유롭게 하자고 맺는 국가간 또는 지역간 협정이다. 시장경제에서 거래선 간에 또는 국가간에 무역협상은 당연하다. 그것을 무조건 반대하는 것은 시장경제 자체를 부인하는 것이다.

21세기에는 어떤 나라도 시장경제를 부인할 수 없다. 중화인민공화국인 사회주의 중국도 시장경제를 선언했다. 사회주의 시장경제라는 개념은 정치적으로는 사회주의이지만 경제적으로는 시장경제를 하겠다는 뜻이다. 시장경제적 사회주의라고 하지 않고 사회주의 시장경제라는 표현을 쓴 것은 사회주의보다 시장경제를 더 강조한 의미라고 볼 수 있다.

우리나라는 교역비중이 나라 경제의 80%를 차지하는 대외 지향적 경제구조를 가지고 있다. 세계화와 시장경제가 확산되고 있는 요즘 FTA를 통해 시장이 커지는 것은 좋은 일이다. 우리나라는 이미 2004년 4월 1일부터 한 · 칠레 FTA가 발효 중이고 2006년 3월 2일에는 한 · 싱가포르 FTA 협정도

체결됐다. 한 · 아세안 FTA협상도 최근 상품협상이 타결됐다.

그러나 국가간의 자유무역협정은 신중히 단계적으로 하지 않으면 국내의 반대에 직면해 자칫 협상 자체를 원천 부인하는 결과를 가져올 수도 있다. 우리 국민들이 아직 경쟁 우위에 있는 선진국과의 교섭을 받아들일 준비가 안 된 상태에서 시작한 한 · 미 FTA 협상과 관련해 우리 사회 곳곳에서는 경제적인 득실에 대한 논쟁이 뜨겁게 전개되고 있다.

빗장 걸어 잠글 수 없지만 양극화 대비해야

또한 세계 최고 수준인 미국의 농축산물과 금융 법률 교육 의료 제약 산업 등이 국내에 진출하면 이 분야의 국내 산업은 구조조정이 불가피하다. 경쟁력이 취약한 수많은 기업과 농가들이 도산해 실업자가 늘어나면서 양극화가 심화될 가능성이 크다.

이는 IMF 외환위기로 타율 개방을 했던 우리나라 금융 산업의 현 주소를 보면 확연히 알 수 있다. 심지어 소버린이나 론스타와 같은 국제적인 투기자본들에게 사실상 무방비 상태로 국부를 잠식당하고 있다.

물론 이런 우려 때문에 이제 와서 빗장을 다시 걸어 잠글 수는 없다. 경제개방은 세계적 조류이며 오랫동안 수출주도형 성장정책을 펼쳐 온 우리의 경우 회피할 수 없는 문제다.

우리나라와의 교역에서 매년 100억 달러 내외의 무역적자를 기록 중인 미국은 최근 자국 상품에 대한 관세 인하를 비롯한 통상 압력을 더욱 강화하고 있다.

이러한 여건 속에서 우리 사회는 시장경제와 신자유주의에 대한 논쟁이 뜨겁다.

시장경제는 객관적 현실이다. 세계화되는 시장경제 역시 명백한 현실이다.

그렇지만 신자유주의적인 세계화는 미국 주도의 세계화이다. 신자유주의는 이념이다. 신자유주의는 미국의 금융 대독점자본의 이념이다. 이른바 앵글로 색슨이 주도하는 다국적 기업의 이념이다. 이 이념을 추종하면 그들만 이롭다. 국가간 상생이 아니라 패권주의 미국의 일방적인 강요이다.

실리 찾아 단계적으로 상생의 협상해야

이들은 협상에서 불리하면 군사력을 기반으로 한 팍스 아메리카나의 패권주의를 동원한다. 특히 부시 행정부가 등장하면서 이러한 경향이 노골화되고 있다.

우리의 방향은 간단하다. 천천히 단계적으로 추진해야 한다. 한미 간에 상생의 협상을 해야 한다. 또한 실리를 찾아야 한다. 구체적으로 집요하게 협상에 임해야 한다. 특히 협상에서 미국 주도의 신자유주의적 협상의 부당성을 널리 알려야 한다. 우리 협상 대표단 중 신자유주의적 관점을 가진 사람이 있으면 배제해야 한다. 시간을 정해놓고 미국에 끌려가는 협상을 해서는 안 된다. 부시 행정부의 임기는 얼마 남지 않았다. 미국의 다음 정권과 본격적인 협상을 해도 늦지 않다.

우리는 주체적 세계화를 추구해야 한다. 세계적인 시장경제에서 우리도 당당한 주인의 나라가 되어야 한다. 세계 10위의 경제력을 가진 국가가 아닌가?

APEC의 양지와 음지

2005-11-21

아시아태평양경제공동체(APEC)의 탄생은 GATT체제 해체와 미국 주도의 ASEAN이라는 이율배반적인 갈등 속에서 탄생되었다. GATT체제가 해체되면서 미국 주도의 세계화에 반발해 유럽은 지역공동체인 유럽연합(EU)을 만들었다.

미국은 자신의 안방인 북미를 북미자유무역협정(NAFTA)으로 엮었고 남미는 미국에 대항해 남미공동시장(MERCOSUR)체제를 수립했다. 아시아 국가들도 말레이시아의 마하티르 총리를 주축으로 ASEAN을 만들었으나 미국은 사실상 이를 무력화시키기 위해 APEC을 만들게 된다.

그렇지만 APEC은 중국이 가입하면서 상황이 바뀌고 있다. 아시아 국가 중에서 중국에게 시장경제지위(Market Economy Status)를 가장 먼저 부여한 국가는 바로 우리 대한민국이다. 명실 공히 중국을 대립적인 국가가 아니라 시장경제 속에서 상생 협력하는 파트너로 인정한 것이다. 후진타오 주석은 이에 대해 "진심으로 감사 한다"고 화답했다.

자본주의 시장경제와 사회주의 시장경제가 공존하는 APEC이 되었다. 다시 말하면 자본주의냐 사회주의냐는 부차적이 되었다. 자본주의와 사회주의 대립이 시장경제 속에서 상생하고 경쟁하며 발전하는 새로운 질서가 만들어지게 된 것이다. 미국이 주도하는 세계화에 제동이 걸리게 되었다. 미국 중심의 세계화는 다국적 자본, 독점자본, 금융자본이 주도하는 즉 돈이 모든 것을 지배하는 세계화이다.

미국식 신자유주의 세계화에 대비하는 길

과학기술의 발전과 생산성 증가는 세계화를 만들 수밖에 없다. 세계화는 피할 수 없는 것이고 우리 경제를 더 시장 경제화 시켜 성장케 하는 토대가 된다. 경쟁을 일반화 세계화시키기 때문이다. 경쟁은 생산성을 향상시키고 경제를 성장 발전하게 한다. 21세기 과제는 시장경제 속에서 선의의 경쟁을 만들어내는 일이다.

그러나 돈이 중심인 미국식의 짓밟는 경쟁 위주 세계화는 인간을 소외시키고 사회를 양극화시키고 갈등 대립을 부추긴다. 가난한 사람은 더 가난해지고 부자는 더 부자가 된다. 이를 신자유주의 세계화라고 한다.

이미 IMF 외환위기를 통해 미국주도의 시장개방과 세계화는 강압적으로 이루어졌다. 이에 다시 APEC을 통한 미국 주도의 세계화 압력은 더 거세질 것이다. 미국의 유명한 CEO들이 대거 부산에 온 것을 봐도 잘 알 수 있다.

그러나 우리가 각오를 단단히 하고 정세를 냉정하게 분석하면서 미국식 세계화에 대해 대비를 하고 새로운 대안을 제시해 실행한다면 오히려 시장

개방과 세계화가 우리 사회와 경제를 선진국으로 도약시키는 결정적 계기가 될 수도 있다.

개방과 시장경제를 인정하지 않고는 살아갈 수 없기 때문이다.

기업은 주주와 임직원과 소비자의 삼자 통일체

다만 어려워지고 있는 중소기업 및 농민의 경쟁력을 어떻게 높이고, 어떻게 창업을 하여 청년실업을 줄이고 노약자 장애인 등의 사회안전망을 어떻게 잘 만드는가가 과제이다. 또한 소득과 빈부의 격차를 어떻게 줄일까 하는 점이다.

답은 사람을 중시하는 사원주주형 협동적 기업을 만드는 것이다. 시장경제에서는 기업이 가장 경쟁력이 있는 조직이다. 기업은 주주와 임직원과 소비자의 3자 통일체이다. 기업 경쟁력은 이들 삼자 시스템으로 이루어진다.

예를 들면 농업도 협동적으로 일할 수 있는 주주형 기업을 만들 때 경쟁력을 갖출 수 있다는 뜻이다. 중소기업도 주식을 임직원들에게 소유케 해 사원 모두가 자신의 회사라는 분위기를 만들어 적극적으로 마케팅에 나서고 기술개발과 생산성 향상을 위해 노력하면 된다. 창업도 마찬가지다. 자본금이 작은 청년들이 십시일반으로 돈을 모으고 기술을 대고 마케팅을 하여 일자리를 창출하여 경쟁력 있는 기업으로 만들면 된다.

기업을 한 사람이 좌지우지 하는 것을 막는 것이 민주화이다. 경제적 민주화 없는 정치적 민주화는 사상누각이다.

성장률보다 양극화 극복을

2004-11-15

시장경제는 냉정하다. 세계화된 시장경제는 냉정을 넘어 냉혹하기까지 하다. 우리가 싫건 좋건 세계화되는 시장경제의 거대한 흐름을 막을 수는 없다. 대세이기 때문이다. 이러한 세계사적 흐름 속에서 생존 발전하려면 어떻게 해야 할까? 관치시대의 생각이나 생활이나 조직을 근본적으로 바꿔야 한다. 단순히 닫힌 사회 속에서의 시장경제라면 천천히 치열한 경쟁 없이 어느 정도 균형을 갖추면서 우리끼리 싸우면서도 앞으로 나갈 수 있다.

그렇지만 세계화된 시장경제 속에서는 시간이 없다. 변화가 무척 빠르기 때문이다. 더구나 21세기라는 시대는 변화 그 자체가 경쟁력이라고 까지 이야기되고 있다. 국내적 시장경제라면 관치를 극복하면 해법이 나오지만 세계화된 시장경제는 그 정도로는 어림없다.

차원을 달리하지 않으면 안 된다. 그래서 모든 국민들은 사회 지도층들이 대립 투쟁보다는 상생과 모범을 창출할 것을 간절히 원하고 있는 것이다. 지금 돌아가는 현실은 그 반대이다. 정치부터 말로는 상생을 외치지만 실제로는 대립과 투쟁을 조장하고 있다. 로마의 역사를 되돌아보자. 다른 종족에게도 열린 마음으로 로마 시민권을 주는 등 사회구성원이 함께 참여민주주의를 실현했기에 그 속에서 강력한 힘이 나왔다. 특히 백인대 대장 등 중간 간부들이 통일 단결의 중심에 섰다. 그래서 당시 정치 군사적으로 지중해를 석권했던 카르타고를 이길 수 있었다. 그러나 지중해를 지배한 로마도 사회가 양극화되며 중간층이 사라지고 지배층이 분열 부패해 몰락의 길을 걷게 된다.

정부가 현실적 방책 제시 못해 국민 불안

지금 우리 사회는 어떠한가? 양극화를 극복하기 위한 대안과 토론의 장인 국회는 그 기능을 거의 못하고 있다. 행정부 역시 총론에서는 새로운 모델을 만들기 위한 혁신과 양극화를 극복하기 위한 균형발전을 강조하지만 통일 단결의 주체가 미약하다. 현실적인 구체성 없이 세운 총론은 미완의 계획으로 그칠 수밖에 없다.

그러니 국민들은 불안할 수밖에 없다. 변화의 시대에 세계화된 시장경제 속에서 사회지도층이나 정부가 가시화 되고 현실적인 방책을 실현하지 못하기 때문이다. 더구나 관치시대 이래 내려온 오래된 성장 신화인 경제성장률이라는 숫자의 마술로 그 불안감은 심해지고 있다. 정부가 2004년도 5% 성장을 할 수 있다고 지나치게 강조했기 때문이다. 5% 성장률을 달성했다고 해서 일자리가 늘어나거나 양극화를 극복하는 등 경제가 지속 가능하게 발전하지 않는 것이 21세기 새로운 경제학의 경향이다.

이제라도 정부주도형의 관치시대에나 통하던 성장률 신화를 깨뜨려야 한다. 그래서 모든 정책과 사고가 민간주도형으로 민과 관이 함께 양극화를 극복해 새로운 통일장의 사회분위기를 만들어야 한다.

세계화된 시장경제 속에서 경쟁력을 높이고 삶의 질을 향상시키는 방향으로 일대 전환해야 한다. 당연히 성장이냐 분배냐 와 같은 대립적 관점을 넘어서야 한다. 성장을 우선시하여 양극화가 심화되면 로마처럼 몰락의 길을 걷게 된다는 사실을 우리는 깨달아야 한다. 성장과 분배는 동전의 양면이다. 21세기의 새로운 사고는 성장과 분배를 떼 놓을 수가 없다. 성장과 분배는 상생이다.

중견간부들이 단결의 구심이 되어야

성장과 분배가 함께 가는 것이 최선책이다. 기존 방식의 성장이 덜 되더라도 양극화가 줄어들어 우리 사회가 통일 단결의 분위기로 가는 것이 차선책이다.

중국이 9% 성장했다고 불안해하지 말자. OECD 등 선진국은 모두 성장률이 5% 이하이다. 1% 성장률이 나와도 선진국에서는 애달아하지 않는다. 오히려 양극화에 따른 갈등 대립과 사회불안을 두려워한다.

이제는 우리 사회의 허리인 중견간부들이 나서야 한다. 이른바 지도층에만 의지해서는 안 된다. 21세기형의 새로운 사고를 가진 중견간부들이 혁신과 통일 단결의 구심을 이루어야 한다. 그리하여 양극화와 갈등 대립을 구체적으로 극복하여 우리 사회의 수준을 한 차원 높이는 것이 오늘의 당면과제이다.

사람 중심의 시장경제로

2002-07-22

21세기 첫 해인 2001년 9월 11일 미국 무역센터에 가해진 테러가 정치적으로 21세기를 맞이하는 첫 번째 시련이었다고 한다면 2002년 7월 19일 뉴욕증시의 급락은 경제적 시련이다. 다우지수가 최근 2주일 동안 1000포인트 이상 하락해 1만 포인트를 유지하던 주가도 9주 만에 8000포인트대로 20% 이상 대폭락했다. 이는 1929년 대공황과 1987년 레이건 행정부 때의 블랙 먼데이를 비롯 대폭락 사례로는 사상 여섯 번째다. 5년 전 우리 경제가 외환위기를 겪고 있고 일본도 장기침체에 있을 때 미국은 경제적 황금기를 맞이하고 있었다. 금융과 주식과 회계를 우리 미국에서 배우라고 미국인들은 전 지구인들에게 외쳤다. 그렇지만 지금 미국 발 경제위기가 시작되고 있다고 말한다면 지나친 말일까? 그린스펀이 미국경제의 펀더멘털이 좋고 경기가 회복될 것이라고 7월 16일과 17일 미 의회에서 선언한 후 바로 증시가 대폭락했으니 '그린스펀의 시대는 갔다' 고 까지 말할 수 있다.

이제까지 미국의 많은 사람들은 지금은 경기회복으로 가기 위한 일시적

불황이라고 얘기했고 지금의 증시폭락은 회계부정 때문이므로 이것을 해결하면 된다고 자신 있게 얘기했지만 점점 '혹시 대공황으로 가는 것이 아니냐' 는 불안감이 확대되는 것은 왜일까.

1999년 초 필자가 YTN사장으로 있을 때 만난 CNN 간부는 우리의 외환위기를 투명성 문제, 즉 회계부정이라고 지적했다. 물론 필자도 우리나라 경영의 투명성 문제는 동의했지만 그 원인은 투명성보다 김영삼 대통령의 허장성세 즉 1만 달러 이상 소득을 수치로 만들기 위해 고평가된 환율 850원 유지 정책 때문이라고 반박했다. 그러면서 미국 기업도 투명성 문제는 많이 있을 것이라고 지적했다.

회계부정으로 시련 겪는 미국 경제

엔론의 회계부정으로부터 시작된 미국 기업의 투명성 문제는 정보통신산업의 월드컴 등을 비롯하여 이제는 전통우량기업이라고 할 수 있는 머크, 존슨&존슨 등으로 확대되었다. 뿐만 아니라 CNN이 소속돼 있는 세계 최대의 미디어 그룹인 AOL 타임워너브러더스로까지 확대되고 있어 이 파장이 어디까지 갈지 아무도 예측하지 못하고 있다. 이러한 회계부정은 시장경제하에서는 정치적 부정부패보다 사실 그 파문이 더 크다. 정치적 부정부패는 국민적 의지만 있으면 해결할 수 있지만 이 문제는 구조적인 문제이므로 그리 쉽게 해결하기 어렵다. 우리의 회계부정이 재벌오너체제에서 나왔다면 미국의 회계부정은 전문경영인체제에서 나왔다. 전문경영인체제는 자리와 스톡옵션 때문에 매출과 이익을 부풀리는 것이 관행이다. 그런 관행은 호경기하에서는 별 문제가 되지 않는다. 2002년에 좀 부풀려도 2003년에 경기가 좋아지면 곧 가려지기 때문이다. 그러나 불황이 닥치면 회계부정을 감추는 데도 한계가 있다.

정직과 성실을 기본으로 삼는 시스템 갖춰야

이제까지 미국은 '미국식 자본주의'의 우월성을 자랑했다. 그러나 사실 미국은 달러를 세계의 중심 통화로 하여 세계경제를 좌지우지했지 그들의 제도가 반드시 우수한 것은 아니었다. 국제수지 적자가 커지고 또 정부의 재정적자가 커지고 또 금융시장에서 이자율을 계속 떨어뜨려 더 이상 미국 경제를 지탱할 수단을 갖지 못하면서 미국경제의 위기는 회계부정이라는 현상으로 폭발하고 있다. 민주주의 하에서 사람 중심의 시장경제가 아니라 돈 중심의 시장경제를 강제하다 보니 그 위기는 더 심해질 수밖에 없다.

9·11테러에 따른 주식시장의 교란은 바로 회복할 수 있지만 구조적인 문제에 의한 주식시장의 폭락은 21세기형의 새로운 시장경제와 기업구조 개편을 요구하고 있다. 자본주의냐 사회주의냐, 전문경영인체제냐 오너체제냐 라는 이분법적 논리를 극복하고 인류가 이제까지 만들어놓은 여러 제도의 장점을 통일시켜 내는 일하는 사람 중심의 새로운 기업구조를 하루빨리 만들어야 지금의 이 위기를 극복할 수 있다고 본다. 외환위기 때 우리는 회계부정을 대폭 없앴고 금융과 기업의 구조조정을 상당 수준 성공시켰다. 이번에는 기업의 소유형태를 변화시켜 돈 중심의 효율보다는 정직과 성실을 기본으로 하는 경쟁력 있는 시스템을 갖추는 계기로 삼아야 한다.

가계경제 건전화 대책 시급하다

2002-04-29

미국경제가 혼돈으로 빠지고 있다. 2002년 1분기에 5.8%의 고성장을 했는데 미래를 예측하는 주식시장은 다우지수가 1만 포인트가 깨지고 나스닥도 1800 이하로 급락하고 있다. 미국은 더 이상 정책수단이 없다. 이자율은 1.75%이니 더 낮추기 어렵다. 2001년 9.11테러 이후 최악의 증시상황이다. 주식시장은 보통 경제의 6개월 선행지수라고 하니 앞으로의 미국 경제가 나아질 가능성은 크지 않다고 볼 수 있다. 유럽연합도 마찬가지고 일본 경제는 더욱 심각하다. 오로지 한국경제만 잘 나가고 있는데 과연 그럴까? 한국경제는 내수호황으로 급격히 회복되고 있다. 그러나 그 내용은 빚으로 내수 경기를 활성화하여 만든 사상누각에 불과할 수도 있다. 지금부터 경각심을 갖고 유비무환의 자세를 갖지 않으면 심각한 어려움이 닥칠지도 모른다.

IMF 외환위기는 1달러당 850원 하던 환율을 변동환율을 통해 1달러당 1300원대로 조정하여 수출을 회복하고 무역수지 흑자 폭을 늘려 외환보유고가 1000억 달러에 달하며 말끔히 사라졌다. 또한 외환위기로 초래한 금융구조조정은 미국 등 선진국의 금융제도를 도입하고 156조원의 공적 자금을 신속히 투입하여 큰 진전이 있었다. 뿐만 아니라 부채 많은 기업을 살리기 위해 가장 낮은 이자율이 계속돼 기업의 경영상태도 전보다 획기적으로 개선되었다. 이런 과정을 통해 기업은 빚이 무섭다는 교훈을 얻었지만 개인들은 빚이 무서운 줄을 잘 몰라 엄청난 빚을 지고 있다. 이 부분이 경제위기의 도화선이 될 가능성이 대단히 높아지고 있다.

개인 빚 무서운 줄 모르면 경제위기

부동산 경기회복과 함께 2000년부터 2001년까지 가계신용 증가액은 약 127조 7000억원으로 2000년 52조 9000억원보다 74조 8000억원이나 늘어났다. 가계신용은 최근 주택자금 대출의 급증과 현금카드 빚의 증가로 엄청나게 늘고 있다. 가계 빚이 늘어나는 것은 정부가 내수 소비를 늘리겠다는 정책과 함께 공적 자금을 156조원 정도 투입하여 금융기관들을 도와주었기 때문이라고 볼 수 있다. 공적 자금 156조원 중 아직 100조 정도는 회수하지 못하고 있으니 이 역시 정부의 빚이라 볼 수 있다. 다시 말해 추가 정부 빚 100조원에 추가 가계 빚과 현금카드 빚 120조원으로 내수경기를 활성화시켰다고 해석하면 지나친 말일까. 이런 조 단위의 거창한 이야기를 하면 일반 국민들은 감이 잘 안 오니 이를 이렇게 해석하면 어떨까? 220조원의 빚이란 가구당 10억원씩 22만 가구 약 80만명 정도에게 혜택이 갔다고 보면 산술적으로 계산이 맞는다고 할 수 있다. 220조원의 돈이 부가가치를 창조해내는 힘을 가졌다면 우리는 박수를 치고 머지않아 선진국으로 도약할 수 있다는 기대감을 가질 것이다. 특히 일본 유럽 또 최근 미국까지 선진국 경제가 어려워지고 대만 등 아시아 4마리 용 중 3마리가 제대로 날지 못하게 된 상황에서 우리 경제 시스템이 효율성을 높일 수 있으니 말이다. 그렇지만 지금 우리 내수경제 활성화는 이와는 정반대로 과거 정권들이 해왔던 투기열풍으로 떨어져 다시 그 후유증이 1~2년 후에 나타나지 않을까 하는 불안한 먹구름이 많은 사람들에게 드리워지고 있다.

과소비와 투기 줄여 빚 갚아야

노태우 정권 때의 부동산 투기열풍, 그리고 김영삼 정권 때 엄청난 기업 빚과 흥청망청 과소비 풍조 등이 생각나는 것은 왜 일까. 냉정한 마음을 갖고 성실한 생활을 하고 능력 있는 사람을 밀어주는 사회적 풍토를 마련하여 효율을 두 배 이상 높이는 새로운 시스템을 갖추지 않으면 한국경제의 미래는 낙관적이지 않다. 김영삼 정권 때도 영국경제를 추월한 선진국이 된다는 장밋빛 환상을 정부가 선동했으니 흥청망청 경제로 나가지 않을 수 없었다. 대외의존형 경제인 한국경제는 선진국이 불황일 때는 더욱 허리띠를 졸라매야 한다. 외환보유고가 1000억 달러 이상으로 세계 5위라고 자랑하면 그만큼 환율은 고평가 되어 수출도 어려워진다. 내수진작책만으로는 한국경제가 나아질 수가 없다. 개인 빚을 계속 늘리면 결국 IMF외환위기 때 기업들이 어려움에 봉착한 것처럼 가계가 대량 파산하는 제2의 경제위기가 올 수 있다. 그 시계바늘이 계속 돌고 있다. 가계경제를 건전하게 하는 정부정책이 시급하다. 또 가계 스스로도 위기를 예측하여 과소비와 투기를 줄이고 빚 줄이기 결단을 내리지 않으면 안 된다.

경제 불황 극복의 길

2001-12-03

공적 자금 150조원을 제대로 썼는가에 대해 온 국민이 분노하고 있다. 세금을 정부가 제대로 썼는가에 대한 문제이기 때문이다. 정부는 IMF 외환위기를 극복하려면 공적 자금은 어쩔 수 없고 일하다 보면 부분적인 잘못은 있을 수 있으니 양해해달라고 요청하고 있다. 그러나 야당과 언론은 후대에 빚을 왕창 남겨놓아 큰 일 났다며 성토하고 있다.

사실 문제는 노태우정권 때부터 우리 경제의 경쟁력이 무너져 나가고 있었는데도 정부가 언제나 우리 경제가 좋아진다고 국민에게 장밋빛 환상만 안겨주는 데에 근본 원인이 있다. 지금도 또 2002년 경제성장이 좋아질 것이라는 보도가 연일 나오고 있다. JP모건, 골드만 삭스 등 미국 거대 증권회사들이 한국경제의 2002년 성장률 예상을 3%에서 3.5%로 상향 조정하는 등 낙관론을 펴면서 대체로 2002년 중반부터 회복세를 보일 것이라고 예측했다. 그래서 우리 주식시장이 뜨겁게 달아 올랐다가 바로 식어 외국인들은 떼돈을, 개인 개미군단은 깡통을 차는 악순환을 되풀이하고 있다.

증권회사의 이런 장난은 잘 알려져 있지만 이 증권사들의 발표에 공신력을 불어넣는 정부 당국과 언론들의 무책임한 행태를 깊이 생각해보아야 할 때가 온 것 같다. 오닐 미국 재무장관이 2002년 초 미국 경기가 회복될 것이라는 전망을 내놓은데 대해 미국 의회 산하 연방준비제도이사회(FRB)가 경기회복 징후가 거의 없다고 전망하는 것은 우리와 사뭇 다른 모습이다.

외국인은 떼돈 벌고 개미들은 깡통 악순환

경기 예측을 항상 좋게 하는 것은 한국이건 미국이건 경제 관료들의 전매 특허품이다. 증권사들의 장난에 놀아나는 언론 역시 한국이건 미국이건 비슷하다. 2002년에 경기가 회복되면 얼마나 좋을까? 2002년 중반부터 혹은 4분기부터 경기가 회복되었다면 얼마나 좋았을까. 그렇지만 경제는 결코 희망만으로는 좋아지지 않는다. 세계경제가 좋아져도 우리가 경쟁력이 없으면 시장경제에서는 경제 불황이 장기화될 수밖에 없다. 오히려 정부가 2002년 4분기에 좋아진다고 발표했으니 정부를 믿는 국민들은 곧 경제가 좋아지는 것으로 알고 투자하거나 창업을 시작하는데 불황이 계속되면 불안하기 이를 데 없다. 한 중소기업 사장은 정부 말만 믿다가 망했다고 불만을 토로했다. 일년 정도는 빚을 내서라도 어떻게 버텨보지만 불황이 계속되면 외국으로 도망이라도 가야겠다고 말했다.

정부나 경제연구소 전망이 틀리는 일은 어제 오늘의 일이 아니다. IMF 외환위기가 나기 바로 직전까지 한국경제는 기초가 튼튼해서 곧 영국을 넘어서는 선진국이 된다고 떠들던 것을 국민들은 생생하게 기억하고 있다. 그래도 우리 국민들은 정부를 믿고 정부발표를 신뢰했다가 호되게 당하고도 참아주는 애국자들이다. 호황이 언제 올지는 지금은 아무도 모른다. 차라리 불황 속에서 기업 내부의 경쟁력을 높일 수 있는 혁신적인 시스템을 만드는 적극적인 노력을 해야 할 때가 왔다고 보면 훨씬 긍정적인 삶의 자세를 가질 수 있다. 사실 호황 때는 모든 것이 쉽게 잘 나가니 변화가 쉽지 않다.

우리에 맞는 경영기법 창출해야

'투명경영' 은 내부 혁신이 필요조건이고 '사원이 주인 되는 분위기와 시스템' 을 만드는 것은 충분조건이다. 그렇게 되면 당연히 인센티브제와 이익분배제가 제도화되어 일하는 사람들의 사기가 높아지고 공동체문화가 뿌리내려 내부의 대립 갈등이 사라진다. 대립 갈등만 없어진다면 최소한 경쟁력은 2배 이상 높아진다. 다시 말하면 1만 달러 소득에서 2만 달러 소득의 선진국으로 발전하게 된다는 의미이다. 즉 민주주의와 시장경제를 단위경영에 구체적으로 실현시킬 때 선진국이 된다는 말이다.

선진국보다 자본이 적고 기술이 낮고 브랜드네임이 약하다고 한탄하지 말자. 중국보다 임금이 비싸다고 탓하지 말자. 오히려 있는 그대로 속에서 우리에 맞는 경영기법을 창출해 갈등 대립 투쟁 없는 내부 시스템을 만들어 내는 지혜와 결단이 불황 하에서는 절실히 필요하다. 시스템을 바꾸는 것은 돈이 드는 것도 아니고 시간이 드는 것도 아니다. 절실함이 있다면 가능하다. 자칫 잘못하면 외환위기보다 더한 총체적인 경제위기 즉 나라가 절단 나는 그런 위기가 올 수도 있다는 예측과 이를 극복하기 위한 우리의 용기가 절실하다는 뜻이다.

21세기 개혁은 '마케팅'의 생활화

2001-05-21

한국경제가 선진국 경제로 도약할 수 있는 디딤돌을 마련할 것인가, 아니면 일본이나 남미처럼 불황과 혼란으로 빠져들 것인가는 향후 6개월에 달려있다. 2002년에는 지방자치선거와 대통령 선거가 있기 때문이다. 세계경제의 여건은 그리 좋지 못하다. 미국 산업생산은 7개월째 감소세이고 비록 일시적으로 미국 증시가 좋아졌다고는 하지만 경기가 갈수록 둔화되고 있고 가동률 역시 10년 만에 최저치이다. 일본 역시 10년째 불황의 늪에서 벗어나지 못하고 있다. 반면 중국은 연 8% 성장을 계속하면서 우리경제를 추격하고 있다.

한국기업의 경쟁력은 갈수록 떨어지고 있다.

1980년대 일본경제가 세계를 휩쓸 때 일본의 토지가격은 세계 제일이었다. 그 땅값이 경제의 발목을 잡고 지금 일본은 우리 돈으로 쳐서 700조원의 공적자금을 넣었는데도 경제가 회생되지 않고 있다. 일본의 땅값이 거의 60%(일본 국토 교통성 발표) 정도 떨어져 부동산을 담보로 잡았던 금융기관의 부실이 해소되지 않고 있다.

지금 우리나라의 땅값은 세계 1등일 것이다. 일본이나 미국보다 땅값이 비싸고 돈 값, 즉 이자율이 비싸니 기업 경쟁력이 약할 수밖에 없다. 다행히도 최근 이자율이 6~7%로 떨어졌으니 그나마 다행이지만 일본과 미국에 비해 아직 턱없이 높다고 할 수밖에 없다. 이제까지 임금은 선진국보다 싸지만 근로자들의 요구는 세계화 과정 속에서 높아질 수밖에 없다. 근로자들이 선진국형 생활을 요구하기 때문이다. 반면 중국은 저렴한 노동력과 정치적 안정을 기초로 아시아 네 마리 용 가운데 대만 홍콩 싱가포르의 화교자본과 그들의 기술 그리고 시장을 접목시켜 비약적으로 성장해 세계시장에서 우리의 강력한 경쟁세력이 되고 있다. 물론 우리가 성장하는 중국시장에 CDMA 등 부가가치가 높은 정보통신 제품을 많이 판다면 오히려 전화위복이 될 수 있다.

'개혁이 마케팅' 이라는 원리 실천해야

지금 우리에게는 경제가 가장 중요하다. 그 경제는 시장경제(Marketing Economy)를 뿌리내리면서 국내외에서 마케팅(Marketing)을 강화하는 일이다. 지금은 마케팅을 최우선으로 놓고 우리경제의 시스템을 바꿀 뿐만 아니라 정치사회적 개혁을 지속적으로 해야 할 시기이다. 다행히도 대통령은 중국 시장을 상대로 CDMA 마케팅을 성공시켰고, 총리는 중동에서 건설마케팅에 나서 최소 17억 달러 물량을 수주해 돌아왔다. 그리고 재경부총리는 여 · 야 · 정 경제정책 토론회를 개최했다하니 듣던 중 반가운 일이다. 여야의 대권주자들은 먼저 개혁은 곧 마케팅이라는 원리를 앞장서 실천해야 한다. 장관들이나 국회의원들도 해외 마케팅에 적극 나서야 한다. 결코 일회적

이어서는 안 된다. 뿐만 아니라 사회지도층 모두가 마케팅을 생활화하고 경영의 효율을 높여 경쟁력을 갖추는데 참여하여야 한다. 21세기 오늘의 개혁은 시장경제를 뿌리내리는 과정 그 자체이다. 이 시장경제는 국민모두가 마케팅을 생활화할 때 이뤄지는 것이며, 이러한 마케팅은 사회지도층부터 솔선수범할 때 사회전체에 파급될 수 있다.

'세계는 하나로' 구호는 단순한 공간 뜻하는 것 아니다

마케팅은 작게는 최소의 비용으로 최대의 효율을 내는 경제원리를 실현하는 것이다. 크게는 기존의 3차원적인 생활과 사고를 한 차원 높여 시장(Market)이라는 공간에 현재진행형인 시간(ing)을 합친 시공간의 4차원적 생활과 사고를 해나가는 과정 그 자체이다. 인터넷 등 정보통신산업은 '빠르다'를 대표하는 4차원 산업이며, 생명공학 산업은 노화DNA를 '느리게' 진행시키는 산업으로 시대는 바야흐로 시공간의 4차원 생활을 요구하고 있다.

'세계는 하나로'라는 구호는 단순한 공간을 뜻하지 않고 21세기에 우리가 국경을 넘어 통일된 생활과 사고를 해야 한다는 의미이다. 마케팅은 단순히 비용을 줄이는 것뿐만 아니라 갈등과 대립을 넘어 통일적인 '윈-윈 시스템'을 만들어 효율을 극대화하면서 생각과 생활을 한 차원 높일 때 실현된다.

우리의 경제성장률이 2000년에 비해 반으로 떨어져 4%대에 머물 것으로 예측되는 가운데 불황의 그늘이 깊어지고 있다. 하지만 이를 계기로 IMF의 외환위기를 극복했던 노력을 다시 기울이면 경제위기를 극복하고 선진국으로 나갈 수 있는 기틀을 마련할 수도 있다.

세계화에서 우리의 살 길은

2001-03-26

환율이 오르고 수출이 줄고 실업자는 늘고 있다. 하반기에 경제가 나아질 것이라는 예측도 빗나가고 있다. 미국과 일본경제가 모두 어려워지고 있기 때문이라고 한다.

우리경제는 IMF외환위기를 미국의 도움을 얻어 극복했다. 그런데 그 미국이 경제가 어려워지고 또 부시 행정부가 들어서면서, 중국을 클린턴 행정부의 전략적 동반자에서 전략적 경쟁자로 수정하면서 정치적으로도 한미관계가 과거와는 다르게 오히려 우리에게 압박을 가하고 있다.

부시 행정부의 대외정책은 기본적으로 힘을 바탕으로 하는 미국중심의 국제질서를 추구함으로써 취임하자마자 이라크에 대한 폭격, 국가미사일방위(NMD)체제 구축, 러시아 외교관 추방, 통상압력 등과 같은 초강경노선을 걷고 있다. 부시 행정부는 일본과의 유대를 강화하고 중국에 대해서는 인권문제 및 통상압력을 제기하는 등 긴장을 고조시키고 있다. 이제까지 동북아의 긴장완화에 의한 평화와 공존이라는 흐름에 커다란 변화가 일어날 조짐을 보이고 있다.

미국의 이러한 힘의 외교정책은 미국 무기를 팔기 위한 전술이라는 면도 있지만 지난 10여 년 동안 미국경제의 호황과 자신감에서 나온 것이라고 볼 수 있다. 호황 뒤에는 반드시 불황이 오게 마련이다. 보통 10년의 호황 뒤에는 불황이 온다는 것을 경제학에서는 너무나 당연시한다. 이 불황을 내부에서 새롭게 구조조정을 하지 않고 외부로 표출하려고 하는 부시 행정부의 정책에 우리는 어떻게 대응해야 할까?

아시아의 네 마리 용 중에서 대만 홍콩 싱가포르의 화교자본과 경영 노하우를 중국본토의 저임금과 정치적 안정을 결합시켜 세계시장에 물밀듯이 나오는 중국제품에 대해 우리의 시스템을 하루빨리 바꾸어 경쟁력을 두 배 이상 높이지 않으면 어려움을 겪을 수밖에 없다. 특히 산동반도 상해 선천 등을 연결하는 중국해안지방의 경제성장률은 12% 이상으로 이제 1인당 GNP도 5000달러를 넘어서고 있고 인구도 우리의 10배에 달하고 있다.

선진국은 기술, 중국은 노동력 내세우는데

그렇지만 우리가 쫓아가야 할 3만 달러 소득의 선진국인 미국 일본은 기술 및 특허를 독점적으로 가지고 우리를 따돌리고 있다. 경제적 자립과 경쟁력 없이는 국제사회에서 눈치를 볼 수밖에 없다. 미국은 전세계의 우수 인력들을 끌어들였다. 중국 동포나 동남아 노동자보다 몇 배의 월급으로 살고 있는 우리의 현실을 직시하자. 기술은 선진국이, 노동력은 중국이, 그러면 우리는 무엇을 가지고 경쟁해야 할 것인가. 지난날 우리의 민생고를 박정희 전 대통령과 고 정주영 명예회장의 방식으로 해결했지만 지금은 그것만으로는 부족하다. 과거의 방식으로 오늘의 어려움을 극복할 수 없다는 것은 이미 IMF 외환위기를 거치면서 누구나 알게 된 사실이다. 민주주의와 시장경제라는 새로운 원칙이 제시되었지만 그 경영방식은 구체적으로 모델화되지 않고 있다. 단지 일부 합병 및 벤처기업과 같은 미국식 모델만 제안되고 있을 뿐이다.

새로운 경영모델 만들어 내야

경쟁력을 돈 안들이고 높이는 가장 좋은 방법은 내부의 갈등대립을 없애고 구성원 모두가 자발성과 창의성을 높이는 시스템을 만드는 것이다. 기업경영에서 사원주주제에 의한 경영방식은 소유와 경영과 노동을 통일시켜 주주사원들의 자주적인 참여와 의사결정에 있어서 민주적인 원칙이 적용되고 집행력에 있어서 통일성을 확보함으로써 경쟁력을 비약적으로 높일 수 있다.

시장에서 경쟁력이 없는 기업은 하루빨리 도태되어야 함에도 불구하고 기존체제가 개혁되지 않음으로써 이러한 새로운 모델이 아직 일반화되지 못하고 있다. 미국은 불황이 한참 심화되던 1980년대 중반 이후 종업원 주식소유제도(ESOPs Employee Stock Ownership Plans)에 의한 법적 제도적 장치를 의회에서 여야 만장일치로 만듦으로써 세제혜택 및 금융지원을 통해 유나이티드 에어라인 등 1만여 개 이상의 대기업이 사원주주제로 불황을 이기고 세습경영을 극복했으며 M&A를 방어하여 이제는 미국 기업경영의 거대한 흐름으로 정착되었다.

타이밍을 잃으면 후회해도 늦다. 국제정세는 갈수록 냉혹해지고 있다.

제5장

3만 달러 선진국이 되려면

우리 경제,
창업이 힘이다

2009-11-30

우리경제가 한 단계 도약하려면 내수와 고용증대가 절실하다. 고용증대가 내수증대이고, 내수증대가 고용증대이다.

경제가 나아졌다고 하지만 이는 수출대기업과 증시에 국한되어 있다. 대다수 국민들은 무척 어렵다. 특히 신용불량자, 청년실업 및 조기퇴직 등 실업자, 비정규직 노동자, 어려운 자영업자 · 소경영자 · 중소기업가 등이 심각하다.

내수가 어려우니 실업자는 늘고 중산층이 몰락하고 있다. 자영업자 426만 6000여 가구 중 지난 1년 간 망한 사람이 26만 4000명이다. 자영업자나 중소기업들이 망하면 그 자신만 망하는 것이 아니라 그 주위에 돈을 빌려주거나 보증을 섰던 친인척과 친구들이 모두 빚에 몰려 준 신용불량자로 전락한다. 가계가 무너지는 것이다. 서양과 다른 사회구조이기 때문이다. 여기에 임금삭감 및 생활물가 상승이 가중되어 서민들의 생활은 갈수록 팍팍해지고 있다.

빈부격차가 심해지고 있다. 빈부 통계가 만들어진 이래 격차가 가장 커지고 있다. 빈익빈 부익부 즉 양극화가 심화되고 있다. 사회가 불안해지고 있다. 자영업 중소기업이 망한다는 것은 갈수록 고용의 불안정성이 심해진다는 뜻이다. 대기업이 커지고 흑자가 많이 나도 일자리를 줄이는 것이 현실이다. 1997년에서 2007년까지 지난 10년간 대기업에 종사하던 근로자 수는 252만명에서 146만명으로 줄어들었다. 고용을 늘리지 않는 한 우리경제의 미래는 없다. 수출만으로는 한계가 있다. 수출이 늘어도 고용은 늘지 않는다. 내수로 방향을 틀어야 한다.

세제 혜택 등 정부가 창업여건 마련해야

지금까지 우리 정부는 너무 대기업 위주 정책을 펴왔다. 그러나 아무리 정부가 외치고 압박을 주어도 대기업은 고용을 늘리지 않는다. 중소기업은 사람을 쓸려고 해도 젊은이들이 오지 않는다. 젊은이들은 정부와 공기업과 대기업에만 취업하려 한다. 정부정책 때문이다. 유일한 길은 창업이다. 창업은 도전정신, 즉 맨 땅에 박치기하는 벤처정신이 우리사회에 넘쳐날 때 활성화된다. 그리고 창업여건을 정부가 마련해주어야 한다.

정부는 제도적으로는 세제, 직접적으로는 재정, 간접적으로는 금융이라는 수단을 가지고 있다. 이중 세제가 가장 중요하다. 창업자에게 최소한 법인세 5년 면제 등 외국인 투자자에 대한 특례처럼 세제상 인센티브를 주어야 한다. 나아가 창업에는 임시투자 세액공제의 특례를 인정하도록 해야 한다. 더 나아가 새 설비뿐만 아니라 중고설비에도 임시투자 세액공제를 해주는 법과

제도를 만들어 창업 바람을 일으켜야 한다. 기존 기업에도 세제상 혜택을 주면 계열 분업화 창업에 적극적으로 나설 것이다.

창업성공의 필요조건은 투명경영이고 충분조건은 사원주주제의 정착이다. 새로운 경영은 시스템을 바꾸는 데서 출발한다. 투명해야 효율적이고 합리적이 된다. 내부갈등은 경영의 최대의 적이다. 창업이 성공하려면 투명경영뿐만 아니라 사원주주제를 통해 자본을 모으고 사원이 주인이 되는 분위기를 만들어야 한다. 그러면 생산성이 비약적으로 높아진다. 작지만 강한, 성장하면서 내실 있는 중소경영이 많아야 민주주의가 뿌리를 내릴 수 있다.

창업 성공정책이 생활정치 시작

그러면 말로만 외치던 서비스업과 중소기업이 활성화되어 일자리를 만들어낸다. 사회가 다양화되고 새로운 산업분야와 업종이 늘어난다. 획일화 대형화는 과거의 모델이다. 다양화 소형화가 21세기 모델이다. 지난날의 낡은 정치와 새로운 미래의 정치가 여기에서 구별된다. 진실로 창업 바람을 일으키려면 창업에 정보통신 및 녹색생명 산업 분야 등의 기술특허를 접목시키는 제도적인 뒷받침을 마련해야 한다. 이 분야들이야말로 블루오션이기 때문이다.

고용과 내수는 정치적으로 풀 수밖에 없다. 정책방향을 근본적으로 바꿔야 한다. 헌법 32조는 모든 국민은 근로의 권리를 가진 동시에 근로의 의무를 진다고 되어 있다. 정부의 절대적 소명이 바로 일자리다. 창업을 성공시키는 길이야말로 생활정치다. 일자리를 만들어내지 못하는 정부는 존재할 필요가 없다.

1등이 망하는 시대

2009-03-16

세계 1위를 자랑한 시티은행이 망해가고 AIG보험은 사실상 망했고 미국의 상징 GM 역시 망해가고 있다. GE도 흔들리고 있다. 1등이 망하는 시대이다.

잘나가던 GM이나 도요다자동차가 규모가 작고 단단한 BMW나 현대자동차에 밀리고 있다. 마이너스 성장 시대이기 때문이다. 경제불황이 왔기 때문이다. 장기불황이 예고되고 있다.

빙하기에 공룡은 멸종했고 생쥐가 살아나 미키마우스로 환생했다. 사람들은 골리앗보다 다윗에 열광한다. 1등의 신화는 깨지고 있다. 1등의 신화는 고속성장신화이다. 747성장은 나 홀로 1등 주의에서 나왔다. 이번 금융위기에서 보는 것처럼 나 홀로 1등 주의는 황금만능주의로 치달아 미래를 예측할 수 없다. 이제 우리는 747의 고속성장신화를 벗어나야 한다. 7% 성장, 4만 달러, 주가 3000은 지난날의 사고에서 나온 전망이다. 새로운 비전이 필요하다.

장기불황 속에 새롭게 경제시스템 기반을 만들어야 한다. 바로 녹색경제 시스템이다. 녹색경제 시스템은 저성장, 마이너스 성장에서 새로운 미래를 열어가는 방향이다. 정부도 뒤늦게 녹색성장의 비전을 제시해 우리 국민에게 미래를 밝히고 있다. 좋은 일이다. 747과 녹색성장은 상극이 될 수밖에 없다.

747과 녹색 성장은 상극

새로운 대안인 녹색경제 시스템을 구체적으로 어떻게 만들 수 있을까? 우선 1등이 망할 수 있다는 전제에서 출발해야 한다. 녹색경제 시스템은 더불어 함께 사는 상생이 목적이다. 상생에는 나 홀로 1등은 무의미하다. 나 홀로 1등은 규모의 경쟁을 일으켜 공룡 골리앗을 만들기 때문이다.

이번 경제위기는 바로 이 나 홀로 1등주의 때문에 일어났다. 앵글로 색슨 금융자본이 미국 월 스트리트에서 과소비 탐욕 오만의 바이러스를 전세계에 유포시켰기 때문이다. 짓밟는 경쟁이 아니라 선의의 경쟁을 넘어서서 경쟁하는 상생이 될 때 녹색성장이 가능하다.

나 홀로 1등 자본주의 대신 더불어 함께 참여하는 사원주주형 경영시스템이 이 경제위기를 극복할 수 있는 최선의 대안이다. 소유와 경영과 노동이 통일되는 시스템, 소통과 협력과 상생이 실현되는 시스템이다.

구체적으로는 과거 고속성장과 반대방향으로 정책을 세우면 된다. 작은 것이 아름답다. 대기업보다 중소기업을 중시하면 된다. 창업하는 중소기업에게 법인세를 5년간 면제해주고 기존 중소기업에게는 법인세의 50%를 감면해주어 내실을 튼튼히 함으로써 일자리를 창출하도록 해야 한다. 사원주주형 창업은 일자리 창출의 지름길이다. 최근 사회적 기업이 주목 받는 이유도 이것이다.

사원주주형 창업은 빈부격차를 완화시키고 중산층을 복원시킨다. 빈부격차의 심화야말로 이번 불황 장기화의 근본원인이다. 중산층과 중소기업의 복원 없이는 경제회복은 불가능하다. 녹색경제 시스템은 돈보다 사람을 중시하는 데서 출발한다. 돈보다 일자리가 중요하다. 노동부 농림수산식품부 교육과학기술부 보건복지가족부가 중요하다는 관점을 정부가 명확하게 해야 한다.

에너지 및 식량 자급률 50% 이상 높여야

녹색성장은 에너지 절약 등 저탄소 에너지 분야와 농림업에서부터 범국민적으로 시작해야 한다. CO_2를 발생시키는 화석연료보다 원자력 조력 수력 풍력 태양열을 우선해야 한다. 숲을 가꾸고 빵보다 밥을 중시해야 한다. 에너지 및 식량 자급률을 50% 이상 높여 하루 빨리 녹색경제 시스템의 기반을 만들어야 한다. 그러면 기름과 석탄, 곡물 수입이 줄어 환율문제까지 해결할 수 있다. 나 홀로 1등 주의는 다국적 대기업 상품을 선호하게 만들어 우리 내수 중소기업과 농업을 몰락시켜왔다. 이제는 내수 중소기업과 우리 농림업을 발전시켜 알뜰소비, 착한 소비를 하는 사회적 분위기를 만들지 않으면 안 되는 때가 왔다. 과도한 성장은 당연히 환경을 파괴시킨다. 나 홀로 1등 주의는 공기와 물 같은 가장 기본적인 공공재까지 훼손시킨다. 오로지 돈벌이가 목적이기 때문이다. 747성장이 빚을 내서 하는 성장이라면 녹색경제 시스템은 안정 속의 성장을 뜻한다.

기본을 튼튼하게 하고 제조업을 강화 할 때이다

2008-11-17

미국 발 금융위기가 실물경제를 덮치고 있다. 세계경제의 25.4%를 차지하는 미국과 22.4%인 유로 사용지역, 5.1%인 영국 등 세계경제의 50%를 넘는 서구 선진국이 2009년에 마이너스 성장으로 떨어질 가능성이 높다. 1929년 세계대공황 이후 경기가 이렇게 급격히 냉각된 경우는 없었다. 신자유주의에 의한 글로벌 경제는 파탄지경에 이르렀다.

세계화된 시장경제 속에서 글로벌 쓰나미의 피해를 보고는 있지만 사회주의 요소가 강한 중국, 개방도가 낮은 말레이시아, 소득이 높은 일본 등은 물론 정치적으로 불안정한 태국도 우리보다 상대적으로 안정적이다. 내수가 튼튼하고 대외 의존도가 낮기 때문이다. 제조업과 농업이 강한 나라들이다.

이번 사태는 미국 유럽 등 이른바 선진국들의 과소비 탐욕 오만이 빚은 재앙이다. 금융 분야에서 이 과소비 탐욕 오만이 집중적으로 나타났다. 땀 흘려 일하는 제조업과 농업을 무시한 결과다. 실물이 주력이고 금융이 부수적 역할을 해야 하는데 거꾸로 되었기 때문에 이런 재앙이 나타났다.

해결방법은 간단하다. 거꾸로 하면 된다. 금융보다 제조업을, 수출보다 내수를 강화시켜야 한다. 내수를 강화시키려면 중산층과 서민의 소득이 높아져야 한다. 환율은 낮아져야 한다. 대외의존도를 낮추는 경제구조 개편이 이루어져야 한다.

'미국 금융자본은 절대적' 이라는 신화에 매몰

화력발전 대신 수력 원자력과 풍력 태양열 조력 등 대체에너지에 집중적인 투자가 이루어져야 한다. 빵 라면 대신 밥을 먹어야 한다. 쇠고기 대신 수산물을 먹어야 한다. 달러를 주고 사오는 기름과 곡물을 줄이고 에너지와 식량 자급률을 높이면 무역수지 흑자가 된다. 환율문제는 자연히 해결된다. 금융위기의 파고도 대폭 줄일 수 있다. 이것이 기본이다.

지금까지는 거꾸로 했다. 정부가 앞장서서 이 사태를 만들었다고 해도 과언이 아니다. 그러니 국민들이 정부와 정치를 불신하는 것이다. 태국이나 중국보다 못하면서 선진국을 외치니 '방안 퉁소' 라고 하지 않겠는가. 위기가 닥치면 그 나라의 진면목이 백일하에 드러난다. 선진국이 되려면 우선 기본에 충실하고 그 다음에 새로운 것을 해야 한다. 에너지와 식량 자급률을 높여 내수를 확대하면서 수출로 나가야 한다.

양극화는 내수강화에 적이다. 1987년 1인당 소득 3300달러에서 1996년 1만 달러 소득에 이른 것은 내수확대가 결정적 요인이었다. 6월 민주항쟁과 7 · 8월 노동자 대투쟁으로 근로대중의 소득이 늘었기 때문이다. 2만 달러에서 4만 달러로 소득을 높이려면 양극화 해소와 내수강화가 경제정책의 기본이 되어야 한다.

지난 몇 년 간 우리도 세계적인 거품경제에 일조했다. '미국은 망하지 않는다' '미국 금융자본은 절대적' 이라는 신화에 매몰돼 있었다. 이자가 싼 1년짜리 달러를 빌려 5년 이상 주택담보대출을 해줘 건설업을 부양시켰다. 땅값과 아파트 값이 폭등하자 모두들 부자가 된 줄 착각했다. 그런데 미국 월가가 달러를 회수하자 사실상 금융권은 흑자부도가 났다.

고개 숙여 잘못됐다고 말하는 사람도 없고 사표 내는 사람도 없다. 금융기관 본점을 파는 곳도 없다. 모두 글로벌 금융위기 때문이라는 핑계만 댈 뿐이다. 그리고 정부와 국회와 국민에게 손만 내밀고 있다.

금융으로 금융 · 건설의 문제 해결 못해

우리는 1997년 외환위기 이후 위기를 기회로 삼아 민주주의와 시장경제를 뿌리내렸다. 그러나 내수를 외면했고 양극화를 막지 못했다. 이번 글로벌 금융위기에서 우리는 기본을 튼튼히 하고 세계로 나아가는 새로운 경제체제를 만들어야 한다. 대대적인 구조개편이 이루어져야 한다. 당연히 고통이 따를 수밖에 없다. 금융으로는 금융이나 건설 문제를 해결할 수 없다.

제조업과 농림수산업을 강화해야 한다. 특히 기술개발과 세제지원으로 중소제조업을 강화해야 한다. 시야를 넓히고 차원을 달리하고 큰 그림을 그리는 경제구조 개편을 본격적으로 착수해야 할 때이다. 위기는 기회이다.

작은 것이 아름답다

2008-07-14

3차 오일쇼크가 현실화되고 있다. 물가상승에 경기침체가 우리 경제를 옥죄어오고 있다. 이번 상황은 IMF 외환위기 때와는 두 가지 면에서 다르다.

첫째, IMF 당시 세계경제는 호황이었다. 환율을 높여 수출을 통해 달러를 벌어들이기만 하면 됐다. 그러나 지금은 세계경제가 불황으로 치닫고 있다. 수출마저 어려워질 수 있다.

둘째, 외환위기는 급성이므로 단기에 극복할 수 있었지만 이번 사태는 만성이어서 길게 문제를 풀어나갈 수밖에 없다. 가계 기업 정부 모두 사태의 본질을 정확하게 이해하고 이에 대한 대비를 하지 않으면 안 되는 상황이다.

세계경제포럼(WEF)은 최근 국가경쟁력 1위를 핀란드로 보고 있다. 또 국제투명성기구(TI)도 가장 깨끗한 나라로 핀란드를 꼽고 있다.

국민소득 4만 달러(2006년)인 핀란드는 1990년에는 0.0% 성장률을 기록했고, 1991년 성장률 −6.7% 실업률 7.6%, 1992년 성장률 −3.6% 실업률 13.1%, 1993년 성장률 −1.2% 실업률 17.9%, 1994년 성장률 3.7% 실업률

18.4%였다. 이런 어려운 시기를 겪어 오늘에 이르렀다. 1990년의 1인당 국민 소득은 2만 7000달러로 당시 세계 2위였다.

몸집 클수록 어려움 극복하기 힘들어

핀란드는 인구가 520만 명밖에 안 되는 작은 나라이지만 우리는 4800만 명의 큰 나라이다. 그러므로 경제의 어려움은 더 심각할 수 있다. 몸집이 크면 어려움을 극복하기가 더 어렵기 때문이다.

1차 오일쇼크일 때인 1974년의 우리나라의 1인당 국민소득은 554달러였고 2차 오일쇼크 때인 1980년에는 1645달러였다. 경제 규모가 지금의 10분의 1내지 30분의 1 수준에 불과했으므로 지금보다는 타격이 훨씬 적었다. 자동차도 적었고 에어컨 컴퓨터도 거의 없었다. 기름과 전력 소모가 지금처럼 많지 않았다. 지금까지 우리는 에너지를 흥청망청 써왔다. 음식낭비도 심했다. 큰 자동차에 대형 아파트도 너무 많았다. 우리는 그 사이 너무 큰 것을 숭상했다. 미국식이다. 물론 미국은 우리보다 더 심했다. 미국 발 서브 프라임으로부터 시작된 금융위기가 전 세계로 퍼져나가면서 스태그플레이션이 가시화되고 있다. 작은 차, 작은 집을 갖는 유럽이나 일본보다 미국풍을 쫓았던 우리가 타격이 더 클 수밖에 없다.

경제는 사이클이다. 호황이 있으면 불황이 있을 수밖에 없다.

이제는 근본적으로 바뀌어야 한다. CO_2, 기후변화, 환경 등을 고려하지 않더라도 이 인플레 하의 경기침체를 극복하기 위해서는 '작은 것이 아름답다' 라는 이념을 스스로 실천하지 않으면 안 되는 시대가 다가왔다.

다 줄여야 한다. 지금은 소비가 미덕이 아니다. 특히 빚을 줄여야 한다. 카드 빚도 은행 빚도 기업 빚도 정부 빚도 줄여야 한다. 절약이야말로 최고의 미덕이다. 많이 벌고 적게 써야 한다. 소비가 미덕이라고 권장하다 카드 빚과 부동산 부채가 늘었다. 금융통화위원회와 정부 입장에서 볼 때 이자율을 올리자니 빚 많은 사람이 죽고, 그렇다고 낮추자니 인플레가 더 심해지니 이러지도 저러지도 못하게 됐다. 환율로 문제가 풀릴 수는 없다. 미국도 이자율이나 환율로 이 문제를 풀지 못하고 있다.

일하는 것보다 더 많이 소비해서 문제

일하는 것보다 더 많이 소비해서 문제가 일어난 것이다. 놀면서 흥청망청하니 그렇게 됐다. 특히 월 스트리트 금융자본이 흥청 망청에 앞장섰다. 세계 1등이었던 GM도 너무 큰 차를 만들다가 무너지고 있다. 큰 것은 줄이지 않으면 죽는다. 공룡은 죽었다. 작은 것은 살아남았다.

우리 기업은 그 사이 단단해졌다. 부채비율이 IMF 외환위기 때의 400%에서 90%로 줄어들어 미국이나 일본의 150%보다 훨씬 적다. 포춘(Fortune)이 선정한 100대 기업에 삼성전자(38위)와 LG(67위)가 일본의 소니(75위)보다 앞서고 있다.

이들 기업이 구조조정과 경영합리화를 잘한 결과이다. 이제는 가계도 중소기업도 정부도 구조조정과 경영합리화를 해야 하고 또 서둘러 할 수밖에 없다. 먼저 하고 또 단단히 하면 전화위복이 된다. 그 철학은 '작은 것이 아름답다' 이다.

10년마다 오는 경제위기 어떻게 극복할까

2008-06-30

2008년 5월 19일자 시론에 '스태그플레이션 조짐이 나타나고 있다' 고 썼다. 당시는 이른 감이 있었지만 세계경제에 먹구름이 닥치고 있었기 때문에 예고를 하여 경제 주체들이 모두 대비하기를 바라는 마음에서였다. 예측보다 중요한 것이 대비이다. 일찍이 이순신 장군은 유비무환의 자세를 가지면 패배하지 않는다고 했다.

우리경제는 1970년대부터 거의 10년마다 한 번씩 위기를 경험했다. 첫 번째 위기는 1973~1974년의 1차 오일쇼크 때였다. 기름값이 1달러에서 4달러로 뛰었다. 불황이 닥쳤다. 그러나 이 위기는 1970년대 후반 중동건설 붐으로 극복했다. 중동의 오일달러를 우리 건설노동자들이 가져와 중화학 공업을 발전시키는 기틀로 삼았다. 두 번째 위기는 1980~1981년의 2차 오일쇼크 때였다. 물가가 뛰고 불황이 닥쳤지만 일관된 물가안정정책으로 이를 극복했다. 그렇지만 전두환 정권은 물건값만 안정시킨 것이 아니라 임금을 억제하여 1987년 6월 항쟁과 7 · 8월 노동자 대투쟁이 터져 나오는 조건을 제공했다.

세 번째 위기는 1997~1998년의 IMF 외환위기이다. 태국 바트화에서 시작된 외환위기는 우리 경제를 쓰나미처럼 덮쳤다. 당시 기업의 부채비율은 400%였으며 외환보유고는 39억 달러까지 하락했다. 당시 1만 달러 소득을 달성코자 하는 정치권과 일부 관료들의 무리한 원화 고평가 환율정책으로 수많은 기업들이 쓰러지고 180만 명의 실업자들이 거리로 내몰렸다. 국민소득은 7300달러까지 떨어졌다. 그렇지만 금 모으기 운동을 통해 우리 국민들의 저력과 단합을 보였으며 민주주의와 시장경제의 새로운 틀을 만들어나가 2만 달러 국민소득을 달성했다.

물가안정 정책으로 '2차 위기' 극복

네 번째 위기가 다가오고 있다. 기름값이 두 배 이상 뛰었다. 곡물, 원자재도 두 세배나 오르고 있다. 세계경제는 지난 10년간 골디락스(저물가 속의 고성장)를 끝내고 고물가 속에 저성장으로 가고 있다. 대외의존도가 90%로 높아진 우리경제는 이러한 세계경제의 흐름에서 자유롭지 못하다. 큰 충격에 휘청거릴 수 있다. 우선 지난 역사의 경험을 되돌아보고 당시 우리가 어떻게 극복했는가를 잘 파악함으로써 대비책을 마련해야 한다. 최소한 지난날의 1차, 2차, 3차 위기 극복 경험이 우리의 출발점이다.

첫째 기업들은 원유 곡물 등 원자재로 떼돈을 번 나라들에 더 적극적으로 진출하고 정부는 이를 총력 지원해야 한다. 둘째 물가 안정은 필수적이다. 이명박 정부가 고전하는 것은 바로 주권을 가진 국민이 살고 있는 내수경제를 무시했기 때문이다. 물가안정과 정반대되는 경제정책을 편 사람들이 있는 한

정부와 국민의 단합은 이루어질 수 없다. 셋째 정부와 국민이 단합하면 IMF 외환위기와 같은 고난도 빨리 극복할 수 있다. 우리는 지난 10년 사이에 국민소득이 7300달러에서 2만 달러로 뛰어 명실 공히 선진국의 문턱에 다다랐다. 이런 때일수록 정부와 국민의 단합이 무엇보다 중요하다.

정부와 국민의 단합이 가장 중요한 시기

단합하면 못할 일이 없다. 그렇지만 이번 경우에는 해외진출 물가안정 국민단합 등 세 가지 만으로는 부족하다. 이 위기가 장기적이고 만성이 될 수 있기 때문이다. 정부 기업 가계가 이번 스태그플레이션의 위기를 직시해야 한다. 그리고 경제 3주체가 모두 새롭게 바뀌어야 한다. 특히 시스템을 근본적으로 바꿔야 한다. 사람과 시간이 가장 중요하다. 시스템 변화를 하루 빨리 해야 한다.

21세기는 권력이 무너지고 서비스 즉 섬김(봉사)이 자리 잡는 시대이다. 그러므로 정부는 권력이라는 굴레에서 벗어나 공공서비스를 극대화하는 쪽으로 나가야 한다. '대한민국의 주권은 국민에게 있다'는 말을 깊이 새겨야 한다. 21세기의 기업은 스스로 시장을 만들어 나갈 때 세계화된 경쟁 속에서 경쟁력을 갖게 된다. 이러한 경쟁력은 토지나 자본보다 일하는 사람을 더 소중하게 여길 때 나온다. 소유 경영 노동의 새로운 시스템을 만들어야 한다.

사람을 가장 소중하게 여기는 경제주체가 가정이다. 사람 중심의 가정사랑 직장사랑 나라사랑의 새로운 분위기가 사회 전체에 확산될 때 도약의 기회는 온다.

3만 달러 선진국이 되려면

2008-01-14

2008년은 우리에게 의미심장한 해다. 외환위기가 끝난 지 10년 만에 1만 달러에서 2만 달러 소득을 달성했기 때문이다. 정치적으로는 국민의 정부와 참여정부가 끝나고 이명박 정부가 탄생한다.

앞으로 어떻게 하면 3만 달러 선진국으로 올라설 수 있을까? 그 필요조건은 민주주의와 시장경제를 뿌리내리는 데서 찾을 수 있다.

우리의 민주주의는 짧게는 20년 전인 1987년 6월 민주항쟁에서부터 본격적으로 뿌리를 내리기 시작했다고 볼 수 있다. 항간에 '왼쪽 깜빡이와 오른쪽 깜빡이' 이야기가 회자되고 있다. 노무현 정부가 왼쪽 깜빡이를 켠 채 오른쪽으로 갔다고 비판하고, 이명박 정부가 오른쪽 깜빡이를 켠 채 왼쪽으로 가는 게 아니냐고 우려하는 데서 나온 말이다.

보통 이념적으로 공공성을 강조하는 쪽을 왼쪽, 상업성을 강조하는 쪽을 오른쪽이라 부른다. 좌파의 끝은 프롤레타리아 독재이고 우파의 끝은 파시스트 독재이다. 이제는 좌우의 시대를 넘어야 한다.

민주주의는 공공성을 기본 가치로 하는 제도이다. 공공성은 규칙이며 심판관이다. 이와 함께 소수를 존중하고 다수결의 원칙을 지키는 제도이다. 나아가 언제나 견제와 균형을 지향하는 제도이다. 그래서 차선을 택하는 제도라 부르고 있다.

민주주의는 정치에서 출발하여 경제 · 사회 · 문화 등 각 분야로 확산된다. 민주주의가 확대되면 경제 분야에서는 시장경제가 활성화되고 뿌리내린다. 특히 21세기는 세계화된 시장경제로 뻗어나가는 시대이다.

선진국의 필요조건은 민주주의와 시장경제

시장경제는 상업성을 기본으로 한다. 상업성은 효율이 전제되고 확대재생산이 이뤄지는 것을 의미한다. 시장경제가 활성화되면서 시공간의 4차원을 활용하는 마케팅(Market+ing)이 중요해지고 정치에서도 정치적 마케팅(Political Marketing) 이 중요해진다. 이것이 선거에서 여론조사가 중요하고 또한 언론이 중요한 이유이다. 마케팅을 통해 공공성과 상업성을 조화롭게 통일하는 데서 민주주의와 시장경제의 확대발전이 이루어진다. 공공성과 상업성이 충돌하면 정치와 경제가 대립 갈등하게 된다. 지금 우리 사회에서 보이는 혼돈상이다. 민주주의의 주체가 국민과 그 심부름꾼인 정부라면 시장경제의 주역은 기업과 시장이다. 기업이 활성화되지 않으면 시장경제는 위축되고 민주주의는 후퇴한다. 그 중에서도 창업과 중소기업의 발전 그리고 대기업의 국제경쟁력이 중요하다. 민주주의는 이를 위해 봉사하는 제도이다.

특히 기업은 소유지배구조를 통해 민주주의의 기초와 실질, 내용이 결정된다. 그러므로 주식회사의 상장제도와 소유분산 및 사원주주제가 중요하다. 사원과 국민들이 주식을 소유하는 자주, 주주총회와 이사회가 활성화되는 민주, 주주 · 사원 · 고객이 통일되는 통일의 원리가 필요하다. 이것이 민주주의와 시장경제 발전의 발판이며 이를 통해 정치경제의 통일이 가능해진다.

선진국의 충분조건은 지식정보화 마인드

21세기에는 기업 경쟁력이 더 이상 자본이나 토지로부터 나오지 않는다. 사람과 시간이 경쟁력의 핵심이자 효율성의 근간이며 가장 큰 자본이다. 이를 이루려면 우리 사회와 기업이 지식정보화 마인드를 갖춰야 한다.

그간 한국 사회에서 지식은 대학, 정보는 언론이 중추적인 담당자였다. 우리 부모들의 교육열과 활발한 언론활동이 우리 사회를 선진국 문턱까지 이끌어왔다 해도 과언이 아니기 때문이다. 적극적인 언론활동은 군부독재를 반대하고 민주주의를 이루는 근간이 됐고, 높은 교육열은 삼성 · 현대 · LG 등 국제경쟁력을 갖춘 대기업의 토대가 됐다. 교육과 대학, 언론과 사회 전반에 걸친 휴먼 네트워크화가 중요해지는 이유이다.

지식정보화 마인드는 사람에 대한 투자 즉 교육과 연구개발비(R&D) 투자를 중시하는 사고다. 21세기 들어 기업은 부가가치가 높은 곳에 투자해야 한다. 3000달러 소득에 필요한 인력이 아니라 3만 달러 소득에 필요한 인력이 나오도록 투자해야 한다. 투자효율이 중요하기 때문이다. 최근 논란이 되고 있는 '한반도 대운하' 문제도 이러한 관점에서 다시 검토해야만 한다.

성장률 높이기 경쟁 의미없다

2007-10-22

대선이 가까워 오면서 또 성장률에 대한 논쟁이 계속되고 있다. 6%니 7%니 심지어는 8%까지 나오고 있다. 5년 전 7%를 제시한 후보가 6%를 내건 후보를 이겼다. 그러나 참여정부 내내 어떤 해도 7%는 물론이고 6%도 달성한 적이 없다. 참여정부는 우리 사회의 정치 경제 사회 시스템을 많이 개조했다. 과거 어느 정부보다 이런 면에서 진정성이 있었고 성과도 있었다. 그러나 이 성장률의 함정에 빠져 경제 성과에서 불신을 받을 수밖에 없었다. 물론 정부가 경제의 중심인 시대는 지났다. 오히려 기업이 더 중요해지고 있다. 대신 정부는 경제의 통합 관리와 심판자 역할을 해야 한다. 노무현정부에서는 외환위기나 개인신용 위기는 생기지 않았다. 또 외환보유고가 2500억 달러에 달한다. 2만 달러 소득시대도 눈앞이다.

그렇지만 부동산 가격이 급등해 서민과 중산층의 불만이 높아지고 있다. 집값이 김영삼정부에서는 0.3%, 김대중정부에서는 17.7%, 노무현정부에서는 22.4% 올랐다. 참여정부 4년 동안 땅값은 61.8%나 상승했다. 문제는 서울을 비롯한 대도시 주거지역의 땅값이 급등했다는 사실이다. 땅값 상승은 경제학적으로 보면 지주층이 불로소득을 얻었다는 의미이다. 지목변경은 정치권과 관료들의 이권으로 치부된다. 즉 기득권층이 가장 많은 이득을 보았다는 사실이다.

성장률 높이기 놀이 그만 둬라

더구나 외환위기 이후 심화된 양극화가 지속되고 있다. 외환위기 이전인 1996년의 지니 계수는 0.291이었지만 1999년에는 0.320으로 가장 심해졌고 그 이후 0.310이 계속되고 있다. 여기에 국가부채가 급증하고 있다. 외환위기 이전인 1997년의 국가부채는 60조 3000억원이었는데 외환위기로 2002년도에는 133조 6000억 원으로 급증했다. 참여정부 4년간 평균 20.7%가 늘어 2006년 말 현재 282조 8000억원으로 무려 149조 2000억원이나 증가했다. 2007년 말에는 300조원을 넘을 것으로 예측된다. 빚이 많은 것은 좋은 것이 아니다. 외환위기 때 빚 많은 기업들이 어떻게 당했는가?

다시 말하면 참여정부의 경제 성적표는 그리 좋지 않다. 반면 기업의 투명성은 높아지고 부채비율이 낮아져 기업은 튼튼해졌다. 이것이 한국경제의 버팀목이다. 다음 정부가 경제에 대해 할 일은 간단하다. 지난 5년을 되돌아보고 잘못된 것을 고치면 된다. 또 잘 한 것은 계승 발전하면 된다.

첫째 성장률 높이기 놀이를 집어치워라. 국민들 보기가 창피하지 않는가. 책임지지 못할 말을 함부로 해 국민을 현혹하지 말고 나중에 변명을 위한 변명을 하여 국민들로부터 신뢰를 잃지 않도록 해야 한다. 5년은 짧다. 진정 신뢰받고 존경 받는 대통령이 나오기를 바란다.

둘째 부동산 특히 땅값을 또 튀기지 말라. 서울 땅값이 비싸니 지방 땅값을 올리겠다는 한심한 정책을 더 이상 되풀이 하지 말라. 의식주 국민생활 중에서 의와 식은 어느 정도 해결됐다. 그러나 주거 문제는 해결하지 못했다. 헌법 제35조 3항의 "모든 국민이 쾌적한 주거생활을 할 수 있도록" 국가는 노력해야 한다. 땅값을 안정시키고 반값 이하 아파트를 만들어야 한다.

부동산 특히 땅값을 튀기지 말라

셋째 사회양극화를 줄여 10대 90의 경제적 갈등 구조를 없애야 한다. 이는 단기적으로는 기업의 투자를 통한 과감한 일자리 창출 정책이 있어야 하며 장기적으로는 교육의 기회 균등을 위한 교육 제도의 전반적 혁신이 있어야 한다. 창업기업에는 최소 3년간 세금을 유예하고 중소기업에는 최소 3년간 법인세를 50%를 감면하는 과감한 조세정책을 펼쳐야 한다. 250만 신용불량자도 창업기업이나 중소기업에 취업할 수 있도록 고용정책을 만들어야 한다.

넷째 효율적인 정부를 만들어 국가부채를 단계적으로 줄여야 한다. 남북화해시대를 만들어 국방비를 대폭 축소하여 에너지 자원과 기술개발(R&D)과 사회적 약자에 투자해야 한다.

이번 대선에서 국민의 주된 관심은 이러한 경제문제이다. 어느 후보 어느 정당이 할 것인가? 정치에 실망한 많은 국민들은 이 네 가지 문제에 대한 구체적 해결방안과 실천력에 대해 믿음이 있으면 선거에 적극 참여할 것이다. 나아가 5년 뒤 임기를 마친 대통령에게 박수를 보낼 것이다.

우리 경제의 활로는 북한이다

2007-07-30

국방부 전사편찬기록에 따르면 6 · 25전쟁에서 한국군 · UN군 전사자는 48만명, 북한군 · 중국군 전사자는 150만명이며, 민간인 사망은 400만명, 전쟁고아 10만명, 이산가족 1000만명에 달한다. 당시 전체 인구 중 20%가 죽거나 다친 셈이다. 산업파괴도 가공할 수준이었다. 남한은 일반 공업시설의 40%, 주택의 16%가 파괴되었고 북한도 전력시설의 74%, 화학공업 시설의 70%가 파괴되었다.

6 · 25전쟁 후 4 · 19혁명이 나던 해인 1960년 남한의 1인당 국민소득은 79달러였다. 1970년의 남한의 소득은 254달러로 북한과 비슷했다. 그렇지만 남한은 1인당 소득 2만 달러라는 세계 12위의 경제 강국으로 올라섰다. 반면 북한은 2004년 1인당 국민소득이 228달러(추정)로 남한의 1970년 수준과 비슷하다. 1970년 이후 남한은 비약적인 경제성장을 했다. 1970년부터 6월 항쟁 이전인 1986년까지 성장률은 연평균 7.6%였다. 1987년부터 외환위기 이전인 1996년까지 성장률은 8.1%로 미국이나 일본보다 빠른, 세계적으로 유례

가 없는 속도로 1만 달러 소득을 달성했다. 이러한 성과는 첫째, 공공차관에 의한 인프라 구축과 둘째, 적극적인 시장경제의 활성화에 기인한다.

북한에 차관 제공해 인프라구축 도와야

우리의 공공차관은 세계은행(IBRD)과 아시아개발은행(ADB)이 중심이었다. IBRD차관은 1999년까지 148억 달러였고, ADB차관은 55억 달러였다. 이밖에도 UN의 대한경제부흥 원조 등을 통해 총 331억 달러의 국제차관을 받았고 우리는 이것을 이용해 도로 철도 항만 공항 전력 등 인프라를 건설해 경제성장의 기반을 마련했다. 이 인프라로 상품 유통이 활발해지고 시장경제가 활성화되었다.해방 후 지난 54년간 한반도는 대립과 냉전 상태였다. 그렇지만 북한은 남이 아니다. 냉전은 극복돼야 한다. 북한 핵 문제가 아직 미해결이지만 6자회담이 진행 중이고 북미관계도 개선의 조짐이 보이고 있다. 2차 세계대전의 폐허에서 일본이 세계 2위의 경제력에 1인당 3만 5000 달러의 선진국이 된 것은 전적으로 6 · 25전쟁과 한국경제의 고속성장에 따른 특수 때문이다.

이제 우리는 북한 특수를 적극 안아야 한다. 일본이 한국에 차관을 제공한 것처럼 우리가 차관을 통해 북한의 인프라를 구축하여 우리나라 경제성장의 기반을 만들어야 한다. 그래서 우리가 일본을 넘어서는 4만 달러 소득의 선진국으로 하루빨리 올라서야 한다. 이미 일본 국제문제연구소는 '동북아시아 개발 전망' 을 통해 2011년부터 2020년까지 중국 동북 3성에 611억 7000만 달러, 극동 러시아에 412억 6000만 달러, 몽골에 45억 8000만 달러, 그리고 북한에 공항 · 항만 · 철도 · 도로 · 발전소 등을 건설하기 위해 총 531억 4000만 달러가 투자되어야 한다고 주장했다. 우리의 국토연구원은 2010년에서 2020년까지 도로 73조 2000억원, 철도 13조 7000억원, 항만 4조 2000억원을 합쳐 총 91조 1000억원을 북한에 투자해야 한다고 제시했다. 여기에 전력시설 투자에 필요한 약 10조원을 합하면 100조원 이상 투자가 북한에 이루어져야 한다. 우리 정부는 한미 FTA를 대비하여 농업에 10년간 119조원을 투자하기로 했다. 농업분야의 투자도 중요하지만, 북한에 차관을 제공해 인프라를 구축하면 북한 좋고 남한 좋은 상생 게임이 된다.

'상생게임' 통해 4만 달러 선진국 도약

북한의 인력은 남한처럼 우수하다. 우리는 일본 · 미국 등에서 차관을 얻어 인프라를 구축해 열심히 일하고 수출을 통해 이 빚을 갚았다. 차관은 공짜가 아니다. 힘들지만 고기 잡는 법(시장경제)을 알게 되어 오늘에 이르렀다.

북한도 우리의 경험을 통해 보다 빠른 시간 내에 우리처럼 1만 달러 소득의 중진국으로 발돋움할 수 있다. 중국도 사회주의 시장경제를 통해 우리보다 더 빠른 속도로 발전하고 있다. 선천이 있는 광동성은 1만 달러를 넘었고, 상해도 6000달러를 넘었다. 연 10%의 성장 속도로 질주하고 있다. 중국 시장경제의 활성화로 우리 한국의 물가가 낮아졌으며 수출도 급증하고 있다. 북한의 인프라 구축과 시장경제로의 전환은 북한을 1만 달러 이상의 중진국으로 만들 뿐 아니라, 우리나라가 일본을 넘어서는 4만 달러의 선진국으로 도약하는 핵심 관건이다. 이것이 우리 경제의 활로이다.

3만 달러와 3000달러

2006-11-06

우리 한국인은 위대하다. 4 · 19민주혁명이 나던 해인 1960년에 1인당 소득은 79달러였다. 2005년은 1만 6291달러로 명실 공히 선진국의 문턱에 가까이 가게 되었다. 1970년대 석유파동과 외환위기 그리고 군사쿠데타 등 정치적 불안이 있었지만 우리 국민들은 꾸준히 밥 일 꿈을 실현하여 1만 달러를 넘어섰다. 사실 1970년 이전까지는 남한보다 북한의 국민소득이 더 높았다고 알려져 있다. 1969년 남한의 1인당 소득은 210달러인데 비해 북한은 230달러였다. 그러나 남한은 시장경제를 꾸준히 발전시켜 오늘에 이른 반면에 북한은 시장경제를 거부해 경제적으로 어려움에 처하게 됐다. 한국경제는 1970년부터 1986년에 평균 경제성장률이 7.6%였고, 1987년 6월 민주항쟁과 7 · 8월 노동자 대투쟁 이후 10년 동안 평균 8.1%라는 높은 성장을 하였지만 북한은 1970년 이후 지지부진했다.

반면 사회주의 시장경제를 선택한 중국은 평균 9~10% 성장을 계속해 2005년은 1인당 소득이 1702달러로 높아졌고 베트남도 최근 8%의 성장을 계속하고 있다.

한국은행이 발표하는 남북한 경제통계는 1990년부터 단일한 기준을 채택하고 있다. 1990년 남한의 1인당 소득은 6147달러인데 비해 북한은 1142달러로 5분의 1 수준이었지만 21세기를 맞이한 2000년에는 남한은 1만 841달러인데 북한은 754달러에 불과했다. 2000년 이후 북한 경제가 조금 회복되어 2004년에 북한은 914달러, 남한은 1만 4193달러였다.

중국도 우리에게 시장경제 배우려 하는데

이제 우리 국민은 북한 핵 문제를 비롯한 남북문제를 해결해야만 한다. 북한을 어떻게 대해야 할까? 미국의 부시 행정부처럼 북한을 옥죄어야 할까? 아니면 북한을 중국이나 베트남처럼 시장경제로 유도할 것인가?

사회주의 시장경제를 주장하는 중국도 한국으로부터 시장경제를 배우려고 많은 공무원들을 보내고 있다. 심지어 새마을운동까지 배우려고 많은 간부들을 보내고 있다. 왜 일까? 피터 드러커는 한국의 발전 속도가 인류 역사상 유래가 없을 정도로 빠르다고 지적했다. 1만 달러 소득을 달성하는데 영국은 218년 걸렸고 미국은 128년, 일본은 114년 걸린 데 반해 한국은 33년밖에 걸리지 않았기 때문이다. 그런데 불행하게도 우리 동포인 북한은 우리에게 배우지 않으려 하니 우리가 잘못인지 북한이 잘못인지 이유를 잘 따져보아야 한다.

남북 긴장관계가 지속되는 한 우리의 3만 달러 달성은 쉽지 않다. 우리가 3만 달러 선진국으로 도약하는 일도 절실하지만 동시에 북한을 3000달러로 끌어올리는 일 또한 중요하다. 6월 민주항쟁이 일어난 1987년 우리의 1인당 소득은 3321달러였다. 지금보다 북한이 3배 잘살게 되면 북한 문제는 상당 부분 해결될 것이다.

중국과 베트남이 시장경제로 바뀌면서 우리 기업들이 대거 그곳으로 진출해 우리도 좋고 그들도 좋아졌다. 북한이 북한식의 사회주의 시장경제로 바뀌기만 하면 북한경제는 대폭 좋아지고 한국기업들도 중국이나 베트남 대신 북한으로 대거 진출해 우리가 3만 달러 선진국으로 도약하는데 밑거름이 될 것이다.

북한에 시장경제 도입은 우리 책임

누가 이렇게 방향을 잡고 우리의 미래를 설계하고 집행할 것인가. 1000달러의 북쪽보다는 1만 6000달러의 남쪽의 각계각층 지도층들이 이러한 방향을 실현시킬 수밖에 없는 것이 현실이다. 미래를 함께 설계하는 이러한 방향은 북쪽을 적대시하지 않는 데서부터 출발한다. 또한 미국과 중국의 도움 속에서 이러한 방향은 가속화될 것이다. 미국과 중국도 북한이 시장경제로 바뀌기를 바라고 있으므로 이러한 변화를 한국이 적극적으로 만들어나가는 구체적인 정책을 마련해야 한다. 지금까지 우리 정부는 북한과 미국으로부터 소외됐다. 정보도 차단됐다. 6자회담도 계속해야 하고 남북 군축회담도 해야 하지만 더 중요한 것은 남쪽의 기업들이 북한에 들어가 1000달러 소득을 3000달러로 높이는 것이 가장 좋은 방안이라는 것을 보여주어야 한다. 마치 동남아 화교 자본이 사회주의 중국에 들어가 중국을 사회주의 시장경제로 변화시키는데 중요한 역할을 한 것처럼 말이다.

87년 민주화 대투쟁 효과에 기댔던 시대 끝나

2006-08-07

정 · 재계에서 침체된 우리 경제를 살리기 위한 논의가 일고 있다. 김근태 열린우리당 의장은 재계에 투자와 정부 규제를 맞바꾸는 '뉴딜' 을 제안했고 9일 서로 만날 예정이다. 우리경제를 회복시키고 경쟁력을 만들어내기 위해서 진정 무엇을 어떻게 해야 할까. 우리는 먼저 실사구시의 자세로 우리 경제를 되돌아 볼 것이다. 흔히들 민주화와 경제성장은 대립한다고 이해하지만 우리 경제의 역사적인 실증적 지표는 그와 반대로 성장과 민주화는 밀접하다는 사실을 알게 된다.

한국경제는 1961년부터 25년간 국가가 앞장서 이끄는 경제개발 시스템을 통해 압축 성장했다. 수출을 통해 높은 경제성장을 이뤘지만 성장의 과실이 골고루 분배되지 못했고 계층간 지역간 부문간 양극화가 생겨났다.

1987년 6월 민주화 운동과 7 · 8월 노동자 대투쟁은 해방 후 한국경제의 구조와 시스템을 가장 극적으로 변화시켰다. 정치적 민주화와 함께 일하는 사람들의 근로조건 개선, 임금 상승 등으로 수출과 내수가 균형 성장을 이루면서 한국경제는 질적인 성장을 이뤘다. 일하는 사람들이 만들어낸 변화였다.

성장 측면에서도 최고를 기록했다. 87년부터 96년까지 10년간 성장률은 8.1%로 압축 성장식의 경제개발이 최고조에 이른 1970년~1986년 기간의 7.6%보다 더 높다. 밑으로부터의 민주화가 이루워졌기에 가능했던 성과였다.

민주화와 세계화는 대립하지 않는다

수출뿐 아니라 내수도 확대됐다. 분배도 가장 균등하게 이루어졌다. 소득불평등 정도를 표시하는 지니계수 통계를 내기 시작한 1982년부터 1989년까지 평균 약 0.306 정도였으나 1987년 7 · 8월 노동자 대투쟁의 효과가 본격적으로 나타나기 시작한 1990년부터 1997년까지 약 0.286으로 개선됐다. 그러나 카드위기 등으로 2005년 지니계수는 0.320으로 악화되어 다시 외환위기 때와 같아졌다.

김영삼 김대중 노무현 대통령의 민주화 세 정부는 87년 이후 10년간의 민주화와 경제성장을 바탕으로 탄생했다. 이들 세 정부의 집권기간 전체 성장률은 5.3%이고 지니계수는 0.301을 기록했다. 그러나 성장과 분배뿐만 아니라 과거의 경제개발 시스템을 대체하는 새로운 시스템을 만드는 데 실패했다. 외환위기 등 세계화의 충격 때문일까.

민주주의는 모든 세계민의 가치이다. 세계화도 21세기의 추세이다. 기본적으로 대립하지 않는다. 그러면 왜 실패했을까. 지난 세 정부의 민주화는 위로부터 민주화를 추진하여 서민적인 경제를 중시하지 않았다. 이것이 87

년 이후 10년간 민주화 과정 속에서 이루어진 성장과 분배의 조화와 다른 이유이다. 87년 민주화 대투쟁이 만들어낸 효과에 기대는 시대는 끝나가고 있다. 앞으로는 민주주의와 시장경제, 세계화라는 21세기의 조건 속에서 경쟁력을 한 차원 높이는 새 시스템을 만들어내지 못하면 어떤 정치세력도 국민들의 지지를 받기 어렵다.

어떻게 해야 할까. 민주화도 하고 경제성장도 하면 된다. 국민의 정부는 외환위기의 후과로 외국자본에 끌려 다니는 경제였다. 참여정부는 참여민주주의를 통한 성장을 추구했지만 일관성 없이 갈팡질팡 경제로 되고 현재까지 성과는 약하다. 경제적 민주주의, 소유에서의 민주주의, 경영참여 민주주의가 없었기 때문이다.

기업은 경제 민주화로 민주주의 토대돼야

이제 우리경제는 기업이 중심이 되어야 한다는 원칙을 여야 정치권은 물론 정부와 국민이 모두 합의해야 한다. 시장경제의 원칙을 지켜야 한다.

대신 기업은 민주주의의 토대가 되어야 한다. 그리고 우리 한국 경제를 떠받치는 생산성과 성장의 근거가 되어야 한다. 그러려면 사원주주와 국민주를 기반으로 밑으로부터의 경영참여 민주주의를 통한 확고한 경영 집행력을 확립해 높은 생산성과 성장 발전을 만들어내지 않으면 안 된다. 그렇지 않으면 세계화의 경쟁에서 탈락할 수밖에 없다.

개인중심 주주자본주의를 넘어서

2006-02-06

미국 등 선진국은 '20대 80'의 사회를 극복해야 하는 과제를 안고 있다. 외환위기 이후 우리 사회는 '10대 90'의 사회로 치닫고 있다. 이 갈등이 사회의 발전을 저해하고 있다.

최근 우리 사회는 이 갈등을 반영하는 양극화라는 화두로 온 나라가 시끄럽다. 양극화 해법을 놓고 노무현 대통령은 세금을 더 걷어서 해결하지는 않겠다고 언명했지만, 여야 정치권을 비롯해 우리 사회에서는 벌써부터 증세 감세논쟁이 뜨겁게 벌어지고 있다. 그러나 양극화의 원인을 정확하게 진단하기도 전에 세금 논쟁부터 벌이는 것은 바람직하지 않다.

주식가격 상승 · 유지에 필사적인 기업들

우리의 양극화는 1997년 IMF 외환위기를 계기로 전면화 되었다. 강제된 신자유주의적 경제처방이 양극화를 가속화 시켰다. 수출대기업과 내수중소기업, 정규직과 비정규직 부문 간의 격차를 더욱 크게 했다.

환율 등으로 수출대기업들은 막대한 이익을 내 삼성 현대차 LG 등 대기업은 400%의 부채비율을 90% 이하로 떨어뜨렸다. 부채비율 150%의 미국 일본보다 훨씬 재무건전성이 좋아졌다. 또한 무역수지 흑자 등으로 시중 부동자금은 430조에 달하고 있어 자산 인플레가 일어났다. 부동산은 폭등했고 주식은 계속 올랐다. 이러한 자산 인플레는 또 다시 부의 격차를 더욱 늘리면서 양극화를 심화시켰다.

최근 내수경기가 회복된다고 하지만 중소제조업의 어려움은 가중되고 있다. 대기업의 끊임없는 납품단가 인하 때문이다. 상생이란 선언에 불과하다고 중소기업인들은 말한다.

일본은 대기업과 중소기업이 함께 가는데 외환위기 이후 우리는 어째서 그렇지 못하는가. 왜 일본 기업은 일어나는데 미국 기업들은 다시 어려워지는가.

그 답은 의외로 간단하다. 미국 등 선진국은 개인중심 주주자본주의가 기업을 이끌고 있기 때문이다. 이 주주자본주의는 고용없는 성장, 효율 만능주의, 스톡옵션제도 등 공동체보다 개인 중심의 단기 이익만을 추구한다. 당연히 비정규직을 양산시키고 협력업체들을 하청 계열화시켜 중소기업을 더 어렵게 만든다.

예를 들어보자. 오너 체제이건 전문경영인 체제이건 주식시장에 상장된 대기업의 경영자들은 주식 가격이 가장 중요한 관심사이다. 한번 올라간 주식 가격이 떨어지면 경영자는 바뀌게 된다. 필사적으로 주식 가격을 유지하거나 더 높이려고 노력할 뿐이다. 당연히 단기적으로 경비를 줄이는데 1차적 관심이 있다. 경비절감은 인원감축과 납품단가 인하가 제일 빠르고 손쉽다.

장기적인 투자는 2차적 관심사이다. 이러한 주주자본주의는 시간이 갈수록 경쟁력이 떨어진다. 인력투자와 협력회사와의 상생관계 설정과 중장기 계획이 부족하기 때문이다.

이제는 주주자본주의를 바꾸거나 보완해야 한다. 양극화의 극복 방법은 기업내부에서 찾는 것이 1차적이기 때문이다. 정부가 세제 및 재정지출을 통해 양극화를 극복하는 방법은 2차적 방법이다.

주주자본주의를 바꾸거나 보완해야

공동체적 문화가 강한 우리는 사원주주제가 확대될 때 양극화가 완화 극복된다고 확신한다. 공동체 중심 사원주주제는 개인 중심의 주주자본주의보다 중장기적인 전망을 전제하여 기업을 운영하게 된다. 사원주주들의 운명은 최소 그 기업의 10년~20년 전망과 함께 한다. 또한 자본보다는 사원들이 기업 경쟁력의 중심이라고 본다. 나아가 협력회사와의 유대를 장기적인 회사 발전의 기초로 본다.

이미 선진국에서는 사원주주제의 확대를 위해 세제상 혜택을 주는 정책을 펴고 있다.

기업은 사원주주제를 확대하고 정부는 사회복지 투자를 늘려야 한다. 우리의 사회복지 지출은 GDP 대비 2.4%로 OECD 평균 16.4%보다 너무나 적다. 세금을 늘리지 않으면서 사회복지지출을 늘려 양극화를 완화시키려면 국방비 등 다른 정부 지출을 줄이는 수밖에 없다. 경제적 약자를 배려하지 않는 정부는 존립 이유가 없다.

시장경제와 신자유주의는 다르다

2005-10-10

1987년 6월항쟁으로 이어온 민주화 운동은 1997년 외환위기를 거치면서 세계화된 시장경제를 한국 사회에 뿌리내리게 했다. 민주주의와 시장경제는 해방과 분단 60년만에 6자회담을 타결시켜 한반도의 평화체제에 새 이정표를 세웠다. 미국과 중국 사이에 인권을 둘러싸고 갈등이 표출되고는 있지만 그들을 포함한 6자회담 당사자 모두 민주주의와 시장경제로 나아간다는 흐름에는 변화가 없다. 한반도의 평화체제 구축은 민주주의와 시장경제를 한 차원 더 발전시킬 것이다. 분단은 민주주의를 억압하며 민주주의 없는 시장경제는 존재할 수 없다. 앞으로 남북 모두 민주주의와 시장경제로 나아갈 것이다. 오늘날 민주주의를 반대하는 사람은 없다. 사회주의자들은 사회주의가 진정한 민주주의라고 말한다. 또 권위주의자들도 민주주의를 내놓고 반대하지는 못한다. 이것이 21세기의 특징이다.

그러나 시장경제에 대해서는 호 불호가 나뉜다. 특히 외환위기를 타율적으로 극복하는 과정에서 사회 양극화에 대해 우려의 목소리가 높아졌다. 타율을 강요한 IMF · 다국적 자본 · 다국적 기업은 시장경제를 신자유주의와 동일시했다.

시장경제와 신자유주의는 다르다. 시장경제는 현실이지만 신자유주의는 이념에 불과하다. 잘못된 이념이 현실을 이끌어갈 때 현실이 왜곡된다. 다국적 거대 자본은 신자유주의라는 이념 아래 빈익빈부익부를 심화시키고 막대한 부를 빼내간다. 이에 신자유주의에 대한 반발이 시장경제 그 자체를 반대하는 현상으로 나타나고 있다. 시장경제는 경쟁을 전제로 한다. 경쟁을 싫어하면 발전이 없다. 발전이 없으면 선진국은 차치하고 후진국으로 떨어질 수밖에 없다.

시장경제는 현실이지만 신자유주의는 이념

참여정부는 중산층과 서민을 위하고 균형과 형평을 추구한다는 국정 목표 아래 많은 개혁정책을 추진해 왔다. 그럼에도 우리 사회는 역설적으로 양극화가 심화되는 중이다. 시장경제라는 현실과 신자유주의라는 이념을 혼동했기 때문이다. IMF 환란 이후 김대중정부는 우리 경제를 세계화에 걸맞은 시장경제 체제로 만들기 위해 각종 개혁을 추진했다. 그러나 시장경제와 신자유주의를 혼동해 미국식 신자유주의 정책을 무분별하게 실행한 결과 신용불량자 문제 등 많은 후유증을 낳았다.

신자유주의가 권력과 독점을 통해 강제하는 것과 달리 시장경제는 시장 참여자들의 선의의 경쟁을 전제로 한다. 시장경제에서 정부는 운동경기장의 심판과 같은 역할을 해야 한다. 국민들은 그 대가로 '세금'을 내는 것이다. 심판은 적어도 경기의 공정성을 보장할 도덕성을 가져야 한다. 심판은 또 전문성이 있어야 경기가 진행되는 동안 옳고 그름을 판별할 수 있다. 그렇지만 관객은 심판을 보러 오지 않는다. 경기를 구경하러 오는 것이다. 선수들도 권위적인 심판이 호루라기를 너무 자주 불면 경기를 제대로 치를 수 없다. 재미없는 경기가 될 뿐이다. 정부는 시장경제를 발전시키는 한편 경쟁에서 도태되거나 경쟁력을 잃은 노약자 · 장애인 · 실업자 등 사회적 약자를 보살피고 기초적인 사회보장을 제공하는 등 사회 통합력을 발휘해야 한다. 양극화를 극복해 시장경제를 만개시키려면 기업을 우리 사회의 변화의 주체로 세워야 한다. 민주주의라는 제도는 심판인 관(官)보다 뛰는 선수인 민간(民)이 중요하다. 경제에서는 기업이 바로 민간이다. 기업을 활성화해야 민주주의도 확대된다는 뜻이다.

'공동체형 시장경제'가 한국사회의 방향

그러나 기업 내에 불평등 양극화가 일어나면 통합력이 사라지고 분쟁과 갈등이 생겨 시장경제에서 퇴출된다. 기업 내의 통합력을 확보하려면 21세기에는 일하는 사람이 가장 소중하다는 관점을 갖고 의사소통을 활성화해야 한다. 이를 위해 사원주주제(ESOP) 등 새로운 시스템들이 나오고 있다. 잘못된 신자유주의 이념을 극복하고 정부 · 기업 · 가계와 사회 여러 조직들이 고유의 역할 속에 공동체의 통일과 번영을 함께 꾀하는 '공동체형 시장경제'가 한국사회의 방향이어야 한다.

우리 경제의 네 가지 왜곡

2005-03-07

우리 경제에 원론적으로 쉽게 설명되지 않는 네 가지 기이한 현상이 일어나고 있다. 소득이 늘면 소비가 느는 것이 경제학의 일반론인데 우리의 경우 국민소득은 늘어나고 있으나 소비는 늘지 않는 현상이 첫 번째이다.

둘째는 2004년 상장기업의 배당총액이 10조 원에 이를 정도로 이익이 늘었고 기업 이익이 크게 늘면 투자가 느는 것이 보통인데 그렇지 못하다.

셋째, 성장률이 3%에서 약 5%로 올라가면 분배가 개선되는 것이 일반적인 상식인데 우리 경제는 거꾸로 최근 2년 동안 분배가 악화됐다.

마지막으로 우리나라 수출은 최근 20%~30%가 증가해 단군 이래 최대 호황이라는 3저 호황기에 버금가는 수출실적인데도 내수경기는 오히려 침체하는 역현상이 벌어졌다.

이러한 현상들은 무슨 이유 때문일까. 어떻게 해야 할까.

정부 정책의 실패라고 비판하는 사람들도 있다. 특히 정부가 환율을 과도하게 방어함으로써 수출 대기업에게 특별이익을 주고 대신 기름 밀가루 등을 원재료로 하는 내수 기업에게는 불리하게 작용해 우리 경제를 왜곡시킨 결과라고 말하는 사람도 있다.

구조조정을 정리해고로 잘못 이해

그러나 이러한 정부 정책보다 더 근본적인 원인이 있다.

세계화 된 시장경제는 어느 누구도 부인할 수 없는 시대의 흐름이다. 세계화 된 시장경제는 주식시장과 금융시장 외환시장이라는 3대 시장이 이끌어가고 있다. 그 중 가장 중요한 시장이 주식시장이다. 왜냐하면 모든 상품 기업 산업이 이 주식시장으로 통일되기 때문이다. 그런데 시장경제가 강화될수록 주식시장은 주주 중심이 될 수밖에 없다. 당연히 주주들은 이익 중심이 된다. 투자보다는 배당이 중심이라는 뜻이다. 그러므로 기업 경영자들은 상시적인 구조조정을 하려고 한다. 그래야 기업 가치를 높이고 그 자리를 유지할 수 있기 때문이다.

그러나 우리의 경우 구조조정을 명예퇴직 등 정리해고 중심으로 잘못 이해하는 데서 문제의 심각성이 나오고 있다. 구조조정이란 기업이나 산업의 시스템을 바꿔 혁신을 일으켜 경쟁력과 효율을 높이는 것이다. 우리의 경우는 단순히 정리해고 하청단가조정 등 경비절감과 부채비율 감소 등 재무제표를 좋게 하는 것이라고 잘못 이해하고 있다. 당연히 고용은 감소하고 하청 중소기업은 어려워 질 수밖에 없다. 어떤 나라보다 급속히 양극화가 심해질 수밖에 없다.

예를 들면 50명을 뽑고 100명을 줄이는 방식이다. 30대를 뽑고 50대를 자르는 방식이다. 50대 중견 중산층이 무너질 수밖에 없다. 이들은 퇴직 후

자영업을 창업하지만 과잉 과당 경쟁으로 도산하고 만다. 심지어는 신용불량자로 몰락한다. 여기에 하청단가 인하로 중소기업은 갈수록 어려워지므로 양극화와 소비감소 투자부진은 계속될 수밖에 없다. 더구나 금융 및 정치의 불안정성 속에서 기업은 부채비율을 계속 줄여 스스로 생존할 수 있는 환경을 만들려고 한다. 당분간 투자가 늘지 않고 고용도 늘지 않는다. 이러한 결과 '20 대 80' 이라는 선진국 분배구조와는 달리 우리는 '10 대 90' 의 사회로 치닫고 있다. 청년실업과 중산층의 몰락, 빈부격차의 심화로 사회불안 요인이 심화되고 있다.

관치 사고 버리고 인적자원 개발에 총력

이제 정부 역할을 새롭게 정립해야 할 때다. 초심 즉 헌법 정신으로 돌아가야 할 때다. 정부가 모든 것을 하겠다는 관치경제 사고를 버려야 한다. 어떤 정부도 세계화된 시장경제 흐름을 막을 수가 없다. 대신 사기업이 하기 어려운 교육과 보건 그리고 환경 분야를 정부가 국민의 요구에 부응하도록 새롭게 정책을 세우고 신속하고 강력하게 집행해야 한다. 나머지는 시장에 맡겨야 한다. 단지 기업들이 구조조정 방식을 바꾸지 않으면 우리 경제가 갈수록 어려워질 수 있다는 사실을 인식하게 하자.

그 중 기회균등교육 원칙을 정부의 제일 과제로 인식하고 우리나라의 유일한 경쟁력인 인적자원 개발에 온 힘을 다해야 한다. 지금까지 우리 경제의 경쟁력은 30년 전 어머니들의 교육열이 주된 성장 동력이었다. 교육의 질을 높이기 위해 대대적인 구조조정과 혁신을 해야 한다.

한국경제의 아킬레스건

2003-07-14

노사문제를 어떻게 극복할 것인가가 중요한 논쟁이 되고 있다. 영미형이니 유럽형이니 또는 네덜란드에서 배우자는 감정 섞인 격론이 오갔다. 사실 국민들은 영미형이 무엇인지, 유럽형이 영미형과 어떻게 다른지 또 갑자기 생소한 네덜란드형이 왜 나왔는지 알지 못한다.

노사문제는 산업의 발전과 함께 오랜 문화 역사적 전통이 결합되어 나타난다. 다시 말하면 한국자본주의 발전과 동양 특히 한국적 문화의 전통이 결합되어 나타난다. 그러므로 우리는 노사갈등 극복의 모델을 우리의 역사적 현실 속에서 스스로 만들어야 한다.

필자의 경험으로는 노사갈등의 해결은 필요조건이 투명경영이고 충분조건이 새로운 시스템을 만드는 것이다. 투명경영은 사용자와 정치권의 의지가 중요하다. 사용자는 법인의 돈을 뒤로 빼먹지 않겠다는 의지를 가져야 하고 정치권과 관료들은 기업으로부터 뒷돈을 요구하지 않아야 한다. 안주면 찍히고 불이익을 당하고 자칫 망하니 안 줄 수 없다는 것이 우리의 현실이었다. 당연히 장부를 조작하거나 하청회사로부터 상납을 받아야 했다. 투명경영이 말은 쉽지만 정치개혁이 되지 않는 한 현실이 그리 간단치 않은 것은 사실이다. 그러나 이제는 투명경영을 하지 않으면 노사문제가 해결되지 않고 재벌총수들도 사법당국에 불려가 구속 등 수모를 당하지 않을 수 없는 환경이 되었다.

투명경영은 노사갈등 해결의 필요조건

노사갈등은 불신과 의사소통이 단절된 데서 발생한다. 그 갈등의 일차적 치유법은 투명경영을 통해 의사소통을 강화해서 불신을 없애는 것이다. 그렇지만 투명경영만으로 노사문제가 다 해결되는 것은 아니다. 노동자들은 투명경영으로 경영상태를 알고자 할 뿐만 아니라 경영에도 참여하기를 원한다. 더구나 저성장 고용불안이 현실화되고 있는 요즘은 더 한층 경영에 참여하여 경영의 한 주체로서 자신의 역할을 높여야만 근본적인 해결책이 나올 것이다.

이를 정부가 주도할 것이냐, 스스로 참여할 것이냐의 방법론을 놓고 논쟁할 수는 있다. 유럽형은 상대적으로 정부가 주도하는 방식이다. 영미형은 경영에 참여하지 말자는 쪽이다. 네덜란드형은 정부의 주도하에 노조가 임금인하 등 근로조건을 저하시키는 대신 경영에 참여하는 대타협을 하자는 방식이다.

최근 네델란드형에 대한 관심이 높아지고 있지만 우리의 현실은 네덜란드와 다르다. 땅값 폭등 등 주거비가 높고 또 현 우리의 노동조합 조건에서 임금인하에 합의하기는 사실상 어렵다. 네덜란드형을 하려면 땅값을 대폭 낮춰 주거비를 인하할 때 가능하지만, 지난날 정부가 오히려 땅값을 올리는 정책을 써왔다는 것을 국민들은 다 알고 있는 현실에서 그런 제안이 먹힐 리가 없다. 땅값을 대폭 낮추려면 임야를 푸는 대신 21%에 달하는 농지 중 사실상 경쟁력이 없는 3%(20만ha 이상)을 하루빨리 대지화하여 대지공급능력을 현 대지(3%)의 2배로 만드는 정책을 강력히 실시해야 한다.

노동자들이 함께 1%의 주식 가져 경영참여

노동자의 경영참여는 아주 쉽다. 투명한 경영을 하는 자기회사의 주식을 근로자들이 사면 된다. 그러면 주주로서 당연히 경영에 참여하게 된다. 최소한 대주주에 대해 소액주주로서의 권한을 갖게 된다. 노동자들이 함께 1% 이상의 주식을 가진다면 장부열람권, 대표소송제기권, 이사감사해임청구권, 위법행위유지청구권을 갖는 등 여러 권리가 법제화돼 있다 (1% 이하로도 가능하다).

사원주주제를 강화시키면 대주주도 될 수 있다. 사실상 경영의 주체 즉 사원주주들이 이사들과 대표이사를 뽑을 수 있다는 말이다. 가진 것 없는 사람들이 어떻게 주식을 갖느냐고 항변하는 노조간부들도 있지만 성과급제, 이익분배제 등을 통해 사원주주의 비율을 높이면 충분히 가능하다. 노동조합활동도 이제는 고용을 중심으로 경영을 함께 고민하고 나라경제에 참여하는 새로운 방향으로 가지 않으면 어려워진다는 것이 선진국의 경험이다.

영원한 중진국은 없다

2003-05-19

2001년에 세계은행은 한국경제가 경제력으로는 13위, 1인당 9460달러인 국민소득은 54위라고 발표했다. 반면 미국은 경제력으로는 세계 1위이며 1인당 소득은 3만 4280달러로 세계 7위이고, 일본은 경제력은 2위, 1인당 소득은 3만 5610달러로 5위라고 한다. 미국이야 그렇다 하더라도 일본의 1인당 소득이 우리의 3배가 넘고 미국보다 많으니 놀라지 않을 수 없다.

우리는 일본과 중국 사이에 끼어있다. 중국은 1인당 소득은 적지만 인구가 워낙 많아 경제력이 우리보다 높은 세계 6위이다. 또 중국은 성장률이 매년 우리를 앞서가 10여 년 뒤에는 1인당 소득도 상해 등 해안 도시에서는 우리를 앞설지도 모른다.

우리의 경제적인 삶은 어떨까? 사실 중국인들보다는 훨씬 잘 살고 있다. 어찌 보면 일본사람들보다 더 잘 사는지도 모른다. 의식주와 자동차를 비교해보면 더 좋은 옷에 더 많은 음식에 더 큰 아파트에 더 큰 차를 우리가 이용하고 있지 않는가? 1만 달러 소득으로 3만 달러 생활을 하는 것 같다. 속된 말로 가랑이가 찢어진다는 말이다.

열심히 일해서 잘살면 누가 뭐라 하겠는가? 그렇지 않고 빚내서 살거나 뒷돈 받아서 산다면 큰일이 아닐 수 없다. 요즘 한국경제의 문제는 부동산값 폭등과 개인부채 및 카드채 문제이다. 카드채도 빚이다. 부동산값의 폭등은 투기이다. 정상적인 소득이 아니다. 90년대 초 일본이 세계에서 가장 부동산값이 비쌌지만 이제 그 자리를 우리 한국이 차지했다. 부동산값이 비싸니 국가경쟁력이 약해져 일본은 10년 이상 불황을 겪고 있다. 우리도 부동산값이 최고수준이니 일본처럼 장기불황을 겪을 가능성이 높다. 사실상 땅값은 정부에 의해 결정된다. 정부가 의지만 있으면 부동산 문제를 쉽게 해결할 수 있다.

국민소득 1만 달러에 부동산 값 세계 1위 한국

우리는 이제 1만 달러 소득 밖에 안 되는데 부동산값은 세계 1위이니 경쟁력이 떨어져 남미처럼 될까 두렵다. 부동산값이 높아지면 생계비가 많이 들어 근로자와 서민들이 못살겠다고 아우성을 치니 어쩔 수 없이 비용이 높아진다. 경쟁력이 약화될 수밖에 없다. 또 서민들은 빚을 계속 낼 수밖에 없다. 성장잠재력이 무너진다. 당연히 연초 6%로 예측한 성장률이 4% 이하로 떨어질지 모른다는 불안감이 확대되고 있다. 성장률이 1%포인트 떨어지면 10만 명의 일자리가 줄어들고, 세금은 1조원이 덜 걷힌다. 공적 자금으로 가뜩이나 재정적자가 심해지는데 성장률이 떨어지면 재정문제가 더 심각해진다. 일부 저자세 외교라는 지적도 있지만 노 대통령의 방미로 경제 외적인 북한 핵 문제가 유예되어 우리 경제에 도움이 될 수도 있다. 이제 본격적으로 경제문제를 해결할 수 있게 됐다. 우리는 IMF 외환위기를 넘긴 경험과 지혜를 가지고 있다. 우리 경제의 내채 위기도 위기극복의 경험과 지혜를 계승 발전하면 된다는 적극적 생각과 자세를 가져야 한다.

지도층 솔선수범이 개혁의 출발점

첫째, 외환위기 극복 때처럼 허리띠를 졸라매야 한다. 지도층부터 솔선수범해야 한다. 지도층이 솔선수범하는 것이 바로 개혁이다. 개혁은 모럴 해저드를 극복하는 과정, 즉 도덕성이 가장 중요하다는 뜻이다. 그러니 개혁과 부패는 상극이다. 1만 달러 소득에 3만 달러처럼 행동하여 빚을 많이 지는 것도 바로 모럴 해저드다. 가계도 기업도 정부도 흑자를 내 빚을 갚는데 혼신의 노력을 기울여야 한다.

둘째, 지금이 한국경제의 위기라는 것을 느낀다면 싸울 틈이 없다. 정치판 싸움은 물론 각계각층의 갈등을 슬기롭게 해결할 수 있는 마음과 방안을 만들도록 대화의 장을 마련해야 한다. 분열 대립은 죽음이라는 인식, 다시 말하면 미래가 암담하다는 생각을 진지하게 사회구성원들이 해야 한다.

셋째, 경쟁력은 선택과 집중에 의해 나타난다. 구조조정은 진입과 퇴출이 자유로운 것 그 자체이다. 낡은 것은 없어지고 아이디어나 기술이나 시스템이 새로우면 진입해 경쟁력을 갖는 즉 선택과 집중의 원리가 민주주의와 시장경제에서 실현되는 과정이 구조조정이다.

선진국들이 1만 달러에서 2만 달러로 올라서는데 8~10년 걸렸다. 우리는 이미 YS DJ 정권에서 수년을 소진했다. 앞으로 어떻게 하느냐에 따라 우리 운명이 달려있다. 선진국인가 남미인가. 영원한 중진국은 없다.

외환위기와 내채위기

2003-04-14

1997년 외환위기가 일어나기 전까지 기업인은 빚을 많이 얻는 것이 커다란 능력이었다. 빚을 많이 얻어 자산을 키움으로써 규모의 경제(Economy of scale)를 만들어 경쟁력을 키우고 고용을 늘려 실업자를 줄이는 긍정적인 역할을 했다고 생각해왔다. 그러나 차입경영은 IMF의 압력으로 파탄에 이르게 됐다. 400% 이상의 부채비율을 갑자기 200% 이하로 줄이려다 보니 부도가 속출했다. 30대 그룹 중 16개가 무너졌다.

빚은 무서운 것이다. 아무리 이자가 싸도 밤에도 휴일에도 이자가 붙어 복리로 눈덩이처럼 늘어난다. 외환위기 때 이자율이 25%까지 갑자기 올라가니 잘 돌아가던 기업도 망할 수밖에 없었다. 사실 외환위기의 극복은 내채위기에 비하면 그렇게 어려운 일은 아니다. 환율을 높이면 국제수지가 흑자가 되니 바로 극복할 수 있다. 또 당시 재정이 건전하니 망한 금융기관에 공적 자금을 넣어 금융을 돌아가게 하면 된다. 그리고 통화량을 늘려 이자율을 떨어뜨리면 된다. 그래서 국제금리에 연동시키면 된다.

외부의 상처보다 내장에 고장이 생기면 훨씬 치료하기 어렵고 잘못하면 서서히 죽을 수도 있다. 또 병이 났는지도 모를 수도 있고 잘 보이지 않으니 치료 방법도 알아내기 어려울 수 있다. 특히 만성병일수록 더 치료하기 어렵다.

외환위기보다 더 무서운 내채위기

오늘 우리 한국경제의 현실이 바로 이것이다. 내채위기가 바로 그것이다. 기업의 부채는 많이 줄었으나 정부의 부채가 지속적으로 늘어 133조원에 이르고 가계부채도 기하급수적으로 늘고 있는데 기업경쟁력이 높아지지 않으니 서서히 내채위기가 심화되고 있다. 가계부채가 늘어나면 가족간의 갈등이 심해지고 가정이 무너져 이것이 기업구성원들의 경쟁력을 떨어뜨려 한국사회가 선진국으로 도약하는 것을 막는다. 다시 말하면 가계부채 증가는 임금인상의 직접적인 요인이다. 또 사회보장비가 늘어나 재정을 더 압박하는 원인이 된다.

특히 이번 카드채 위기는 내채위기의 서막이다. 현재 카드채는 89조원으로 최근 1년 새 40% 이상 급격히 늘었다. 또한 2002년 말 가계 빚 총액은 439조원으로 가구 당 부채는 2915만원으로 전년도에 비해 28.5%나 급증하고 있다. 문제는 연체율이 급증하고 있다는 사실이다. 카드 부분만 보더라도 2월말 현재 한달 이상 연체금액이 12조원이며 1일 이상 연체율은 16%에 이르고 있다. 특히 불경기가 심해지면서 연체율은 높아질 수밖에 없다. 이는 소비를 냉각시켜 불황으로의 악순환을 초래한다. 지난 대선 때 2003년 성장률 7%를 공약했던 참여정부는 인수위원회 시절 6%로 하향 조정했고 취임 후 5%대로 다시 하향 조정했는데, 한 달이 지나자 한국은행과 KDI 등은 4%

로 성장률을 낮게 잡고 있다. 3개월 후 3%로 다시 하향 조정할까 겁난다. 택시운전기사들이나 음식점 등 내수소비업자들은 IMF 외환위기 때보다 더 불황이 심하다고 한다. 당연하다. 내채위기가 외환위기보다 더 힘들기 때문이다. 외환위기는 서울을 중심으로 외국과 관련된 금융 분야나 대기업을 강타했지만 내채위기는 우리나라 모든 사람들을 어렵게 만들고 있다.

적극적 자세로 가계 빚 줄여야

어떻게 극복해야 할까? 시간이 지나면 해결된다는 소극적 자세를 벗어나는 것에서부터 시작해야 한다. 가계 빚을 줄이는 데서부터 시작해야 한다. 그러려면 많이 벌고 적게 써야 한다. 많이 벌려면 일을 많이 해야 한다. 시대가 노동시간을 늘리는 방식이 아니라 팀플레이를 통해 효율을 증대하고 각자가 프로가 되어 팀플레이의 내실을 기함으로써 생산성을 획기적으로 높이는 방식으로 바뀌고 있다. 팀플레이는 팀의 의사소통을 잘하는 데서 나온다. 의사소통은 논쟁보다는 마음의 문을 열고 대화와 토의를 하는 데서 나온다. 그래서 팀 내의 갈등을 없앰으로써 기존 관료주의 방식보다 효율이 획기적으로 높아진다. 적게 쓴다는 말은 건전한 소비를 한다는 말이다. 지나친 소비가 바로 카드채 등 내채위기의 시발이 되었다. 정부가 지난해 내수 소비를 진작한다는 정책으로 이런 후유증을 만들었다. 이 후유증이 단지 후유증으로 끝나면 좋으련만 내채위기의 시발점이 될 수 있다는 사실을 우리는 직시해야 한다. 가계도 기업도 정부도 모두 이런 방향으로 움직이지 않으면 외환위기 때보다 더한 내채위기가 닥칠 수 있다는 사실을 인식해야 한다.

제6장

효율적 정부는 불가능한가

좋은 약은 입에 쓰다

2010-03-08

급변하는 시대에 살수록 옛사람들의 격언이나 우화를 되새겨보아 생활의 지혜로 삼아야 한다. 경제 분야에서 부채문제를 다시 생각해야 할 때다. 회계분야에서 자산=부채+자본이므로 부채가 늘어나면 자산이 늘어나는 것처럼 생각하는 착각에서 벗어나야 한다.

자신의 능력을 과대평가하는 사람들은 빚을 내 사업을 하거나 소비를 한다. 정부도 마찬가지다. 우리는 12년 전 외환위기 당시 기업의 부채가 400%에 달해 수많은 기업이 파산한 사실을 기억하고 있다. 죄 없는 많은 사람들이 실직자로 전락했다. 이 교훈 덕분에 우리 기업들은 많이 건실해졌다.

소비가 미덕이라는 이상한 논리에 따라 수많은 사람들이 과소비를 하였다. 우리나라 가계부채가 730조원을 넘어 빨간 불이 켜져 있다. 가처분소득 대비 가계부채 비율이 너무 높다. OECD 국가 중 영국 다음으로 2위이다.

금융위기의 진원지인 미국의 서브 프라임 모기지 사태 역시 미국인들의 과소비가 근본 원인이다. 미국은 이른바 무역불균형이라는 논리로 중국에게

이 위기를 떠넘기려 하지만 이를 믿는 사람은 별로 없다.

과거 어떤 정부보다 큰 정부 되어가는 이명박정부

베짱이와 개미의 우화를 되새겨 봐야 할 때다. 정부는 부도나지 않는다는 믿음이 무너지고 있다. 외환이 바닥나도 정부가 흔들린다는 사실을 우리는 외환위기 때 절실히 체험했다.

이번 그리스 사태에서 보듯이 재정적자가 심하면 정부도 흔들린다는 사실을 알게 됐다. 외환위기 이후 김대중정부 5년간 총 국가부채 증가분은 73조 3000억 원인 데 반해 노무현정부 5년간 증가분은 총 168조 4000억 원이고 이명박정부 3년간 증가분은 105조 2000억 원이다.

이명박정부는 작은 정부를 공약으로 내걸었지만 말과 행동이 다르다. 과거 어떤 정부보다 큰 정부가 되어가고 있다. 정치가들은 현재 자신의 업적을 과시하기 위해 돈 쓰는 일에 물불을 가리지 않는다. 빚은 다음 사람이 갚는 것이다. 돈 쓰는 데는 여야가 없다. 보수 진보도 없다. 권력을 가진 측은 쓰려고 하고 아닌 측은 쓰지 말라고 외칠 뿐이다.

허리띠를 졸라매라는 옛 어른들의 이야기는 마이동풍이다. '공짜라면 양잿물도 먹는다'는 속담이 있지만 공짜 점심은 없다. 가계건 기업이건 정부건 빚을 줄여야 한다. 우리는 21세기 저성장 시대에 살고 있고 세계경제의 변동성이 크기 때문이다.

물론 선진 3국인 미국이나 일본, 영국은 부채가 많아도 대마불사(too big to fail)라는 신화가 아직 유지되고 있다. 그렇지만 대마불사의 신화가 사라지고 있다. 1등 기업도 무너지는 시대이다. 1등이 더 위험한 시대이다. 키우면 키울수록 위험해진다. 일등주의만 부추기는 사회는 부익부 빈익빈, 10대 90의 양극화로 치달아 결국 무너지고 만다. 1등보다 대다수 보통사람들의 경쟁력이 중요한 시대이다.

1등이 더 위험한 시대, 덩치 키울 수록 위험

작지만 단단한 기업과 가계와 정부가 새롭게 등장하는 시대이다.

2010년은 UN이 정한 생물다양성의 해이다. 다양하게 발전하지 않으면 금융위기는 재정위기로 전이되어 정부가 위험해 진다. 안정된 중산층과 중소기업 중심의 강소국가야말로 이 시대의 위기를 극복할 총아이다.

10년이면 강산이 변한다고 한다. 좋은 약은 입에 쓰다. 부채를 줄이는 일은 좋은 약이다. 그러나 힘들다. 변동성이 극심한 21세기에는 기업은 무차입 경영이 상책이다. 그리고 현금 등 유동성이 많아야 한다. 가계도 빚이 없어야 한다. 평생고용을 보장받지 못하고 있으며, 누구나 신용불량자로 전락할 수 있는 시대이기 때문이다.

특히 정부부터 부채를 줄여야 한다. 그러려면 최소 균형재정을 만들고 가능한 한 흑자로 바꿔 재정적자를 줄여야 한다. 기업이나 가계가 흔들릴 때 안정적인 정부가 안전판 역할을 해야 한다. 정부가 흔들리면 기업이나 가계가 튼튼해도 소용없다.

부채 공화국으로 가나

2009-10-19

공기업 부채가 심각하다. 우리는 외환위기 때 부채의 무서움을 잘 기억하고 있다. 당시 김영삼 정부는 펀더멘털은 좋으니 걱정하지 말라고 했다. 많은 사람들은 한국 대기업의 부채비율이 400%가 넘어 위기가 닥치면 어려워질 것이라고 걱정들 했다. 수많은 기업이 무너졌고 실업자들이 거리를 헤맸다. 외환보유고가 없었기 때문이다.

다행히 정부재정이 건실했기에 정부가 빚을 내 공적 자금을 투입해서 위기를 극복했다. 정부 빚이 많아 이른바 재정건전성이 나빴다면 정말 큰 일 날 뻔했다.

이번 금융위기에도 정부 빚을 투입하여 빠르게 경제를 회복시키고 있다. 대신 정부 빚은 계속 늘어나고 있다. 2009년까지 중앙정부 부채는 366조원이고 2010년에는 407조원이 될 것으로 예측하고 있다. GDP 대비 36% 정도다.

문제는 중앙정부의 부채만이 아니다. 공기업 부채가 더 심각하다. 숨겨져

왔기 때문이다. 주공과 토공이 통합된 한국토지주택공사 부채는 66조 5000억원이다. 부채 1위 기업이다. 문제는 2012년에는 160조원의 부채를 안고 있는 시한폭탄 같은 공기업이 된다는 점이다. 부채비율이 무려 538%나 되고 2012년 지급해야 할 이자만도 21조 9000억원이나 된다. 과연 갚을 수 있을까?

중앙정부 · 10대 공기업 부채 776조원

지금 논란거리인 4대강 사업 예산 중 6조원을 수자원공사에 떠맡기려 해서 말썽이 되고 있다. 늘어나는 중앙정부 부채를 숨기기 위해 공기업에 부채를 떠넘겨서는 문제를 해결 할 수 없다. 2012년 중앙정부 부채는 474조 7000억원(GDP 대비 37.2%)이고 10대 주요 공기업 부채는 302조원에 이를것으로 전망돼 두 부채를 합치면 776조원(GDP 대비 60.8%)이다.

정부는 국가재정법에 따라 좁은 의미의 개념을 써서 국가부채가 GDP 대비 30%대로 OECD 국가에 비해 아직 건전하다고 주장하지만 지방정부와 지방공기업, 공공기관이나 공기업 빚까지 포함한 넓은 의미의 공공부채 개념으로 보면 이미 GDP의 60~80%대에 이른다. 나성린 의원에 따르면 2008년 정부부채는 OECD 기준으로는 258조원이지만 IMF 기준으로는 308조원, 여기에 공공부분 채무를 합하면 664조원이나 된다.

OECD 등 선진국과 우리의 정치 문화적 상황은 아주 다르다. 미국 유럽 등에서는 공기업이 거의 없다. 또 지방자치단체의 빚은 지방자치단체가 스스로 책임진다. 그러나 우리는 다르다. 공기업이건 지방자치단체건 결국 빚은 중앙정부 즉 국가가 책임져야 한다. 여기에 보증부채까지 합치면 이한구 의원이 제시하는 1439조원의 부채를 앞으로 우리 국민이 갚아야 한다. 이는 GDP 대비 140%를 차지한다. 정말 심각하다. 미래의 빚을 우리 젊은이들에게 왕창 떠 남기고 흥청망청 사는 기성세대의 자화상을 되돌아볼 필요가 있다. 우리 젊은이들이 무슨 죄가 있을까? 혹자는 경제성장률이 높으면 다 풀린다고 생각하고 있다. 7% 성장에 4만 달러를 달성하면 국가부채를 해결할 수 있을지 모른다.

정권교체기인 2012년에 경제 위기 가능성

빚이 많으면 경제위기 때 파산할 수 있다. 특히 정권 교체기는 더 그렇다. 2012년에 경제위기가 닥칠 수 있다. 부동산과 금융이 결합한 미국의 서브프라임 모기지 사태와 세계적인 금융위기, 그리고 1990년대 일본의 부동산과 금융이 결합하여 만들어낸 '잃어버린 10년' 의 불황 등이 바로 그것이다. 미국의 금융위기로 오바마 민주당 정부가 등장했고 일본에서 55년 자민당 정권이 붕괴하는 씨앗이 그것이다. 그리고 우리도 1997년 외환위기로 평화적 정권교체가 이루어졌다.

권력은 예고된 파탄의 구렁텅이로 스스로 빠져드는 경향이 있다.

기업은 나름대로 건실하다. 그러나 정부와 가계는 위험하다. 가계부채가 697조 7000억원이다. 그 중 부동산 가계부채가 266조 4000억원으로 38%가 넘는다. 거품은 언젠가 꺼진다. 특히 정치변동기에 꺼질 확률이 높다. 재정이 튼튼하면 이 위기를 극복할 수 있지만 그렇지 못하면 위기는 현실화되고 심화된다. 부채가 많으면 정책수단도 없다. 지금부터 대비가 필요하다.

정부부터 허리띠 졸라매고 서민감세 · 부자증세로 가자

2009-07-27

빚이 많으면 마음이 불안하다. 마음이 불안해지면 근면 · 성실 · 협동보다는 한탕주의가 판친다. 파산의 구렁텅이로 떨어질 수 있다. 또 사회가 갈등으로 치닫게 된다.

빚이 많은데 자신의 능력을 과대평가해 오만해지면 수많은 사람들을 불행하게 만든다. 2008년 미국의 글로벌 금융위기가 바로 그것이다. 지구촌 전체를 힘들게 하고 있다. 이제까지 세계 제1의 대국이었던 미국의 쇠퇴는 과소비, 즉 땀 흘려 일한 것보다 더 많이 썼기 때문이다.

개인이건 기업이건 정부건 적자거나 빚이 많으면 큰일 난다. 적어도 번 것보다 쓰는 것이 더 많으면 빨간불이다. 그래서 기업의 경우 불경기 때는 부채비율이 100%를 넘으면 위험하다고 보고 있고 호경기 때 즉 투자할 때 부채비율도 200%를 기준으로 삼고 있다.

가계는 기업보다 더 짜임새가 있어야 한다. 그런데 우리 가계의 경우 빚이 급속히 늘어나고 있다. 2003년 3월말 499조원에서 6년이 지난 2009년 3월에는 802조로 61% 급증했다. 특히 가계 부실은 2008년 3월 757조원에서 2009년 3월 802조 5000억원으로 45조 5000억원이 증가할 정도로 심해졌다.

최근 6년 동안 정부 부채 3배 이상 늘어

가계부실의 핵심은 바로 주거문제, 즉 부동산 가격상승 때문이다. 부동산 가격은 최근 1년간 다시 상승하고 있다. 그만큼 국민들 특히 서민들이 빚을 안게 됐다. 기업부채도 같은 기간 684조에서 1208조로 77%나 급증했으나 그래도 제조업 부채비율이 110%로 상대적으로 건실한 편이다. 외환위기 때 공적 자금을 투입해 기업을 살려놓은 덕분이다.

그렇지만 정부는 같은 기간에 부채가 3배 이상 늘었다. 100조원에서 307조원으로 가파르게 증가해 우리 경제에 경고등이 켜졌다. 특히 2009년 정부 부채가 급증해 총 51조원이나 늘었다. 연말까지 366조원에 달할 것으로 예측되는데 이는 부자감세와 지나친 재정지출로 인한 것이다.

개인 · 기업 · 정부의 빚은 총 2317조원으로 2008년 GDP 1024조원의 2.3배에 달하는 규모가 되었다. 이자만 연 134조원(대출금리 연 5.79% 적용)에 달한다. GDP생산의 13%에 이르고 있다. 나라 전체도 빚 투성이고, 정부도 부채가 급격히 증가해 최근 국가신용부도스와프(CDS) 가산금리가 425bp까지 높아졌다. 이는 305bp인 말레이시아나 태국보다 국가신용부도 위험이 높다는 것을 의미한다.

미국 월가에서 시작한 세계적인 금융위기는 우리들에게 많은 교훈을 주고 있다. 이제는 남의 돈인 부채가 많으면 항상 조심하고 신중해야 한다는 사실을 일깨워주고 있다. 소비가 미덕인 시대는 지났다. 미국 발 금융위기는 땀 흘려 일한 것보다 더 많이 소비하는 나라는 결국 쇠퇴해간다는 사실을 다시 한번 일깨워주고 있다. 지구촌 전체가 기후온난화에 대한 깊은 관심과 함께 저탄소 녹색성장을 새로운 패러다임으로 내걸고 있다. 저탄소는 저소비이고 저소비는 빚을 줄이는 알뜰살림을 지혜로운 삶의 태도로 제시하고 있다 .

서민감세로 가계부채 줄이고 부자증세로 건전재정을

누구부터 알뜰살림의 모범을 만들어야 할까?

정부부터 해야 한다. 정부부터 재정적자를 줄이기 위해 정부가 허리띠를 졸라매야 한다. 재정적자를 줄이기 위해서는 어쩔 수 없이 부동산 관련 세금 등 부자증세를 하지 않을 수 없다.

사실상 지난날 피땀 흘린 국민의 세금은 대기업과 건설업에 집중되었다. 그러나 대기업과 건설업은 지난 10년 동안 고용을 줄여왔다.

방향을 180도 바꾸지 않는 한 한국의 미래는 없다. 부자감세 서민증세 재정파탄으로 나가면 우리 사회는 불행해질 수밖에 없다. 서민감세를 통해 가계부채를 줄이고 부자증세를 통해 건전재정을 꾀해야 한다.

서민감세 부자증세 건전재정의 방향이 바로 선진국의 길이다.

양극화 극복 위해 정부의 결단을

2005-07-18

우리경제의 2005년 상반기 경제성장률은 3%를 넘을 것 같지 않다. 그나마 마이너스 성장은 면했지만 내수가 지지부진해 서민생활이 어둡기만 하다. 더 우려되는 상황은 양극화로 인한 사회 갈등이 심화된다는 점이다. 사회 갈등이 심화되면 선진국으로 도약할 수 없다. 2만 달러 소득도 달성할 수 없다. 자칫 남미처럼 될지도 모른다.

사회 양극화를 극복해 갈등을 줄이려면 정부가 결단해야 한다. 중소기업과 중산층과 같은 중간층을 살리지 않으면 양극화를 극복할 수 없다. 우리 헌법 123조 3항은 "국가는 중소기업을 보호 · 육성하여야 한다"고 되어있다.

그러나 지금까지 그렇게 하지 못했다. 국가가 제 역할을 못했다. 헌법을 준수하지 못했다.

정부는 일차적으로 조세정책으로 중소기업을 보호 · 육성해야 함에도 불구하고 실질적인 도움을 주지 못했다. 언 발에 오줌누기식의 생색만 내는 조세특례제한법만이 있을 뿐이다.

최소 3년간 중소기업 법인세의 50% 이상을 감세하는 특단의 조치를 정부와 정치권이 결단해야 한다. 우리나라의 총 법인 수는 30만 개가 조금 넘는데 매출 1000억원 미만 법인의 법인세 총액은 6조원 정도이다. 50%를 감면한다면 감세규모는 3조원이다. 이는 총 법인세 22조원의 14% 정도에 불과하다.

중소기업 법인세 50% 이상 감면 필요

이런 특단의 감세정책을 시행하지 못하는 이유는 정부가 할 일이 많고 쓸 돈이 많기 때문이라는 인식 때문이다. 중소기업을 살리고 활성화시키지 않으면 일자리가 만들어지지 않는다. 투자도 늘어나지 않는다. 또 대기업의 경쟁력도 결국은 무너진다. 경제가 더 어려워지고 양극화도 더욱 심해진다.

또한 중산층의 내수 소비를 활성화시키기 위해 근로소득세를 인하해야 한다. 과세표준세율을 상향 조정해야 한다. 지금은 국민소득 1만 4000 달러 시대이고 2만 달러를 목표로 하고 있는데 아직도 수십 년 전 국민소득 1만 달러 이하 시절의 세율을 적용하고 있다. 1억원 이하의 소득을 가진 중산층에게는 과감한 감세를 하여 경기활성화의 동력으로 삼아야 한다. 당연히 반론이 제기된다. 서민에 대한 사회보장지출이 늘어나는데 이를 어쩌려고 하느냐, 또한 재정적자가 심해지고 있는데 감세란 웬 말이냐고 반박할 수 있다. 이 감세만큼의 부족분을 농지와 1가구 1주택을 제외한 모든 토지소유자에게 토지보유세를 강하게 물리고 또 상속증여세를 강하게 집행해 채울 수 있다. 이것이 경제정의이고 경제의 민주화이다.

2004년 개정한 종합토지세로 2005년 새롭게 걷힐 국세만도 1조 6000억원에 달하고 있다. 여기에 토지보유세를 강화하면 중소기업 법인세 인하분 3조원을 충분히 보충할 수 있다.

상속증여세의 경우 2003년은 9000억원을 계획했으나 그 실적은 30%를 초과해 1조 3000억원 실적을 달성했고, 2004년의 경우 1조 2000억원을 계획했으나 1조 7000억원을 걷어 43%나 초과 징수했다. 이 자료로 보더라도 상속 증여세를 강화하면 지금보다 추가로 1조원 이상을 걷을 수 있어 그만큼 근로소득세를 경감할 수 있다.

토지보유세 · 상속증여세 강화로 정의 실현

지금은 21세기이다. 어떤 선진국에서도 땅을 많이 소유한 것이 부의 원천이 되지 않고 있다. 일본도 결국 땅 많이 가진 사람은 망했다. 토지보유세와 상속 증여세 강화 이 두 가지를 실현하지 않는 한 우리 사회에 정의란 없다.

경제가 돌아가고 사회불안이 없어져야 있는 사람 없는 사람과 같은 과거의 대립적 관점이 없어진다. 그래야 선진사회로 도약한다. 그러려면 2005년 9월 정기국회에서 여야 모두 나라와 미래를 생각해 이를 실천하기 위한 조세개정법안을 통과시켜야 한다. 집권 여당은 중소기업 법인세와 근로소득세 감세를 반대하지 말고 야당은 농지와 1가구 1주택을 제외한 토지 보유세와 상속 증여세 강화를 반대하지 않아야 한다.

이제 우리 국민들은 지쳤다. 집권 여당이건 야당이건 오늘 우리 사회의 최대 과제인 내수 활성화와 양극화를 극복하기 위한 구체적 방안을 제시하

말로 하는 개혁보다 시스템 개조 서둘러야

2003-03-17

이라크 전쟁과 북한 핵 문제로 우리 경제는 다시 어려워지고 있다. 이러한 외적 요인들이 내부적 어려움을 가중시켜 불안이 확대되고 있다. 외부적 조건이 어렵더라도 우리 경제가 경쟁력을 가지고 있다면 흩어진 민심을 통일시켜 오히려 위기를 도약의 기회로 삼을 수도 있다. 그렇지만 지금은 우리 경제가 경쟁력을 확보하지 못한 상태에서 내부도 단결하지 못하고 이라크 문제와 북한 핵 문제까지 겹쳐 점차 심각한 상황으로 치닫고 있는 양상이다.

YS 5년 DJ 5년, 지난 10년간 선진국으로 도약할 기초를 튼튼히 마련했어야 하는데 그렇지 못했던 것에 대해 우리 국민 모두가 마음 아파할 것이다. 이제는 시간이 없다. 민주화와 개혁 그 자체가 목적이 아니다. 삶의 질을 향상시키기 위한 경쟁력을 높이는 방법이 민주화와 개혁일 때 국민들은 마음을 하나로 합칠 수 있다.

가계도 기업도 나라도 마찬가지다. 일한 것보다 더 많이 놀면 결국 경제는 어려워진다. 14억 중국이 세계시장에 나온 뒤에는 단순히 일하는 것은 경제적 의미가 없어졌다. 기술개발과 시스템을 바꾸어 경쟁력을 갖춤으로써 삶의 질을 높이는 일이 지금은 절실히 필요한 때다.

기술개발과 시스템을 바꾸는 일은 정치건 경제건 투명성을 기본으로 할 때 실마리가 풀린다. 정치싸움이건, SK사태건 모두 투명하지 않은 데서 시작된다. 인사 불만도 바로 그것이다. 항상 권력과 금력을 가진 사람들은 감추는 것을 좋아한다. 모든 문제는 밀실에서 이루어져 어려움이 가중되는 것이다. 기업의 분식회계도 감추는 데서 나오는 것이다. 투명하면 재벌도 바뀌어 '경쟁력 있는 대기업' 으로 될 수밖에 없다. 정치자금이나 대북송금 문제도 감추니까 의혹이 커지는 것이다. 사실 투명성은 강조할수록 좋은 것이며 투명해지는 것이 바로 민주화다. 투명해져야 민주화되고 민주화돼야 경쟁력이 높아진다. 왜냐하면 민주화는 바로 국민 모두가 차이를 인정하고 하나로 되는 통일 단결의 원리이기 때문이다.

정치건 경제건 투명성을 기본으로

둘째, 지난 30년 동안 우리 경제는 사실상 관치계획경제를 하여 1만 달러 소득까지 만들었다. 당연히 고시를 합격한 관리들과 계획경제를 만드는 재벌기업인들이 중심이었는데 이제 그런 방식은 한계점에 도달했다. 기술 개발을 담당하는 이공계들의 지위와 역할을 우리 사회가 높이지 않는다면 기술개발은 말뿐이다. 또 시장 경제에 맞는 새로운 시스템을 만드는 경영자들을 우대하지 않는다면 선진국으로 도약할 수 없다. 왜냐하면 지난날 우리가 해 온 경제방식을 우리의 30배나 되는 인구를 가진 중국이 채택했기 때문이다. 이미 1400만 명 인구의 상해가 지난해 1인당 소득이 5000달러에 육박하고 있다. 참여정부도 과거 정권이 30년 동안 그랬던 것처럼 이공계 출신들은 별로 중용하지 않았다. 반면 중국은 마오쩌둥, 저우언라이, 덩샤오핑 등 혁명세대를 거친 후에는 지도자들이 장쩌민, 주룽지, 후진타오, 원자바오 등 이공계 출신이다. 지금 우리는 1만 달러 소득을 넘어 도약하느냐, 아니면 서서히 침몰하느냐의 갈림길에 있다. 선진국으로의 도약이 구호로만 되지는 않는다. 또 내부에서 갈등과 대립이 심할 때는 침몰하고 만다. 민주화와 개혁이라는 구호와 형식 대신 경쟁력을 통해 삶의 질을 높이기 위한 구체적 방안을 제시하여 구호 대신 서로를 인정하는 자세와 차이를 인정하는 토론을 통한 통일 단결의 분위기가 우리 사회에 넘쳐날 때 경제 불안도 사라질 것이다. 특히 현안인 남북문제를 극복하기 위한 6·15 공동성명의 실천 방안들을 어떻게 실현할지 여부를 명확히 함으로써 대미관계와 동북아의 새로운 관계 정립을 설정할 때 불안감은 증폭되든지 줄어들든지 할 것이다.

과거 우리방식 중국이 채택, 우리는 갈림길에

이라크 전쟁의 불안감은 2003년 여름까지 계속될 것이고 북한 핵 문제는 2004년 미국 대통령 선거가 치러질 11월까지 지속될 것으로 예측된다. 당연히 외부적 요인은 단기간에 해결될 가능성이 없으므로 지금은 오히려 10년간을 되돌아보고 어떻게 하면 우리가 외부적 어려움을 도약의 계기로 삼을 수 있는가 하는 국민적 중의를 모아야 할 때이다.

최소 6개월 이상 새 정부를 밀어주어 이 경제 불안을 극복할 지도력을 발휘할 수 있도록 하고 만일 지도력이 없다면 1년 뒤 총선에서 심판하면 된다.

타이밍이 중요하다

2001-03-12

누구나 삼립빵이나 샤니케익을 먹어본 경험이 있을 것이다. 삼립이 샤니보다 더 컸지만 지금은 상황이 역전되었다. 삼립은 법정관리로 어려움을 겪고 있다. 삼립은 제빵업계에 캐릭터 상품을 처음 도입하여 '국진이 캐릭터빵'을 시장에 선보였다. 그 후 캐릭터 빵이 일반화되는 과정에서 삼립은 판매에 유망할 것으로 보이는 '포켓몬스터빵'을 만들려고 포켓몬스터 캐릭터 상표를 계약하려 했으나 법정관리라는 조건 속에서 경영자는 의사결정을 쉽게 할 수 없었다. 두 달 동안 가계약 상태로 있다가 결국 '포켓몬스터' 캐릭터는 샤니로 넘어갔고 샤니는 포켓몬스터빵으로 대단한 판매고를 달성했다. 삼립은 타이밍을 놓친 것이다.

타이밍은 한 기업의 의사결정에서뿐만 아니라 구조조정을 해나가는 정부에서는 더 없이 중요한 요소이다. 일찍이 어려움에 처해 있던 GE를 회생시킨 웰치 회장은 취임하자마자 스피디, 즉 빠른 의사결정을 가장 중요시해 3S 정책의 첫째로 꼽았다. 타이밍이 중요하다는 뜻이다. 팀제를 그래서 만들었다고 한다. GE는 회생해서 경쟁력있는 세계적인 회사가 되었다.

자본보다 시간이 더 중요하다. 증권시장에서도 증권을 팔 때가 가장 중요하다. 승진도 시운이 가장 중요하다고까지 말한다. 신중한 것도 좋지만 급변하는 시기에 마냥 늦추기만 하면 결국 망하거나 부담을 다른 사람이나 국민에게 넘기게 된다. 한보철강 문제는 김영삼 정부 때 터진 것인데 4년이 지난 지금까지 처리하지 못하고 있다. 새만금 간척사업도 1조 2000억원을 투입했는데도 사업을 계속할 것인가 중단할 것인가를 결정하지 못한 채 표류하고 있다. 최근 정부는 새만금 사업 중 동진강 유역은 사업을 계속하되 만경강 유역은 결정을 연기한다는 내부방침을 세웠다고 한다. 자칫 차일피일 시간을 미루다 최종결정은 다음 정권으로 미루지 않을까 염려된다.

대우, 현대문제도 타이밍 놓쳐 문제 악화

의약분업도 1994년에 국회를 통과한 후 5년 유예를 거쳐 또 다시 1년 연장하고 이제야 시행하는데도 여전히 진통을 겪고 있다. 복수노조 문제나 노조전임자 임금지급 문제도 5년 후로 유예했다. 대우자동차 문제도 계속 시간을 끌면서 부채만 늘어나고 있다. 해외매각과정에서 GM을 단독 우선협상대상으로 선정하는 실수를 범해 매각기회를 놓친 후 지금까지 표류하고 있는 것이다. 여타 대우그룹 회사들도 청산인지 회생인지 전망이 불투명한 가운데 시간이 갈수록 부실만 누적시켜 경제에 부담을 주고 있다. 공기업 민영화도 차일피일 미뤄지고 있을 뿐이다. 공공부문의 개혁은 형식으로만 되었을 뿐 내용에서는 이뤄진 것이 별로 없다. 최근 증권시장의 먹구름인 현대계

열사 자금난 문제, 즉 현대전자 현대건설 현대아산 현대석유화학 등의 자금난 문제도 회사채 신속인수제에 의해 1년 뒤로 연장되었을 뿐이다. 현대투신 등 부실금융사 처리문제도 미국 AIG그룹과 1년이 넘도록 협상을 벌여왔으나 아직 마무리하지 못하고 있다.

환상 버리고 IMF 때 심정으로 돌아가자

책임을 지지 않으려고 마냥 유예하면 어려움이 가중될 뿐이다. 문제를 정면에서 해결하기 위해 용기를 갖고 현실을 직시하고 고통을 함께 나누는 결단이 필요한 때이다. 기존 관료들에게는 구조조정을 단행할 용기가 없다고들 말한다. 잘못을 솔직히 시인하려는 용기 대신 변명하고 계속 결정을 뒤로 미루면서 책임을 회피한다고 국민들은 믿고 있다. 무책임의 정치경제학이 지금 이 나라에 널리 퍼져 나가고 있다. 위원회를 만들어 신중하게 결정하는 것은 좋지만 지지부진하게 회의나 계속해 시간을 끌어 타이밍을 놓치면 큰일이다. 공적자금 투입도 타이밍을 놓치면 물거품이 되고 만다. 104조원이나 되는 돈을 제대로 회수하지 못하면 결국 모든 부담은 국민경제가 질 수밖에 없다. 하루가 지나면 이자가 늘어나고 제 때 용기 있게 결정하고 실행하지 못하면 구조조정은 물거품이 되고 만다는 사실을 누구나 알고 있다.

2002년에는 두 차례 선거가 있어서 구조조정과 개혁을 할 수 있는 때는 2001년뿐이라고들 말하고 있다. 시간이 없다. 할 수 있다는 자신감을 갖는 것은 무엇보다 중요하지만 경제가 잘 돌아간다고 환상을 갖지는 말자. 다시 IMF 국난 위기를 극복하던 그 때 그 심정으로 돌아가야 한다.

공적자금 이래서는 안 된다

2000-11-14

공짜라면 양잿물도 먹는다고 했던가? 땀 흘려 번 자기 돈은 알뜰하게 쓰지만 적당히 번 돈, 남의 돈은 흥청망청 쓰기 쉽다. 특히 공(公)과 사(私)를 구분하지 못하는 풍토에서라면 더욱 그렇다. 요즘 다시 40조원 이상의 공적자금 투입 논의와 함께 도덕적 해이가 문제되고 있다. 20여 년 전 영국의 대처 수상이 남편과 함께 프랑스를 방문했을 때다. 기자들이 대처 수상과 동행한 남편의 비행기 탑승료를 수상 판공비에서 지출하느냐고 물었다. 확인해보니 대처 수상의 남편은 자기 돈으로 비행기 삯을 지불했다. 영국 사람들은 20년 전부터 회사에서 사적인 전화를 해야 할 때 공중전화를 사용한다. 너무 철저해 인정머리 없다고 욕할지 모르지만 공과 사를 구분할 줄 아는 이런 정신이 영국의 재기를 가능하게 했다고 해도 과언이 아니다.

우리는 항상 말로는 공(公)을 앞세우지만 결국 사(私)적으로 행동하는 경우를 너무나 많이 보아왔다. 부정부패는 바로 공(公)과 사(私)를 구분하지 못하는데서부터 싹튼다. 기준이 무너지고 원칙이 흔들리는 것도 이것에 연유한다. 공적인 돈, 즉 국민의 돈을 소중히 여기지 않는 풍토는 기업은 물론 정부도 마찬가지인 것 같다. 남의 돈은 의존성을 심화시키고 도덕적 해이의 물적 토대가 된다고 하면 지나친 말일까? 64조원이 마지막이라고 한 지가 얼마나 지났는가. 국민과의 약속을 헌신짝처럼 저버린다면 신용사회는 확립될 수 없다. 이런 풍토에서 또다시 40조원을 운운하는 것은 도덕적 해이를 더 심화시킬 뿐이다. 빚이 많은 기업 치고 도덕적 해이가 없는 경우는 거의 없다. 당연하다. 잘 되면 내 것이고 안 되면 남 탓이라는 배짱의식이 생기기 때문이다. 망할 것 같으면 금융기관이나 정부에게 떠넘기고 마는 뻔뻔한 기업인이 있는 곳에서 도덕적 해이가 나오기 마련이다.

도덕적 해이 심화시킬 공적자금 추가 투입

사실 회사의 경우 자본금도 엄밀하게 얘기하면 남의 돈이다. 그래서 차입금과 같이 대변(貸邊)에 써넣고 있는 것이 아닌가? 정치가 엉망이고 경제도 흔들리고 있다. 경제 원칙이나 시장경제, 상업성의 원리를 말하기 전에 도덕적 해이를 막고 새로운 원칙을 세우는 일이 시급하다. 옳은 가치관을 가지면 방법은 새롭게 나온다. 어려운 때일수록 기본에 충실해야 한다는 진리는 지금 같은 때에 더욱 빛을 발할 것이다.

초등학교 때 배운 원칙부터 다시 세워야 한다.

'새 나라의 어린이는 일찍 일어납니다. 서로서로 도웁시다. 거짓말하지 맙시다'

이런 기본을 다시 세워야 하고 실천해야 한다. 하늘은 스스로 돕는 사람을 돕는다는 말처럼 기본을 다시 세우고 처음부터 스스로 하겠다는 정신과

도덕으로 이 난국을 풀어나가야 한다. 기아자동차가 어려워졌을 때 임직원들은 자구노력으로 5000억원 이상의 소중한 땀을 모았다. 자주적 정신을 바탕으로 개혁을 한 결과 2000년 엄청난 흑자를 기록하고 있는 것이다. 합병 후 현대자동차와 대립하는 것이 아니라 윈윈(Win-Win)하는 상승효과를 이룸으로써 세계 자동차 업계에서 경쟁력을 갖춰가고 있다.

지도층, 부동산 팔아 기업과 나라 살려야

직원 스스로 돈을 내고 땀을 흘리면서 주주사원이 중심을 잡고 내부개혁을 할 때 기업은 회생하고 새로 성장의 발판을 마련할 수 있다. 스스로 하겠다는 자주정신이야말로 어려움을 극복하는 토대이다. 난국을 당했을 때 책임 있는 지도층부터 자기 집을 팔아서라도 기업과 나라를 살리는 모범을 보여야 한다. 지도층의 모범없이 난국은 극복할 수 없다. 위기를 도약의 기회로 삼기 위해서는 뼈를 깎는 노력이 한 데 모아져야 한다. 구체적인 실천으로 하나가 될 때 모두가 비전을 갖고 고통을 참아낼 수 있는 것이다.

지금 한국경제는 어렵다. 부동산을 팔아서 회생의 발판으로 삼아야 한다. 1980년대 미국은 뉴욕과 워싱턴의 상징건물들까지 가차 없이 팔았다.

국정을 일신하는 대결단이 필요하다. 국민 마음을 하나로 모으는 '경제살리기 범국민운동'이 필요하다. 고위 공직자나 경제인들부터, 경제난에 책임 있는 사람들부터 집을 팔고 저금통을 털어 자금을 기꺼이 내야 한다.

공적자금을 제 돈인 양 펑펑 쓰는 오만한 관료들과 큰소리치는 금융인들이 이 땅에 있는 한 회생의 길은 멀고도 암담할 뿐이다.

효율적 정부와 관치

1998-12-30

2년 전 한 광역자치단체의 행정부시장을 만났다. 그는 놀랍게도 내무 공무원의 경우 현 인원의 1/10이면 충분하다고 말했다. 처음에는 1/10을 줄여도 좋다는 뜻으로 착각할 정도였다. 국민과 주민에 정성을 갖고 봉사하는 내무 공무원이 1/10 정도밖에 되지 않는다는 반증으로 나머지는 차라리 집에 가서 쉬는 것이 낫다는 뜻이었다. 복지부동이란 말이 일반화되었고 심지어는 낙지부동이라는 말까지 나오던 시절이었다.

김영삼 정부는 말로는 '작은 정부'를 부르짖었다. 그러나 그 결과는 정반대였다. 1992년 말 공무원 총수는 87만 932명이었는데 1997년 5월에는 93만 615명으로 재임 4년 남짓 만에 5만 683명이나 늘어났다. 인력과 예산은 크게 늘리지 못하는 대신 산하기관 수를 늘려 결과적으로 인력과 예산을 대폭 늘린 꼴이 돼버렸다. 권력을 잡고 나면 부하와 돈이 많을수록 좋은 모양이다. 실업자가 150만명을 넘고 본격적으로 대기업 구조조정이 진행되는 이때 국민들 사이에는 '왜 공무원들은 구조조정에서 예외인가'라는 불만이 팽

배해 있다. 만시지탄이지만 12월 19일 김중권 대통령 비서실장은 '팍스 코리아나21' 초청강연회에서 "올해(1998년) 중앙 및 지방공무원 1만 2800명을 이미 감축했다. 추가로 1999년 상반기까지 교사와 경찰을 제외한 중앙공무원 16만명 중 1만 600명과 지방 공무원 29만명 중 30%인 8만 500명을 합쳐 10만명을 앞당겨 감축할 계획"이라고 밝혔다. 공무원 사회가 앞으로 벌집 쑤셔놓은 듯 시끄러워질 것 같다.

'권한은 중앙, 책임은 지방' 비효율 만연

〈관료망국론(1993.11)〉이란 책을 쓴 야야마 타로는 '관료사회가 개혁되지 않으면 일본은 불황에서 탈피할 수 없다'고 주장했다. 특히 무엇이든지 중앙으로부터 통제를 받고 있는 일본의 제도는 더 이상 발전할 수 없다고 단언했다. 그는 스위스 연방의 경우 정부부처는 외무부를 비롯해 모두 7개 부처뿐이라며 교육부나 노동부 등 다른 부서들은 지방자치단체가 그 역할을 대신하고 있다는 점을 강조했다. 참고로 우리나라의 중앙부처는 16개 부, 2개 처, 16개 청과 기획예산위원회, 금융감독위원회 등이 있다. 이 책에는 야야마 타로가 스위스 쥐라산맥에 있는 한 작은 마을에서 경험한 일이 기록되어 있다. 그는 읍장에게 '지금 이 동네가 안고 있는 최대의 문제는 무엇이냐'고 물었다. 읍장은 흑판에 쓰여 있는 두 사람의 이름을 각각 가리키면서 '그들의 직장을 찾고 있는 중'이라고 말했다. 읍장은 '직장은 본 고장에서 찾지 못하면 의미가 없다'며 스위스인에게는 다른 고장으로 일 나가는 것이 어쩔 수 없는 불가피한 경우이고 대개의 경우 그 사람은 행복할 수 없다고 단언하더라는 것이다. 일본이나 과거의 우리는 보고와 지시 없이는 한발자국도 움직일 수 없는 관치경제의 표본이었다. 권한은 사실상 중앙관료들이 장악하고 책임은 지방이나 기업들이 져야 했다. 그러나 지방공무원들이나 기업은 책임지려고 하지 않을뿐더러 책임질 수도 없었다. 비효율이 만연했으며 시장경제는 말뿐이었다.

관치 꿈 못 버리는 관료 물러나야

일본의 불황은 장기화되었고 우리 한국은 IMF를 맞이했다. 시장경제는 책임과 권한이 동시에 주어지는 시스템이다. 주주와 사원과 같은 것이다. 경영진은 민사상의 책임은 물론 형사상의 책임도 져야 한다. 따라서 권한 역시 그에 걸맞게 주어지는 것이 이치에 맞다. 효율이 낮아 경쟁력이 없으면 퇴출될 수밖에 없는 것이 시장경제의 원리다. 이것을 인정할 때 노사관계도 제 자리를 찾게 되고 근로자들도 책임과 권한을 함께 공유하게 된다. 지시나 간섭의 관치는 점점 공무원 수를 불리고자 획책하고 권한을 강화시키며 시장경제는 왜곡 된다. 정부는 시장경제의 원칙(Rule)을 세우고 개입한다 해도 시장경제를 왜곡하거나 저해하지 않는 범위로 한정해야 한다. 일부 경제 관료들의 행태는 시장경제에 맞지 않는다. 대신 독점을 막는 공정거래위원회나 금융질서를 감독하는 금융감독위원회, 공평한 과세를 보장하는 국세청을 강화해야 한다.

시장경제가 안 된 상태에서 WTO와 OEDC에 가입했으나 환란과 IMF관리체제가 오는 것은 어찌 보면 당연했다고 볼 수 있다.

제7장

양극화 시대의 민생

친 서민 정책을 안 믿는 이유

2010-06-28

고환율정책을 바꾸지 않으면 중산층과 서민, 자영업과 내수중소기업이 허리를 펼 수 없다. 정부가 아무리 친 서민 중도실용정책을 한다 해도 이제 그 말을 거의 믿지 않게 되었다.

이유는 간단하다. 1달러에 1000원 하던 달러 값을 인위적으로 1200원으로 대략 20% 정도 올리니 수출대기업은 돈을 벌 수 밖에 없고 내수중소기업이나 자영업은 높은 기름값, 수입 농산물 값 등으로 힘들어질 수밖에 없다. 당연히 중산층과 서민은 생활이 팍팍해질 수밖에 없다. 지난 2년 반의 과정이다.

고환율정책을 펴지 않았다면 세계적인 금융위기를 이렇게 빨리 극복할 수 없었을 것이라고 반론을 펼 수도 있다. 일견 타당한 면도 있다. 그러나 인위적인 정책을 오래 계속하면 그 부작용은 훨씬 심해진다. 물가가 오르기 시작한 것이다.

사실 MB정부는 이미 금융위기 이전인 집권 초기부터 고환율정책을 강력하게 실시했다. 이 정책을 금융위기가 끝난 이후도 계속하고 있으니 친 서민 정책이란 말을 믿을 수가 없게 되었다. 당연히 빈부격차가 커지고 있다. 불평등을 나타내는 지수인 지니계수는 갈수록 높아져 통계가 만들어진 이래 최대치이다.

고환율 정책 인위적 계속 부작용 심각
물가대란 부르고 서민생활 피폐

이번 지방선거의 표심이 이를 잘 말해주고 있다. 이른바 서울 강남 3구나 수출 대기업이 집중돼 있는 울산 등과 집권여당의 정치적 본거지인 대구 경북 지역에서 승리했을 뿐이다. 서울 경기 부산의 경우도 사실상 패배한 것이나 다름없다.

고환율 정책의 파괴력은 천안함보다 위력적이었다. 표는 다수 사람들의 마음이고, 특히 서민과 중산층의 마음이 선거를 좌우하기 때문이다. 내수가 침체하면 부동산 경기도 나빠진다. 생활경제가 어려워지면 20~30평 아파트에 살던 중산층 서민들이 30~40평으로 옮겨 가기는 커녕 오히려 전세로 떨어진다. 이런 형편에서 부동산 경기가 얼어붙을 수밖에 없고 건설업은 파산의 칼날 위에 설 수밖에 없다.

이명박 대통령은 현대건설 CEO 출신이다. '월급쟁이의 우상' 으로 중산층 서민들의 기대를 한 몸에 받았다. 자영업자 중소기업가들도 마찬가지였다. 그러나 고환율 정책에 따른 내수 침체를 피부로 느끼면서 중산층과 서민, 자영업과 중소기업이 등을 돌리고 있다.

여기에 재정적자를 키우는 정책들을 보면서 젊은이들도 등을 돌리고 있다. 자칫 도덕적 위험(모럴 해저드)을 낳고 미래의 빚이기 때문이다.

인천의 예를 들어보자. 이번 선거 때 인천의 빚은 7조원으로 알려져 있었다. 그런데 연말까지 빚을 계산해보니 9조 4000억원으로 2010년 예산 7조원을 훨씬 넘고 있다. 빚더미를 넘겨준 것이다. 도시축전 같은 경우가 그렇다.

중앙정부 빚은 407조 2000억원인데 이보다 더 급격히 느는 곳은 LH공사나 수자원공사 같은 공기업 빚이다. 논란이 되고 있는 4대강 사업의 22조 2000억원 중 8조원이 수자원공사의 부채로 옮겨져 있다. 올바르게 4대강을 살린다면 누가 반대하겠는가. 보를 높이 쌓기 위해 22조원을 쓰는 데 찬성하는 사람은 공사와 관계된 사람들 뿐 일 것이다.

이데올로기 떠난 젊은 세대
미래 빚 많이 지우는 집권여당 떠나

미래의 빚이 얼마나 위험한가는 이번 남유럽 재정위기 사태를 통해 실감하고 있다. 이른바 PIIGS(돼지들)라는 조롱이 그것이다. 정부 빚은 결국 미래의 젊은들 어깨에 짐으로 떨어진다. 정부 빚이 젊은이들에게 더 깊은 관심사이다. 빚을 많이 지는 집권여당은 당연히 20~30대 젊은이들로부터 표를 얻기 어렵게 된다. 요즘 젊은이들은 이데올로기를 떠났다.

한쪽은 넘치고 다른 쪽은 말라붙고

2010-04-19

신용등급 'A' 였던 광주지역의 남양건설이 부도났다. 2010년 초 금호그룹도 워크아웃 처리됐다. 지난해 이미 대주건설과 그 계열사인 대한조선도 부도 처리됐다. 견실했던 삼능건설도 부도가 났다. 광주 전남지역은 부도의 칼바람이 휩쓸고 있다. 누구도 그곳의 건설이나 조선업체에 돈을 빌려주려 하지 않는다. 건실하건 부실하건 불문이다. 광주 전남만이 아니다. 극히 일부를 빼고 지방은 대략 그렇다. 부도의 1차 책임은 경영자에게 있다. 미리 예측하고 대비했어야 했다. 2008년 금융위기를 예측했어야 했고 2009년부터 시작된 주택건설과 조선해운업의 불황을 예측하고 대비했어야 했다. 무리하게 확장한 것도 화근이었다. 은행돈은 제 돈이 아닌 것을 깨닫지 못했다.

지역에서는 돈이 안 돈다고 야단인데 전국의 유동성은 넘쳐난다. 지금 광의유동성은 무려 2568조원으로 매년 전년대비 10%씩 증가하고 있다. 돈이 갈 곳이 없다고 야단이다. 부동산에 투자하자니 겁나고 펀드나 주식도 불안해한다. 그러다 보니 기름이나 구리 등 비철금속을 비롯하여 원자재에 돈이 몰려 가격이 폭등하고 있다.

수출대기업 큰돈 벌었지만 내수업체는 고난의 세월

유동성을 풀면 재화를 만드는 기업가들은 이득이다. 반면 월급쟁이 임금생활자는 손해다. 보이지 않는 손에 의해 가치가 이동되는 것이다. 최근 2년간 환율이 높았다. 당연히 수출대기업은 큰 돈을 벌었다. 삼성 현대차 LG 등은 돈이 넘쳐흐른다. 사실상 무차입 경영이다. 1달러당 1100원 하던 환율이 1320원으로 20% 올랐다면 대략 이익이 그만큼 난 셈이다. 대신 기름으로 자동차를 타는 사람이나 밀가루로 만든 라면을 먹는 사람들은 그만큼 손해를 본 것이다. 최근 2년간 내수업체는 무척 힘든 세월이었다. 국민들도 힘든 나날을 보내고 있다. 이자율을 높이느냐 마느냐 논쟁이 치열하다. 그것보다 먼저 할 일은 넘쳐나는 돈을 메마른 곳으로 돌게 하는 것이다. 정부의 중앙 중시 정책은 돈의 흐름을 막게 했다. 예를 들어보자. 헌법재판소까지 통과한 세종시 문제가 다시 재론되면서 세종시 근처에 투자하려는 사람들은 투자를 미루거나 하지 않게 되었다.

남양건설의 경우 국내도급 순위 35위로 70% 토목중심의 안정적인 건설업체였는데 갑자기 아파트를 짓겠다고 나서면서 문제가 일어났다. 세종시 근처인 천안에 2000여 세대를 짓겠다고 했지만 세종시 문제가 흔들리면서 자금난을 겪다 결국 부도 처리됐다.

정부정책의 일관성이 결여되었기 때문이다. 정권이 바뀌면 정책이 바뀌니 누가 투자를 하겠는가. 정부와 정권은 차원이 다르다. 그러나 일부 정치인들은 정권이 곧 국가라고 착각하고 있다. 투자는 정부 정책의 일관성이 없으면 일어나지 않는다. 그래서 정국 안정이 중요하다. 임금이 아무리 싸더라도 후진국에 투자하지 않으려고 하는 것은 정국 불안정 때문이다. 빈부격차가 커지면 사회불안정이 심해진다. 소득불균등은 정국불안의 근본 원인이다. 최근 2년간 소득불평등을 나타내는 지니계수나 5분위 소득배율 모두 악화되고 있다. 외환위기 이후 최악이다.

지방 중시 중소영세기업 우대 정책 펴야

정부 정책을 다시 바꿔야 한다. 균형발전을 넘어 오히려 지방 중시 정책을 취해야 한다. 노무현 정부에서 균형발전 정책을 취했으나 큰 성과를 못 냈다. 부동산문제를 해결하지 못했기 때문이다. 땅값만 올려놓고 말았다. 수출대기업 우대정책을 내수 중소영세기업 우대정책으로 바꿔야 한다. 특히 정부와 공기업은 국내 중소영세기업의 제품을 의무적으로 구매하도록 해야 한다. 그래야 일자리가 늘어난다. 지난 10년간 대기업이 일자리를 줄인 것을 모르는 사람은 없다. 더 이상 세금이나 빚으로 만들어진 재정에서 일자리를 만드는 우를 범하지 말자. 내수 중소영세기업에 돈이 돌게 하자. 살릴 수 있고 자산이 부채보다 많은 튼튼한 중소영세기업은 정부투자은행이 과감하게 돈을 지원할 수 있는 제도를 만들자. 신용보증기금보증보험 등 보증업무를 재정에서 충당해 확대시켜 내수 중소영세기업을 회생시키고 창업을 활성화해야 한다. 그래야 일자리도 창출된다.

돈이 돌지 않으면 그 모든 불만은 정부와 대통령에게 돌아간다.

뜨거운 7 · 8월

2009-07-13

22년 전 7월과 8월은 뜨거웠다. 6월 민주항쟁에 이은 7 · 8월 노동자 대투쟁이 일어났다. 울산 현대중공업과 현대자동차에서 시작한 노동자들의 함성은 전국적으로 퍼졌다. 당시 울산의 미포만 양쪽에 천당과 지옥이 있었다.

당시 천당은 석유화학공단이고 지옥은 현대중공업과 현대자동차였다. 지금은 180도 바뀌었다. 지옥이 천당으로 변화하고 있다. 현대중공업은 세계 제1의 조선사로 성장했고, 현대자동차도 경쟁력 있는 세계굴지의 자동차 회사로 변모했다. 이것이 누구 때문일까. 당시는 파업 때문에 중공업이나 자동차가 망한다고 아우성이었다.

7 · 8월 노동자 대투쟁이 우리 한국경제에 보탬이 되었는가, 아니면 마이너스 요인인가는 사람에 따라 논쟁의 여지가 있을 수 있다. 그러나 분명한 것은 노동자 대투쟁으로 노동자들의 임금이 높아져 내수가 확대되고 우리경제가 도약할 수 있는 토대가 된 것은 분명하다. 고도성장기로 알려진 1970~1986년까지 성장률이 연평균 7.6%인 반면 1987~1997년까지 10년간의 연평균 성장률이 8.1%로 더 높다. 이 기간 동안 우리경제는 과거 수출주

도형경제에서 내수와 수출의 조화로운 성장을 통해 중진국으로 진입했다. 1987년의 1인당 국민소득은 3300달러였다. 그런데 8년 뒤인 1995년에는 1만 달러를 넘어섰다.

비정규직 임금인상 통해 경제 도약을

지금 우리경제는 추락하고 있다. 1인당 소득은 2만 1658달러에서 2008년에 1만 9108달러, 2009년은 1만 6000달러대로 떨어질 것으로 예상하고 있다. 세계경제 순위도 11위에서 15위로 떨어졌다.

2만 달러에서 어떻게 3만 달러 선진국으로 도약할 수 있을까? 내수를 확대하면 된다. 글로벌 경제위기의 유일한 탈출구가 내수확대라는 사실은 모두가 인정하는 것이다. 어떻게 내수를 확대할까? 1987년도의 경험을 교훈으로 삼으면 된다. 바로 비정규직 노동문제를 해결하면 된다. 이번 7월 역시 비정규직 문제로 노동계와 정치권이 뜨겁다. 이번에는 22년 전처럼 들불처럼 타오르는 개별 사업장의 투쟁이 아니라 정부와 국회와 언론이 힘을 합쳐 비정규직 노동자의 임금을 올려 내수확대를 통해 우리 경제를 한 단계 도약시켜야 한다.

비정규직은 통계청 자료에 의하면 최소 500만명 이상이다. 2009년 초 경기를 활성화시키기 위한 추경예산은 28조 4000억원이었다. 그런데 불행히도 비정규직의 정규직화를 위한 예산은 1185억원에 불과했다. 내수확대를 하려면 일하는 서민들인 중소기업 비정규직에 최소 5조원 이상의 예산을 투자했어야 한다. 사실 10조원을 투자하면 내수확대 효과는 훨씬 더 커졌을 것이다. 서민의 대표주자인 중소기업 비정규직의 급여인상과 정규직화는 생산성 향상과 빈부격차 해소를 통한 내수확대 그 자체이다. '동일노동 동일임금' 의 원칙을 실현시키는 것은 차별을 시정하고 선진사회로 가는 지름길이다. 고용의 유연화는 신자유주의이고 재택근무 등 다양화가 21세기 새로운 고용형태이다.

4대강 예산 절반만 투자해도 비정규직 해결

지금도 늦지 않았다. 4대강 사업예산 22조원 중 에서 절반만 비정규직에 투자한다면 사회적 정치적 갈등을 풀 실마리를 찾을 수 있다.

정부의 결단이 필요한 때다. 이것이 22년 전의 교훈이다. 국회는 정부가 결단할 수 있도록 압력을 가해야 한다. 예산은 국민의 세금이기 때문이다. 언론도 정부가 결단할 수 있도록 사회적 분위기를 만들어내야 한다. 중소기업 비정규직 근로자에 대한 지원은 근로자뿐만 아니라 300만 중소기업에 대한 간접적 지원이다. 이것이 바로 '친서민 중도강화 노선' 이다. 어느 정치집단이 이 노선에 충실하고 이를 실천하기 위해 노력했느냐에 따라 2010년 지방선거 승리의 향방이 결정될 것이다.

위기는 기회라고 하지만 단합하면 기회가 되고 분열하면 죽음이다. 갈등 대립을 해결하는 방식은 이른바 강자, 즉 권력자가 양보하고 결단하면 된다. 권력을 버리고 서비스, 즉 섬김의 자세를 진정으로 보여주어야 한다. 도약하느냐 추락하느냐는 중소기업 비정규직 문제를 해결하는 방식에 따라 달라진다.

녹색창업으로 일자리를

2009-02-02

감원 칼바람이 2009년을 휩쓸고 있다. 세계 1위 은행이었던 시티와 제1의 보험회사 AIG, 자동차 1위였던 GM, 경영의 모범으로 일컬어지던 일본의 도요타까지 감원 선풍이다. 한때 유명했던 소니도 마찬가지다. 잘나가던 캐터필러는 전 임직원의 5분의 1에 해당하는 2만 명을, 화이자는 1만9천명을, 필립스는 6,000명을 감원하는 등 전 세계가 실업한파로 몸살을 앓고 있다. 이 실업은 인간 자체를 파괴할 뿐 아니라 민주주의도 붕괴시켜 사회혼란을 야기한다.

불황을 넘어 준공황으로 치닫는 이때, 어떻게 실업을 줄이고 없앨 수 있을까?

일자리를 '자기 스스로' 만드는 수밖에 없다. 창업만이 유일한 길이다. 이 시기에 기업은 일자리를 오히려 줄이지 늘리지 않는다. 정부 고용도 한계가 있다. 정부는 스스로 일자리 만드는 노력에 적극 도움을 주어야 한다.

어떻게 창업할까? 준공황기에 금융기관에 기대기보다는 십시일반의 정신으로 조금씩 돈을 모아 창업자금으로 써야 한다. 혼자서는 경쟁력이 없다. 돈도 적고 혼자의 힘은 약하기 때문이다. 사업 분야와 규모에 따라 결정해야 하지만 여럿이 모여 사원주주형 회사를 만드는 것이 최선이다.

1인 기업보다 여럿이 모여 사원주주 형 회사 만들자

사업은 혼신의 힘으로 해야 한다. 실직의 고통을 맛본 사람들이 모이면 더 좋다. 21세기의 창업은 벤처이다. 빚을 내서 사업하는 것은 망하는 지름길이다. 우리 내일신문은 초창기 전세금을 사글세로 바꾸고 그 돈들을 모아 창업을 했다. 그리고 흑자를 내 자본금을 증자했다. 이것이 창업의 필요조건이다.

충분조건은 무엇일까? 회사를 경영하는 데는 세 가지 분야가 있다. 관리 분야, 제조분야, 그리고 영업 분야가 있다. 창업 시에는 특히 영업, 즉 마케팅이 가장 중요하다. 다음이 제조분야다. 관리가 그 다음이다. 간부와 우수인력을 마케팅에 집중하여 시장이 원하는 제품을 만들어야 성공할 수 있다. 대개 실패하는 이유는 관리를 우선하고 제조보다 영업을 등한시하기 때문이다.

이 충분조건을 실현하는 것은 매우 어렵다. 우리 사회에는 오랫동안 사농공상의 잔재가 뿌리 깊게 남아 있기 때문이다. 상(商)을 우선하는 사고와 시스템을 만들지 않으면 성공할 수 없다.

세 분야 간에는 갈등이 있을 수 있다. 갈등과 분열은 죽음이다. 차이를 인정하고 내용이 풍부한 하나로 통일되는 시스템을 만들 때 성공한다. 그러려면 모든 경영지표를 투명하게 공개해야 한다. 구성원 모두가 경영에 참여하고 경영지표를 알 수 있게 해야 한다. 급여까지 공개하면 좋다. 돈과 자리는 다툼의 씨앗이다. 특히 돈이 그렇다. 돈을 분배하는 일은 원칙과 기준을 정하고 적어도 구성원 3분의 2가 동의할 때 집행해야 한다. 가능하면 시간을 기다려 만장일치에 가깝게 하면 좋다. 과반수로 결정하면 분열이 시작된다. 인센티브 제도를 다양하게 많이 끊임없이 만들어 활성화시켜야 한다. 그래야 조직이 발전한다. 인센티브가 없으면 조직은 정체한다. 인센티브제도보다 한 차원 높은 이윤분배제도를 만들어 지속가능한 발전을 이루도록 해야 한다. 인센티브제도는 단기적 상업적이라고 한다면 이윤분배제도는 장기적 공공적이라고 할 수 있다.

단기적 인센티브제도, 장기적 이윤분배제도 바람직

이러한 시스템은 기존 제도보다 경쟁력이 뛰어나므로 준공황기에 해고나 감원할 가능성이 적다. 특히 이 시스템은 서비스업과 굴뚝산업의 창업에 유용하다.

농업분야도 주주회사를 만들어 경쟁력을 높여야 한다. 정보통신(IT) 생명공학(BT) 등 첨단 산업에 적합하다. 어려운 기업들은 이 방식으로 제2의 창업을 선언하고 이렇게 시스템을 바꿔야 한다.

이러한 창업은 일자리 창출을 통한 인간다운 삶이 목적이고 돈은 수단인 시스템이다. 이렇게 필요충분조건을 갖춘 창업을 녹색창업이라고 부르자.

이 창업을 통해 사람이 바뀌는 과정이 녹색성장이다. 갈등과 대립을 넘어 새로운 만남의 장, 통합의 장을 만들어내는 과정 자체가 녹색성장이다.

물가 이대로는 안 된다

2008-04-07

달걀 값이 27.7%나 올랐다. 일부 경제 관료들이나 학자들은 값이 오르면 먹지 않으면 되지 않느냐고 반문할 수 있다. 그러나 자라나는 어린이들에게 달걀은 필수식품이다. 유태인들은 어린이에게 달걀을 매일 먹게 하여 머리가 좋아졌다고 한다. 밀가루 값은 64.1%가 올랐다. 라면은 21.6% 올랐다. 큰 일이다.

달걀 값을 어떻게 할까? 닭을 키우려면 옥수수 등 수입 사료에 의존한다. 최근 1년 사이에 옥수수 값은 52%, 대두박은 85% 뛰었다. 닭 돼지 생산비의 70%는 사료이다. 사료 값을 50% 올리면 닭 돼지 농가는 다 망한다. 사료 값을 30%를 올린다 해도 사료회사들은 2007년에 이어 2008년에도 적자가 예상된다.

달걀 값은 올리기 어렵다. 첫째가 정부 눈치 때문이고 둘째가 사료 값 때문에 닭이나 달걀이 일시적으로 출하되면 단기간 공급과잉으로 제 값을 못 받기 때문이다. 닭 농가들은 폐업하고 있다. 그렇다고 달걀을 수입하기도 어렵다. 기름 값이 올라 운송비가 많이 들기 때문이다. 게다가 외국도 달걀 값이 올랐다. 해법은 사료를 국내에서 충당하는 방안을 하루빨리 마련하는 길밖에 없다. 어떻게 마련할까? 겨울에 빈 땅에 밀이나 보리를 심어 사료로 만들어야 한다. 농업을 다시 부흥시켜야 한다. 당연히 농촌진흥청과 농식품부를 강화해야 한다. 그러려면 정부와 경제 관료들의 생각과 자세부터 180도 바뀌어야 한다. 5년 전부터 곡물 등 국제원자재 가격은 서서히 오르기 시작했다. 당연하다. 인구가 많은 중국과 인도가 8~10%의 경제성장을 하고 있기 때문이다. 기름부터 뛰기 시작했다. 5년 간 원유는 250% 뛰었다. 최근 1년 사이에 80% 뛰었다. 기름이 뛰니 구리 등 원자재들이 뒤따라 폭등했다. 드디어 사료 등 곡물도 뛰기 시작했다.

중국 인도 성장하면서 곡물 등 원자재 값 상승 당연

이 사태는 세계경제의 구조적인 관점에서 보면 미국 등 선진국의 과잉유동성 때문이다. 사실 중국 인도는 곡물을 자급자족할 수 있다. 세계 곡물의 최대 수출국은 미국이다.

미국의 경쟁력은 군수산업과 금융과 농업이다. 군수산업은 이라크 전쟁의 실패로 힘을 잃어가고 있다. 금융은 서브프라임 사태로 어려움에 봉착했다. 미국은 이제 농산물 수출에 매달리게 됐다. 농민은 미국 공화당의 전통적인 지지 세력의 하나다. 지난 5년 간 계속돼온 글로벌 장기호황은 끝나고 있다. 2000년에 시작된 IT버블로 인한 불황을 막기 위해 미국이 이자율을 1%로 인하하면서 촉발된 달러 공급과잉은 전 세계 경제를 먹구름 속으로 휘몰아 넣고 있다.

1970년대식 글로벌 인플레이션의 악몽이 싹트기 시작하고 있고 동시에 경기침체가 수반되는 스태그플레이션이 눈앞에 닥치고 있다. 그 동안에는 값싼 중국산 덕분에 물가인상률이 3% 이하였다. 그렇지만 이제는 중국도 물가가 급등하고 있다.

2008년 2월을 기점으로 수입 물가는 22.2% 올랐고 생산자 물가는 1년 전에 비해 6.8% 올랐다. 3월 기준 생활물가는 4.9%, 소비자물가는 3.9% 올랐다. 서민생계 관련 52개 품목의 MB물가지수는 5.78% 올랐다. 원유 곡물 등 수입물가가 급등했으므로 시간이 갈수록 물가는 더 오를 것이다. 수입의존도가 높은 우리 경제구조 속에서는 물가급등을 막을 수 없다. 여기에 불난데 기름 붓는 격으로 환율도 올리는 한심한 일까지 벌어지고 있다.

에너지와 식품은 되도록 국내에서 생산해야

대책은 간단하다. 1970년대식으로 정부가 나서 윽박지른다고 해결될 문제가 아니다. 지금은 민주주의, 시장경제, 금융이 세계화된 시대다. 대신 근본적으로 발상을 전환해야 한다. 원자재는 어쩔 수 없지만 에너지와 식품은 가능한 한 국내에서 생산 공급하도록 해야 한다. 에너지는 원자력발전과 조력발전, 소수력과 풍력, 태양열 등을 과감히 늘리고 기름이나 석탄의 의존도를 떨어뜨려야 한다. 식품은 2모작을 강화하고 농업생산성과 자급률을 높여야 한다. 정부가 이렇게 방향을 바꾸고 앞장서서 이끌어가야 한다. 또한 가계 기업 정부 모두 효율을 높이는 시스템으로 혁신을 해야 하며 매일 매일 생활 속에서 생산성을 높이는 자세를 가져야 한다.

부동산과 과잉유동성

2008-02-11

2007년 후반까지 계속되던 낙관적 경기 전망이 흔들리고 있다. 미국 발 서브프라임 모기지(비우량주택담보대출) 사태가 촉발한 부동산값 거품이 꺼지면서 장밋빛 환상이 깨지고 있다. 이 사태는 미국에서 시작됐고 부동산뿐만 아니라 '부동산의 증권화'라는 파생금융상품과 결합되면서 일파만파로 확산되는 중이다. 세계 제일의 금융기법을 무기 삼아 전 세계를 하나로 하는 글로벌 경제를 구축한 미국이지만 그 경제 지도력은 내부의 위기와 더불어 무너지는 중이다. 대외적으로는 미 달러화 가치가 계속 하락하고 있다. 경기 진작을 위해 돈 값인 이자율을 떨어뜨릴수록 달러 가치는 떨어진다. 매킨지연구소에 따르면 전 세계 금융자산총액 140조 달러(2005년 말 기준) 중 미국이 56조 달러를 가지고 있어 아직도 지도적 위치에 있다고는 하지만 이번 서브프라임 사태로 위상은 현저히 추락했다. 파이낸셜 타임스는 '러시아를 포함한 유럽이 이미 미국을 추월했다'는 분석까지 내놓았다. 미국이 주장한 금융 글로벌 스탠더드에 대해 각국은 회의적 시각을 갖게 됐다. 미국의 자만이 초래한 결과다.

이미 2006년 말에 서브프라임 모기지 부실 우려가 대두됐다. 당시 연체율이 13%로 상승, 파산하는 모기지업체가 증가했고 2007년 2월 HSBC는 2006년 모기지 사업 손실 규모가 105억 6000만 달러라고 발표해 사태의 심각성을 드러냈다.

2006년 말 서브프라임 모기지 부실 우려 대두

당시 미국은 이 사태를 쉬쉬하며 영향이 별 것 아니라고 전망했다. 같은 기간 국내에서는 주가 상승랠리가 이어졌다. 2007년 코스피 주가는 4월 9일 1500선에서 3개월 뒤인 7월 25일 2000선을 돌파했다. 역설적이게도 국내 증시가 폭등세를 보이던 2007년 6월 미국 서브프라임 사태가 본격화됐다. 외국인들은 국내시장에서 주식을 대거 내다팔기 시작했다.

2007년 7월 미 최대 모기지업체인 컨츄리와이드 파이낸셜이 실적 부진을 발표한 데 이어 독일 IBK, 호주 매쿼리은행, 일본 센세이은행 등이 투자손실을 잇달아 발표했다. 8월 9일에는 프랑스 BNP 은행에서 펀드환매 중단을 발표했다. 미국에서 시작된 금융 위기의 단초는 9월 들어 영국 노던록의 파산 위기로 급속히 세계에 퍼져나갔다. 10월에는 시티그룹과 메릴린치 등이 막대한 손실을 발표했고 2008년 1월 15일 세계 제일이라고 자랑하는 시티그룹이 싱가포르 투자청(GIC) 등으로부터 145억 달러를 조달했고 메릴린치는 한국투자공사(KIC) 등으로부터 66억 달러를 조달 받아 위기를 모면했다. 프랑스 제2의 은행인 제네랄 소시에떼(SG)에서는 한 젊은이가 파생상품인 선물옵션에 투자, 무려 6조원 규모의 손실을 내 은행이 공중분해에 직면했다. 그 과정에서 한국 증시도 20% 포인트 이상 하락했고 최근 한달 사이에 100조원 이상이 사라졌다. 왜 이런 사태가 일어났을까? 경기를 부양시키기 위한 미국의 저금리 정책을 핵심 원인으로 추정할 수 있다. 2001~2002년 사이 IT 버블이 꺼지면서 자국 경제성장률이 1.2%로 추락하자 미 연방준비제도이사회(FRB)의 그린스펀 전 의장은 이자율을 1%까지 떨어뜨리는 경기부양 정책을 채택했다. 하지만 낮은 금리는 부동산투기를 유발시켜 거품을 만들어냈고 미국식 금융기법은 사태를 한층 악화시켰다. 그 결과 모기지 사태가 터졌고 설상가상으로 최소 20조 달러에 달하는 구조화금융상품이 부실화되면서 신용경색은 세계적 규모로 뻗어나가는 중이다.

돈 풀어 경기 부양 유혹에 빠지기 쉬운 정치가들

정치가들은 항상 돈을 풀어 경기를 부양시키고 싶은 유혹에 빠진다. 정치가들의 심리를 잘 알고 있는 금융업자들은 이를 이용해 과잉유동성을 창출, 거품을 일으키고 그 과정에서 부를 얻는다. 일부 금융 당국자들이 그들과 영합하거나 끌려 다니면 그 피해는 대부분 중산층과 서민들이 입는다.

한국의 부동산값은 세계에서 가장 높은 수준으로 알려져 있다. 2만 달러 소득대인 서울의 부동산값이 4만 달러 소득대인 뉴욕이나 런던, 도쿄보다 비싼 실정이다. 서울의 물가 또한 가장 비싸다. 이처럼 물가와 부동산값이 너무 높은 것이 거품이다. 거품이 꺼지면 사태는 심각해질 수밖에 없다. 빨리 4만 달러 소득으로 올라가든지 아니면 더 이상 부동산 값이 오르지 않고 서서히 떨어지도록 유도해야 한다. 문제는 과잉유동성이다.

거꾸로 가는 부동산 문제 해법

2006-11-20

정부가 여덟번째 부동산대책을 내놨다. 세금 위주와 수요 억제로 문제를 해결하겠다는 일곱번의 부동산값 안정정책이 모두 실패했기 때문이다. 또 신중치 못한 발언들로 원성을 샀다.

왜 이렇게 참담한 결과가 빚어졌을까? 부동산 정책의 수순이 잘못됐기 때문이다. 정부가 국민과 시장이 바라는 바를 외면한 채 일방적으로 정책을 폈기 때문이다.

시장원리에 따른 부동산 문제의 해결은 우선 시중에 넘쳐나는 유동성을 줄이고 시장 수요에 따라 부족한 주택을 공급하고 가장 마지막으로 조세정책을 사용했어야 했다. 그러나 참여정부는 가장 먼저 세금을 가지고 부동산을 잡겠다고 나섰다.

"세금은 가격에 이전된다"는 것은 경제학 교과서에 나오는 가장 초보적인 상식이다. 세금을 올리면 물건 값에 반영돼 1~2년 뒤 부동산 가격은 더 오르고, 이는 올 추석 이후 수도권 아파트 가격폭등으로 사실상 증명됐다.

참여정부는 국민 특히 민중에 의해 선출되었다고 생각해 민중 권력적 관점을 가졌다. 법과 행정으로 부동산문제를 해결하려고 했기 때문에 오늘의 결과를 초래했다. '세금폭탄' 이라는 말까지 하며 정책을 썼기 때문에 실패했다.

토지 정책은 공공성을 중심에 두고 정책을 펴야 하지만 아파트 등 주택은 시장경제 속에서 철저히 유동성과 수요 공급의 원리가 작용된다는 객관적 사실을 이해했어야 했다.

유동성을 먼저 줄인 뒤 조세정책 써야

사실 공급 정책도 예를 들면 10년 이상 임대한 뒤 분양하는 30평대 아파트를 정부가 대거 공급한다면 상당부분 성공할 수 있다.

그렇지만 시중에 떠도는 520조원대의 단기유동성인 부동자금이 있는 한 부동산값 상승은 쉽사리 잡히지 않는다. 2002년 말 현재 415조원이던 부동자금은 참여정부 기간 동안 급격히 늘어 2006년 9월 현재 528조원에 이르고 있다. 참여정부는 출범과 동시에 경기침체를 극복하고 7% 경제성장과 해마다 40만개 일자리를 창출하겠다며 저금리 정책을 펼쳤다. 그 결과 2004년 11월 콜금리를 3.25%로 내린 이래 2006년 2월까지 3%대의 저금리가 계속됐다.

세계화 경제 속에서 저금리가 경기침체를 극복할 수 없다는 사실은 일본경제를 통해 잘 알 수 있다. 저금리가 계속되면 유동성이 늘어날 수밖에 없다. 세계화 경제 속에서 기업이윤율이 떨어지고 이자율이 낮아져 유동성이 늘어나면 당연히 자산인플레가 일어난다.

폐쇄된 경제 아래서는 유동성이 늘어나면 일반 물가가 상승하지만 보통 상품들은 중국에서 싼 제품이 들어와 일반물가는 오르지 않고 단지 외국에서 들어올 수 없는 부동산과 주식가격이 폭등하게 된다. 아무리 부동산과 주식을 낮추려 해도 낮출 수 없는 것이 이러한 경제현상이다.

유동성과 공급과 세금 세 가지를 함께 써야 한다.

그러면 유동성을 줄이려면 어떻게 해야 할까. 정부가 직접 할 수 있는 시대는 지났다. 간접적 방법 즉 이자율을 통한 공개시장 조작이 그것이다. 그런데 이자율을 올리면 유동성은 줄어들지만 대출받은 서민과 중소기업들은 더 어려움을 겪게 된다. 여기서 정책 당국의 고민이 시작된다. 정치와 경제간 고민이다. 선택할 수밖에 없다. '밥' 즉 경제를 택할 것인가 '표' 즉 정치를 택할 것인가. 욕을 먹더라도 경제를 선택해야 한다. 부동산 대출만을 줄일 수 있으면 얼마나 좋을까? 그러나 이미 우리 은행들의 3분의 2 이상이 외국인 손으로 넘어갔다. 외국인들은 안전한 부동산 개인대출을 선호한다. 정부의 정책이 마음대로 될 수 없는 구조이다. 참으로 큰일이다.

늦었지만 유동성을 줄이지 않으면 공급을 늘리더라도 다시 부동산 가격이 오를 것이다. 세금으로 해결 못한 것처럼 공급만으로 해결할 수 없다. 유동성과 공급과 세금 세 가지를 함께 써야 한다. 순서도 유동성 다음에 공급, 다음에 세금이어야 했는데 거꾸로 되니 그 후유증이 만만치 않다. 결국 국민들에게 병주고 약 준 꼴이 됐다. 그러나 어쩔 것인가? 지금이라도 빨리 이자율을 높여야 한다. 그렇지 않으면 근로대중과 중산층의 분노가 폭발할 수 있다.

저소득층 지원으로 내수경기를 살리자

2005-02-07

우리 사회에서 가장 시급한 문제는 양극화를 해소하고 내수 경기를 활성화시켜 서민 생활이 나아지게 하는 일이다. 그렇지 못하면 갈등이 심해져 선진국으로 도약할 수 없다.

양극화를 해소하는 길은 저소득층을 정부가 지원하는 일이다. 우선 장애인 노인층 실업자들을 위한 사회안전망을 확실하게 만들고, 열악한 근로자에게 보조금을 지급하여 최저임금을 높이고, 서민층과 중소기업에 대한 세금을 대폭 감면해주어 더 이상 서민경제가 나락으로 떨어지지 않도록 해야 한다. 여기에는 많은 재정지출이 필요하다.

하지만 적자재정으로 지원을 늘리면 국가신인도가 떨어져 문제가 더 심각해진다. 대신 국방예산을 대폭 줄이고 낭비적 예산을 삭감하고 구조조정을 통해 추가재정을 만들어 서민을 지원해야 한다.

사회보장성 예산은 2004년도에는 16조원으로 2003년 15조원, 2002년 13조 8000억원에 비해 매년 1조원씩 늘어났다. 전체 지출 중 1위를 차지하는 교육비는 22조원으로 1조 3000억원, 2위인 방위비가 19조 8000억원으로 1조 5000억원이 증액되는 바람에 사회보장성 예산을 충분히 편성하지 못했다. 서민들이 참여정부에 불만을 갖는 첫 번째 이유이다.

방위비 줄이고 사회보장비 늘려야

교육비가 매년 증가했다지만 정작 빈익빈부익부 현상을 보이는 교육문제는 해결될 기미가 없다. 또한 6 · 15공동성명으로 남북관계의 긴장이 완화되는데도 방위비가 계속 늘어나니 국민들은 어리둥절할 뿐이다. 통계적으로 보면 교육비는 2000년에 12조 6500억원에서 2004년 22조 599억원으로 약 10조원이나 급증했지만 사회보장성 지출은 방위비와 비슷한 수준으로밖에 늘지 않았다. 일반 기업들은 세계화된 시장경제에서 경쟁력을 갖기 위해 항시적인 구조조정을 추진하다 보니 양극화 문제를 돌볼 여유가 없다. 이 문제는 당연히 정부의 몫이다. 양극화 문제는 단순히 경제문제만이 아니다.

우선 남북관계를 6 · 15공동성명의 정신으로 다시 돌려놓아야 한다. 군축회담을 하루빨리 열어 남북 모두 국방비를 1년에 10%포인트씩 5년 후에는 현재의 50% 수준으로 대폭 줄여야 한다. 우리의 경우 1년에 2조원씩 확보된 예산을 사회보장성 서민경제에 투입해야 한다. 한국의 사회보장 및 복지예산은 14.71%로 OECD 30개국 중 터키와 멕시코를 제외하고 가장 낮은 수준이다. GDP 대비는 8.70%로 멕시코와 함께 가장 낮은 수준이다. 양극화를 극복해 선진국이 되려면 정부가 앞장서 사회보장성 예산을 최소 5년 이내에 두 배로 올려야 한다. 그래도 OECD 내에서는 하위권이다.

최저임금에 미달하는 근로자 수는 2002년에 전체 근로자의 6.4%인 85만 명에서 2003년에는 7.6%인 104만 명, 2004년에는 8.8%인 125만 명으로 급증하고 있다. 현행 법정최저임금인 시급 2840원, 월 52만원에 못 미치는 125만 명에 대한 대책이 시급하다. 우선 정부가 영세 중소기업에 1인당 월 평균 10만원씩 슬라이딩 식으로 보조금을 주어 근로자들이 월 60만원은 보장 받도록 해야 한다. 연간 1조 5000억원의 예산이 필요하다. 그래야 영세 저임금 근로자들의 고용도 안정되고 생산성도 높아진다. 영세 중소업체도 도산하지 않아 서민경제도 살고 내수경기도 풀릴 수 있다.

월 10만원씩 최저임금미달 근로자 지원해야

외국에서 고가의 무기를 구입하는 대신 월 50만원도 못 받는 125만 명의 근로자를 위한 대책을 마련하는 것이 최소한 민주정부의 도리이다. 여기에 군비축소와 함께 낭비적인 예산을 줄여 매년 추가로 1조원씩을 만들어 사회안전망에 투자해 장애인 노인층 실업자에게 지원해야 한다.

내수경기가 더 이상 악화되지는 않지만 우리 경제가 L자형으로 나가는 상황에서 정부가 마냥 '있는 사람들' 의 소비만 기다리고 있어서는 곤란하다. 환율과 저금리정책으로 떼돈을 번 수출 대기업이 투자를 하거나 소비를 하기만을 기다려서도 안 된다. 환율정책과 금리정책은 한계가 올 수밖에 없다. 사실 이제까지의 환율정책은 서민경제와 내수경제에 불리했다. 이제는 서민과 중소기업에 대한 세금인하와 사회보장 및 복지예산 지출을 획기적으로 높이는 재정정책으로 양극화를 극복하고 서민경제와 내수경제를 활성화시켜야 한다.

일자리 창출과 불황극복 이렇게

2004-12-20

'일자리 창출로 민생을 살리자' 라는 주장에 반대할 국민은 없을 것이다. 그러나 20대 일자리는 10만개 감소해 청년실업은 더 심각해졌고 50대 장년 실업은 1년 새 31%나 늘었다.

2005년의 성장률 전망은 2004년 보다 더 나쁘다. 2004년 성장률을 5%로 전망했으나 한국은행은 4.7%로 추계하고 있다. 한국은행은 2005년에 4% 성장할 것으로 예측했다. 그리고 2005년 하반기나 되어야 경기가 살아날 것이라고 전망하고 있다. 하지만 2004년 성장률 예측이 맞지 않았으니 이런 전망을 액면 그대로 믿기 어렵다.

당연히 2005년의 고용은 더 어려워질 것이라고 걱정이 크다. 일자리가 없으면 삶의 질은 현격히 떨어진다. 소비 진작도 어렵고 당연히 투자도 어렵다. 수출로 버텨오던 경기활성화 정책이 근본적으로 바뀌지 않으면 안 된다.

솔직하게 정부도 내채위기가 장기화 되어 경제 활성화가 쉽지 않다는 것을 인정해야 한다. 우리 국민은 외환위기를 어떻게 극복했는지를 잘 알고 있다. 당시 솔직하게 외환위기를 인정하고 정부 및 공기업, 사회지도층부터 솔선수범해 고통을 분담했다. 위로부터 위기를 극복하기 위해 노력하니 전 국민들이 감동해 금 모으기 운동을 했다. 금 모으기 운동은 다시 정부 및 사회 지도층을 감동시켜 경제의 체질을 바꿔나가기 시작했다. 그래서 역사상 가장 빠른 시간 내에 IMF로부터 빌린 빚을 갚고 외환위기를 극복했다.

그때의 경험을 우리 국민들은 잊지 않고 있다. 그런데 불행하게도 일부 공직자들과 사회 지도층들은 그런 경험을 잊어버리고 미래에 대한 장밋빛 전망만 제시했으니, 갈수록 경기가 나빠지고 고용이 불안해지고 있다. 개혁과 혁신의 목표는 일자리가 늘어 삶의 질이 좋아지고 그래서 국가경쟁력이 높아지는 것이다.

실업 돌파구 해외마케팅에서 찾자

그러면 구체적으로 어떻게 일자리를 늘릴까? 어떻게 삶의 질이 좋아질까? 어떻게 국가경쟁력을 높일까? 세계화 된 시장경제 속에서는 마케팅과 기술개발이 가장 중요하다. 2004년 우리나라 1인당 국민소득은 1만 5000달러로 13억 인구에 1300달러 정도인 중국의 10배 이상이고 8억 인구인 인도와 7000만 인구인 베트남의 20배 이상이다. 더 이상 값싼 노동력만으로는 세계화된 시장경제 속에서 경쟁력을 가질 수 없다.

당연히 세계화된 시장경제 속에서 가장 필요한 해외마케팅에 도전정신이 강한 20대 젊은이와 경험 많은 50대 장년들이 대거 참여할 수 있는 정책을 마련해야 한다. 다시 말해 세상은 넓고 할 일은 많다. 청년실업과 장년실업의 돌파구를 해외 마케팅에서 찾아야 한다. 물건을 팔려면 먼저 그 나라

언어를 알고 문화를 알고 그리고 팔 상품을 알아야 한다.

특히 정부와 대학은 최소 세계 30개 이상 나라의 언어와 문화를 대학졸업자들에게 집중적으로 가르쳐야 한다. 20대 청년실업자 33만 명 중 30만 명과 50대 장년 실업자 7만 5000명 중 5만여 명에게 해외로 나가 마케팅을 할 수 있도록 해야 한다. 우리 국민들은 1970년대 말 오일쇼크에서 온 불황을 열사의 중동으로 나가 극복한 경험도 있지 않은가.

아직도 사농공상의 낡은 사고가 있다

해외에서 경쟁력 있는 상품을 만들려면 정부는 기초기술 개발에 투자를, 기업은 응용기술 개발에 투자를 해야 한다. 원화절상 환율하락으로 해외 마케팅과 상품기술 개발은 시급하고 중차대해졌다. 삶의 질은 생각을 바꾸는 데서 나온다. 국내에서만 일자리를 찾으려고 하지 말고 해외로 나가야 일자리가 창출된다. 더 중요한 것은 사농공상의 낡은 사고를 극복해야 삶의 질이 높아진다. 일찍이 중국의 사마천은 〈사기〉의 마지막 편 69편에서 '농보다는 공이 공보다는 상이 중요하다'고 했다. 생각을 바꾸면 일자리가 나오고 삶의 비전이 보인다.

국가경쟁력은 우리 국민 누구라도 일자리를 창출할 수 있다는 비전을 갖고 갈등 대립을 넘어 통일장의 흐름을 만들 때 한 단계 높아진다. 그렇지 않으면 추락할지도 모른다는 위기감을 갖고 우리 정부와 사회 지도층이 위기관리경영을 해나갈 때 선진국으로 도약할 수 있다.

일자리 창출과 신용불량자 해결 어떻게

2004-09-06

히딩크 축구는 미드필더 강화론이다. 허리 강화론이다. 그래서 월드컵에서 우리 축구가 4위를 했다. 중간, 중견간부, 중산층, 중소기업이 중요하다는 뜻이다. 로마가 지중해를 석권하고 1000년의 역사를 이룬 것은 양극단을 거부하고 중간층 중견간부들을 중시하는 정책을 일관되게 썼기 때문이다.

그렇지만 지금 우리 사회는 중간층, 중견간부가 흔들리고 있다. 양극단으로 치닫는 분위기 속에서 중간은 샌드위치 신세이다. 회색분자로 비난 받기도 한다. 양극화는 중산층, 중소기업을 무너뜨리고 있다. 양극화는 경제뿐만 아니라 정치와 사회 모든 분야로 확산돼 우리 사회를 불안정하게 만들고 있다.

높은 청년실업률과 중장년 실업에 신용불량자가 370만 명에 달하니 우리 사회의 미래가 불투명하다. 이런 변화의 출발점은 1997년 외환위기였다. 통계를 보더라도 명백하다. 1997년 이후 2002년까지 외환위기 극복과정에서 대기업은 125만명의 인원을 줄였지만 중소기업은 212만명의 인원을 늘렸다. 문제는 대기업은 경영구조가 안정적인데 반해 중소기업은 불안정하기 때문에 청년 및 중장년 실업이나 신용불량자 문제와 함께 불안정이 더 확산된다는 사실이다.

청년 · 중장년 실업에 신용불량자 370만명

우리 경제의 제1차적 과제는 어떻게 일자리를 창출하고 신용불량자 문제를 풀어나가느냐에 있다. 중간 중견간부 중산층 중소기업을 강화하면 된다. 일자리 창출은 정부 부문보다는 기업부문이 중심이 돼야 한다. 특히 대기업에서는 중견 간부 층을 쉽게 잘라서는 안 되며 중소기업이 고용창출의 중심에 설 때 우리 사회에서 양극화가 멎고 중간 허리가 튼튼해질 수 있다.

부자를 더 부자 되게 하는 획일적 소득세 감면정책이나 실업자나 저소득층에게 고기 잡는 방법이 아닌 고기를 공짜로 주는 방식을 하루 빨리 버려야 한다. 대신 중소기업이 내실 있게 성장할 수 있도록 도와주고 중소기업이 고용을 창출하는 중심축이 되도록 정책을 펴야 한다.

예를 한 가지 들어보자. 2002년 말 기업 현황을 보면 300인 이하 중소기업 수는 대략 295만개이고 그 종사자는 1039만명이다. 반면 300인 이상 대기업은 4953개이고 그 종사자는 159만명이다. 대기업이 한 명씩 신규 채용을 하면 약 5000명의 일자리가 늘어나는데 비해 중소기업은 295만명이 늘어난다. 물론 9인 이하 업체가 279만개이므로 이를 빼면 10인 이상 중소기업은 16만개이다. 적어도 16만개의 중소기업이 1인 이상을 신규 고용할 수 있도록 강력한 조세정책을 만들어 실업문제와 신용불량자 문제를 동시에 풀어야 한다.

신용불량자의 다수는 실업자이다. 그러므로 이 두 문제는 함께 풀 수밖에 없다. 바로 이들을 고용하는 업체에 대해서는 그들에게 지급하는 급여만큼 전액 법인세나 소득세를 공제해주는 정책을 하루빨리 만들어야 한다. 그러면 일자리도 창출되고 신용불량자 문제도 해결되고 중소기업도 튼튼해져 일석삼조의 효과를 볼 수 있다. 당연히 사회불안요인도 없어지고 내수도 늘어난다. 지금처럼 외국인 노동자를 값싸게 고용해서는 생산성 및 품질 향상을 기대할 수 없다.

신용불량자 고용하면 세금 공제해 줘야

특히 사업장을 중국 같은 해외로 이전하지 않는다는 전제 아래 신용불량자를 고용한 중소기업에 세금 감면 혜택을 준다면 해외로 이전하는 기업보다 경쟁력이 높아질 것이다. 또한 현재 신용불량자는 소득의 50%를 채권기관이 회수하고 있는데 관련 법규를 고쳐 취업한 사람들에게는 그 회수비율을 대폭 낮춰주어 이들이 안심하고 취업할 수 있도록 해야 한다.

옛말에 '일하지 않는 자 먹지 말라'고 했다. 또 누진세의 원칙은 더 중요하다. 당연히 중소기업의 법인세나 소득세를 감면해 중소기업의 안정성을 확보하고 중간층을 강화해야 양극화를 막을 수 있다.

지금이야 말로 중소기업에서 일하는 분위기를 구국의 차원에서 전 사회적으로 조성해야 할 때이다.

추상적 중소기업 육성책보다 현실적 정책을

2004-08-30

내일신문이 한길 리서치와 중소제조업실태 조사를 했다. 2004년 8월 26일자 내일신문 보도에 따르면 2004년 상반기에 매출액이 감소한 업체는 50.7%로 나타났으며 또 46.9%가 현재 적자를 보고 있었다.

심각하다. 특히 내수 중소기업은 더 심각하다. 중소기업들은 생존을 위해 몸부림치고 있다. 마케팅을 위해 기술개발을 위해 원가를 줄이기 위해 할 수 있는 모든 것을 하고 있다. 해외로 이전할까 고민도 한다. 문을 닫을까도 생각한다.

스스로 사는 것이 무엇보다 중요하다. 실태조사에서도 중소제조업체가 갖는 첫 번째 애로사항이 당연히 자금난이었다. 어려우니 그럴 수밖에 없다. 두 번째가 내수침체로 인한 판매난이었다. 마케팅이 중요하다는 뜻이다. 사실 마케팅만 잘되면 자금난도 해결된다. 중소기업은 우수인력을 마케팅에 투입해야 하며 CEO도 마케팅에 앞장서야 생존하고 성장할 수 있다. 특히 시장경제 하에서는 마케팅없이 기업은 존재할 수 없다. 그렇지만 중소기업은 일반적으로 대기업보다 경쟁력이 취약하다. 그래서 우리 헌법은 123조

제3항에 "국가는 중소기업을 보호 육성하여야 한다"고 명시하고 있다. 1948년 제헌헌법부터 명시되어 있는 조항이다.

정부는 지금까지 말로만 중소기업 육성

일자리 창출이 이 시대 최고의 선일진대 일자리 창출의 중심은 정부가 아니라 기업이며, 기업에서도 중소기업이 핵심이라는 사실을 모르는 사람은 아무도 없다.

그러나 지금까지 정부는 말로만 중소기업을 보호 육성한다고 했다. 물론 지금까지 금융지원을 해주었다. 그러나 그것은 돈을 꿔 준 것에 불과하다. 또 중소기업의 수가 하도 많다 보니 금융지원은 언 발에 오줌 누기에 불과했다. 사실 말인즉 중소기업도 기업이므로 돈은 자기가 알아서 해야 한다. 금융당국의 도움을 잘못 받으면 의존성이 심화돼 회생불능으로 빠지기 쉽다. 금융지원으로는 한계가 있다.

이제는 근본적으로 바꾸어야 한다. 정부와 기업간에는 조세제도가 일차적 관계이다. 법인의 경우 대기업과 중소기업의 법인세율이 똑 같으면서 중소기업 보호 육성이란 말을 해서는 안 된다. 정부가 중소기업을 진정으로 인정하고 보호하려면 법인세의 차이가 있어야 한다. 3년 한시적으로 중소기업 법인세를 면제하든지 아니면 현행 동일한 27%의 법인세를 중소기업은 15%로 낮추어 빚을 갚거나 투자를 할 수 있도록 해야 한다. 지금은 과표 1억원 이하만 15%이다.

또 하나의 예를 들어보자. 정부는 그간 온갖 투자유인정책을 제시했다.

2003년 7월 1일부터 정부가 제시한 임시투자세액공제제도를 보면 많은 중소기업들은 이 세액공제혜택에서 제외되어 있다. 왜냐하면 중고기계 투자는 혜택이 없기 때문이다. 사실 대기업은 일반적으로 새 기계를 투자하지만, 중소기업은 자금이 부족하고 경비를 아끼기 위해 많은 경우 망한 업체가 사용하던 중고기계로 설비시설투자를 한다. 자원의 재생에도 좋고 중소기업의 비용절감에도 좋으나 법적 혜택은 받지 못하는 것이 현실이다. 오히려 대기업보다 차별을 받고 있다. 우리나라의 경우 새 기계는 주로 일본에서 들여온다. 역설적으로 말하면 일본제 새 기계를 많이 사라는 뜻으로 볼 수 있다. 일본과의 무역수지 적자도 이런 것에서 기인한다. 즉시 '중고기계는 제외 된다' 는 조항을 빼면 된다. 추상적인 이야기는 그만 하자. 구체적이어야 한다.

중고기계투자에 세액공제 혜택 줘야

또 하나 예를 들어보자. 2~3년 전 땅값이 폭등했다. 아파트나 주상복합 건설 붐이 일어나 임대공장들이 다른 곳으로 밀려나는 신세가 됐다. 갑자기 공장을 옮겨야 하니 공장등록을 제대로 받을 수 없는 곳으로 이전하는 경우도 많았다. 공단이라도 지정업종이 아닌 업종이 들어가면 공장등록을 받을 수 없다. 이 공장 등록이 없으면 금융지원을 받을 수 없다. 기초자치단체에서 탄력적으로 공장등록을 받도록 할 수 있지만 감사가 무서워 어느 누구도 나설 수 없다. 땅을 갖지 못한 중소영세제조업자들은 분노와 한 숨만 쉴 뿐이다. 감사보다 일자리 창출이 중요하다. 기초자치단체의 자율성을 보장해서 중소영세제조업이 돌아가게 해야 한다.

고용있는 성장 하려면

2004-01-27

우리 사회 보통 사람들의 갑신년 화두는 총선보다 일자리 창출이다. 성장이 계속되더라도 고용없는 성장은 젊은이들이나 서민들에게는 재앙이다.

정부도 뒤늦게나마 민생경제 특히 일자리 창출이 중요하다는 사실을 인식해 다행이다. 그렇지만 그 구체적인 방법에 대해서는 어느 부서도 분명한 방안을 내놓지 못하고 있다. 1년에 30만개의 일자리를 창출하겠다고 선언했지만 2003년처럼 오히려 줄어들지 않을까 걱정이다. 주관적 선언적으로 해결되지 않는 것이 경제이고 일자리 창출이다.

특히 구조조정이 정리해고를 의미할 정도로 왜곡돼 있는 현실에서 기업의 투자가 자동화 전산화에 집중될 때 고용은 줄 수밖에 없다. 그 결과 빈부의 격차가 심해지고 고용불안과 신용불량자만 양산되고 있다.

여기에 저임금에 기업하기 좋다고 알려져 있는 중국으로 중소업체들이 대거 이동하니 고용이 늘기는커녕 더 줄어들 수밖에 없다.

이 문제는 참여정부만의 문제가 아니라 21세기 한국이 직면한 가장 중요한 문제이다. 일자리 창출로 내수가 늘지 않는 한 기존 수출위주의 관치경제 방식을 벗어날 수는 없다.

자동화 · 전산화에 투자 집중하면 고용 줄 수 밖에

우선 손쉬운 방안이 있다. 우리사회에 외국인 노동자가 36만명 정도 있다고 알려져 있다. 그 중 중소제조업분야의 외국인 노동자들을 우리나라 사람들로 대체하는 방안을 만들어야 한다.

정부가 할 수 있는 구체적인 방안은 조세정책을 통해 할 수 있으므로 이들을 우리 국민으로 대체하는 업체에 대해서는 법인세를 감면해주는 정책을 하루빨리 만들어야 한다.

우선 국회에서 조세에 관한 법률을 개정하는 데는 시간이 걸리므로 보조금을 먼저 주고 사후 정산하는 방식으로 시급히 실행해야 한다. 합법적인 외국인 노동자의 고용기간이 4년이므로 단계적으로 한국인 노동자로 전환해야 한다.

둘째, 시급한 방안이 있다. 해외 특히 중국으로 이전하는 공장들을 계속 한국에 있도록 해야 한다. 해외로 이전하려는 공장들의 애로사항을 지방자치단체나 중앙정부가 파악해 하루빨리 해결해 주어야 한다. 주로 임금과 규제의 문제이다. 중앙정부가 공업도시 근처에 임대주택을 대거 지으면 임금상승 욕구를 완화할 수 있다. 규제는 과감하게 하루빨리 풀어야 한다. 그래야 일자리를 창출하는 신규투자도 가능해 진다. 기업이 없으면 세금도 없고 결국 나라는 망한다.

셋째, 새로운 창조적인 방안이 있다. 바로 창업이다. 창업은 취업하지 못한 사람들이 스스로 해야 한다. 일반적으로 창업은 자영업이나 영세중소기업으로부터 시작된다. 단지 정부가 할 수 있는 일은 외국인 투자 기업에 혜택을 주는 것처럼 법인으로 창업할 경우 법인세를 5년 정도 면제해 주어야 한다. 세금 내는 우리 국민에게는 혜택이 없고 외국인에게만 혜택을 주는 정부는 존재할 필요가 없다. 특히 보통 영세중소기업의 경우 지금까지 40년 동안 정부가 도와준 것은 아무 것도 없다고들 말한다. 잘못된 금융이나 벤처는 마약과 같은 존재이므로 올바른 일자리 창출에는 전혀 도움이 되지 않는다. 기존 영세중소기업에도 법인세를 최소 3년 면제해줄 때 공평한 사회가 이루어진다.

외국투자기업에 준 혜택 만큼 우리 중소기업에도 혜택을

창업이야말로 일자리 창출의 핵심이다. 그렇지만 창업을 하면 기존 업체보다 효율이나 생산성이 최소 50% 이상 높고 적어도 1년에 10% 이상씩 높아질 때만 성공할 수 있다. 그러므로 창업은 혼자 하는 것보다 여럿이 모여 사원주주형 주식회사를 만들어 함께 소유하고 함께 마케팅을 하면 성공 가능성이 높다. 처음에는 스스로 일하는 시간을 늘리고 나중에는 투자를 통해 효율을 높이면 된다. 특히 50 · 60대의 경험 있는 퇴직자들과 20 · 30대의 청년실업자들이 빚 없이 십시일반으로 돈을 모아 결합한다면 성공확률은 더 높아질 것이다.

정부는 이런 창업을 세금감면과 같은 구체적인 방안으로 지원하고 사회는 이렇게 창업하는 사람들에게 용기를 북돋아주는 분위기를 만들어낸다면 1년에 30만개 이상의 일자리가 마련될 수 있을 것이다.

일자리가 최고의 가치다

2003-11-17

정리해고가 능사인 구조조정의 칼바람이 세차게 몰아치고 있다. '육이오, 오륙도' 라는 50 · 60대 퇴출자들의 자조적인 이야기가 나온 지 얼마 안 돼 40대 구조조정을 상징하는 '사오정' 이라는 말을 거쳐 이제는 30대 퇴출자를 나타내는 '삼팔선' 이라는 말까지 유행하고 있다. 기성세대의 실업보다 더 심각한 것은 청년실업 문제이다. 대학을 졸업해봐야 취직이 안돼 부모님 품속에서 헤어나지 못하는 캥거루 세대라는 말까지 나왔다.

모두가 직장불안 정리해고 실업의 위협 속에서 살아가는 것이 21세기의 가치는 아닐 것이다. 시장경제가 고용불안을 만들 수밖에 없다는 시장경제 반대론자들의 목소리는 점점 커지고 있다. 신자유주의 이념이 바로 시장경제 반대론자들의 발언권을 강화시켜주는 것은 아이러니이다. 시장경제가 잘못 가면 바로 정리해고 위주의 구조조정으로 고용불안을 야기한다. 미국식 금융자본이 시장경제를 이끌어 가면 결국 고용불안과 사회갈등을 부추길 수밖에 없다.

실업과 고용불안은 내수경제를 침체시키고 계층갈등을 유발시켜 독재와 독점의 독버섯을 뿌리내리게 한다. 지금 우리사회의 문제는 세금으로 유지되는 정부나 사실상 독점기업인 공기업도 미국식의 신자유주의 논리에 빠져 정리 해고식 구조조정에 매달려 있다는 사실이다. 사기업은 경쟁에서 살아남기 위해 어쩔 수 없이 정리해고 위주의 구조조정을 할 수도 있지만 공기업은 고용을 중시하는 구조조정을 할 때만이 사회 안정이 유지된다. 우리사회는 최소 1년에 대학졸업자 25만명, 전문학교 졸업자 25만명 등 모두 50만개의 일자리가 새로 창출되어야 한다. 경제성장 1%가 10만명의 일자리를 보장한다면 최소 5% 성장이 평균적으로 유지되어야 한다는 뜻이다. 참여정부는 공약으로 7% 성장을 내걸었지만 분기마다 1%포인트씩 하락해 2003년 성장률을 2%대로 보고 있는 것이 지금의 현실이다.

실업은 독재와 독점의 독버섯 키운다.

우리 헌법 제32조에 근로의 권리와 의무를 갖는다고 했지만 일하려 해도 일자리가 없는 것은 국정을 책임지는 사람들의 책임이다. 또한 헌법 34조에는 인간다운 생활을 할 권리를 갖는다고 했지만 실업자가 어떻게 인간다운 생활을 할 수 있을까. 국민세금으로 먹고 사는 정치인들이나 관리들은 더 이상 싸우거나 허황한 이야기를 하지 말아야 한다. 국민의 불만은 한계를 넘어서고 있다. 고용안정과 일자리 창출을 위해 지혜와 힘을 모으지 않으면 역사의 죄인이 될 수밖에 없다.

신용불량자가 350만명이기 때문에 내수침체는 어쩔 수 없다고 변명하지 말자. 노동조합도 사용자도 정부도 가능하면 정리해고를 하지 않고 고용안정을 확립하는 대타협안을 하루빨리 만들어야 한다. 일자리가 이 시대의 최고의 가치라는 것을 서로 인정하고 일자리를 유지하고 늘리는 데 모두가 합의하지 않으면 경제는 되살아날 수 없다.

해외 여건이 좋아 수출이 늘어 경기가 회복될 때까지 기다리자고 하는 것은 직무유기이다. 일자리는 기술개발과 마케팅부서에서 가장 먼저 창출될 수 있다. 관리부서는 컴퓨터의 발전으로 늘어나기가 어렵고 생산직 부서도 자동화로 고용이 늘기 어렵다. 기술개발과 마케팅 부서를 늘리려면 사농공상의 관점을 혁명적으로 바꿔야 한다. 마케팅은 '상' 이고 기술개발은 '공' 이다. 관리부서가 '사' 라면 생산직은 '농' 이기 때문이다.

경기회복 기다리는 것은 직무유기

신기술 개발에 정부는 지원을 대폭 늘려야 한다. 산학협동을 심도 있게 강화해야 한다. 외국어 교육과 영업의 중요성을 강화해야 한다. 기업은 이런 노동력을 고용하지 않을 수 없을 것이다.

대학졸업자 40% 전문학교 졸업자 20%가 취업하지 못하는 현실에서 창업은 일자리 창출의 주요 부분이 된다. 음식점 등 개별 창업은 경쟁력이 없다. 자본금도 모으고 사람도 기술도 필요하니 사원주주회사를 창업해 스스로 일자리를 창출하고 경쟁력 있는 기업을 만들어야 한다. 사원주주회사는 노사간 갈등도 없고 스스로가 주인이니 열심히 일하는 분위기가 만들어져 노사관계가 존재하는 기존 기업이나 도전정신이 없는 공기업보다 효율과 생산성이 높아진다.

저성장 시대의 지혜

2003-06-30

우리는 1980년과 1998년의 마이너스 성장기를 제외하고는 사실상 평균 6%대의 고속성장을 해왔다. 앞만 보고 뛰다 두 번 넘어졌다는 이야기다. 이제 차분히 걷는 저성장의 시대가 온 것이다. 그렇지만 일본이나 유럽처럼 가만히 있는 제로성장이 아니니니 다행이다. 우리가 지금 중국을 흉내 내다 보면 중국 수준으로 떨어지고 마니 3%의 차분한 저성장이 오히려 우리 경제의 체질을 튼튼히 한다고 긍정적으로 이해하는 것이 훨씬 좋을 것이다. 공연히 무리수를 두어 억지로 높은 성장률을 이루려고 하다가는 판이 깨질 수 있다.

저성장이 오래 계속될 때에는 무리한 투자를 해서도 안 되고 과소비도 가계파탄의 지름길이고 적자재정 역시 경제파탄을 초래할 수 있다. 오히려 뛰다 넘어지지 않고 자신의 체력에 맞게 걸어가는 자세를 갖는 것이 지금 우리 경제가 나아갈 방향이다.

당연히 기업은 부채비율을 더 줄여야 하고 창업을 할 때는 차입경영보다는 여러 사람이 참여하는 사원주주회사로 만들어 경쟁력을 갖추도록 하고 활발하게 서로의 장점을 합치는 합병이 이루어지도록 해야 한다.

특히 저성장기에는 기업은 언제라도 망할 수 있다는 겸손한 자세를 가져야 한다. 또한 차입을 할 때는 이자를 지불해도 이윤이 발생해야 하므로 대단히 신중한 자세가 필요하다. 철저히 따져보고 기획하고 예측한 후 돈을 빌려야 한다는 뜻이다. 자칫하면 패가망신하기 때문이다. 돈을 못 갚으면 남에게 피해를 준다. 무차입 경영이 저성장기에 강조되는 이유이다. 일본의 도요다 자동차의 경우 무차입 경영과 하이브리드차의 기술개발로 세계 1등을 노리고 있다. 또 이익을 내 현금 유동성을 고성장 때보다 훨씬 많이 보유해야 한다. 최소 3개월 이상의 비용을 유동성으로 가지고 있어야 안정적이다. 최근 미국의 IT산업은 2년치의 비용을 유동성으로 갖는 것이 유행하고 있다.

저성장기에 기업은 언제라도 망할 수 있다

평균수명이 길어지는 노령화 사회에서 가계는 더더욱 소비지출을 줄일 수밖에 없다. 50세에 명퇴한 후 30년 후인 80세에 죽는다고 가정했을 때 퇴직금을 어떻게 함부로 쓸 수 있을까? 20세에서 50세까지 30년 근무를 해도 퇴직금은 30개월 치 월급밖에 안 된다. 국민연금이 파탄 날 것이라는 불안한 소식이 들리는 마당에 정부나 언론이 가계지출을 늘리라고 바람 잡는 작태는 현실을 몰라도 너무도 모르는 소리이다. 마땅히 정부는 노인들의 일자리를 창출해야 한다. 그렇지 못한 정부는 더 이상 국민을 위하는 정부가 아니다. 헌법에 명시된 근로의 의무와 교육의 의무를 국민들은 열심히 지키려고 하지만 일자리가 창출되지 않는 것은 바로 정부의 책임이다.

저성장기에 가장 중요한 화두는 고용 즉 일자리이다. 이 시기 최고의 선

(善)은 일자리 창출이다. 그 반대가 고용축소다. 이는 정부건 기업이건 모두에게 해당되는 말이다. 저성장 시대에 기업은 '고용창출과 투명경영과 전망제시'를 명확히 하면 노사분규 등 갈등은 없어진다. 이 세 가지 목표를 가지고 구성원들이 대화와 토론 등 의사소통을 활발히 한다면 직장 내의 갈등은 사라지고 말 것이다. 경제가 세계화되고 있는 21세기에는 갈등을 줄여 세계시장에서 경쟁력을 갖추는 일이 너무도 중요하다. 참여정부는 이런 기업에 후한 점수를 주어야 한다. 노사분규는 바로 경쟁력을 재는 주요한 요소이다. 저성장 시대에는 자칫 호황기에 묻혀져 있던 여러 갈등이 표출된다. 이 갈등을 통일시켜 새로운 도약의 계기로 만들면 선진국이 되고 그렇지 않으면 몰락하고 만다.

지역 · 노사 · 남북 3대 갈등 극복이 시대적 과제

정치는 지역갈등, 경제는 노사갈등, 국제는 남북갈등의 3대 갈등 극복이 바로 지금 우리 저성장 시대의 과제이다. 일하는 사람이 가치창조의 주체라는 사실을 인식해 상대방을 이해하고 존중하는 자세를 가질 때 대화의 장이 마련된다. 서로간 가슴을 터놓고 도움이 되는 분위기를 만들어 나가는 것이 바로 갈등 극복의 처방이다. 갈등이 극복되면 2만 달러 선진국은 바로 달성된다.

갈등은 권력과 금력이 있는 곳에 항상 존재한다. 갈등의 벽을 넘기 위해서는 권력 대신 봉사를, 금력 대신 사람을 존중하는 새로운 방향으로 나가야 한다. 이것이 21세기 저성장 시대를 살아가는 지혜이다.

어떻게 성장률을 높일 수 있을까

2003-08-25

2003년 2분기 우리 경제의 실질 성장률은 1.9%였다. 1분기 3.7% 보다 절반으로 꺾인 수치이다.

2002년 평균 6.3%에 비해 형편없이 낮은 수치이지만 마이너스가 아니어서 그나마 다행이다. 참여정부의 공약 7%에 비하면 너무 낮다. 외환위기 이후 가장 낮은 수치이다.

김대중 정부의 잘못된 내수 진작정책, 즉 카드 및 개인대출 확대에 따른 후과라고 할 수도 있지만, 새 정부 들어 구체적인 경제정책 방향이 실종돼 미래에 대한 확신이 없는 것이 더 큰 문제이다. 자칫 우리경제가 장기불황에 빠질까 두렵다.

우리경제가 이렇게 추락한 것은 소비와 투자가 위축되었기 때문이다. 그나마 수출이 12% 증가해 1.9%의 성장이라도 달성했다.

국내총생산(GDP)에서 50%를 차지하는 민간소비를 늘리려면 다른 방법이 없다. 고용이 늘고 근로자들의 실질소득이 증가하지 않으면 안 된다. 그렇지 않으면 장기불황으로 떨어질 것이다.

지난 날 우리는 이런 경험을 했다. 1985년 이후 수출이 주도한 3저 호황은 1987년 임금인상 등 근로조건 향상으로 귀결되었다. 근로자들의 소득증대는 내수경기를 자극해 1990년대 초반 한국경제의 활황을 이끌었다. 당연히 고용도 늘었다. 다만 고용이 늘고 근로조건이 향상되려면 생산성이 높아지지 않으면 안 된다.

근로자 실질소득 높여 내수경기 살려야

이번 현대자동차 임단협 투쟁을 놓고 항간에 말이 많다. 그러다가 망하지 않겠느냐는 말부터 도요다자동차는 임금동결에 노사가 합의했다는 등 논란이 심하다. 1987년 때도 그랬다. 일본의 경우는 우리와 다르다. 우리는 땅값 급등 및 공교육 붕괴로 주거비와 교육비가 무척 많이 든다. 당연히 임금인상 요구가 높을 수밖에 없다. 땅값 인하로 주거비를 안정시키고 사교육비를 없애는 것은 바로 정부의 책임이다. 현대자동차가 13% 임금인상을 했는데 만일 생산성을 높이지 않는다면 앞으로 큰 어려움을 겪을 것이다. 그러나 생산성을 높여 국제경쟁력을 갖춘다면 내수소비도 늘고 수출도 잘 되고 또 이익이 많이 나 투자도 늘어날 수 있다. 추측하건대 5% 정도의 생산성만 올린다면 현대자동차는 또 사상최대의 이익을 낼 것이다.

기업은 많이 벌고 근로자에게 많이 줄 때 소비가 증가된다. 물론 국민총생산에서 27%를 차지하는 설비 및 고정투자를 하지 않고 근로자에게 다 준다면 미래의 경쟁력은 없어지고 결국 기업은 파산하고 국민경제는 나락으로 떨어질 것이다. 근로자는 소비를, 기업가는 투자를 요구하므로 노사관계에 갈등이 나타난다. 소비와 투자가 갈등하지 않고 모두 다 잘 될 수 있는 방안은 무엇일까? 답은 간단하다. 노사가 모두 고용을 중시하고 근로자들이 상여금이나 성과급으로 자기 회사의 주식을 가질 때 노사갈등을 극복할 수 있다. 다시 말하면 사원주주의 비중이 높을수록 갈등이 없어진다는 뜻이다.

생산성 향상 없으면 장기불황으로 떨어져

일반적으로 근로자들은 근로조건 개선보다는 고용을 더 중시한다. 특히 불황기에는 그 요구가 더 높다. 불황기에 노동운동이 고용을 무시하면 스스로 무덤을 파는 것이다. 내수와 투자와 수출이 모두 잘 될 때 성장률은 높아져 불황으로부터 탈출할 수 있다. 그러나 주거비 및 교육비가 급등하고 고용이 불안해지면 근로자들은 임금인상 등 근로조건 개선만을 추구하는 투쟁에 나서게 된다. 내수와 투자가 갈등하고 당연히 수출도 줄어든다. 장기침체로 빠진다는 뜻이다.

기업은 많이 벌고 투자를 해 고용을 늘리면 된다. 그러면 성장률이 높아지고 경제가 좋아져 선진국으로 도약하는 기초를 마련하게 된다. 근로자는 생산성을 높이고 근로조건을 개선해 내수와 수출을 늘려 일자리를 창출하고 성장률을 높여야 한다. 정부는 주거비와 사교육비를 인하시키는 강력한 정책을 취해야 한다. 특히 땅값을 낮추려면 국토의 21%를 차지하는 농지 중 사실상 경쟁력이 없는 한계농지 3%(20ha 이상)를 하루빨리 대지화하여 현재 3% 수준인 대지를 두 배로 늘리는 정책을 하루빨리 실시해야 한다. 그래야 근로자들의 실질소득이 늘어 소비도 증가하고 기업도 투자비를 늘릴 수 있다.

중산층 대책 시급하다

2001-04-23

신용불량자가 250만명을 넘었다고 아우성이다. 증권이 떨어지고 카드 연체자들이 늘어나서 그렇다고 한다. 은행에는 돈이 남아도는데 서민들은 돈이 없어 고율의 사채를 얻기 위해 신체포기 각서까지 쓰는 기현상이 나타나자 이자제한법을 만들어야 한다고 한다.

이런 현상들은 IMF 외환위기 이후 중산층, 중간층이 무너지며 생긴 새로운 현상이다. 정부통계에 의하면 도시근로자 상위가구 10%는 IMF 외환위기 때도 소득이 계속 늘었다. 상위 10%의 소득 점유율이 1990년에 22%대였지만 1997년에는 22.3%, IMF 외환위기 때인 1998년에는 24.8%, 1999년에는 25.3%로 부의 편중이 심화되고 있다. 나머지 90%의 사람들은 IMF 외환위기를 거치면서 소득점유율이 그에 반비례해 상대적으로 줄어들었다.

하위 10%는 1997년의 점유율 3.2%에서 1998년에는 2.6%로 급격히 줄어들었으나 정부의 실업대책 덕분에 1999년에는 2.7%로 조금 늘어났다.

2000년에는 IMF 외환위기가 극복되고 주식시장이 활성화되고 경기가 좋아졌으며, 기초생활보장법 등의 제정으로 지니 계수나 소득배율의 지표

등 소득불평등이 다소 완화됐다. 그렇지만 소득불평등은 국민의 정부가 생기기 이전인 문민정부 때보다 훨씬 심해진 상태이다.

소득세 감면, 탈루소득 징수로 조세정의 세워야

불평등을 나타내는 지니 계수는 1996년 0.291, 1997년 0.283인데 비해 1998년 0.316, 1999년 0.320, 2000년 0.317로 최근 조금 완화됐지만 아직도 1998년보다 높은 것이 현실이다. 지니 계수는 높을수록 불평등이 심화되는 것을 나타내는 수치이다. 문제의 심각성은 현재 상하위 10%를 뺀 나머지 80%가 계속 나빠지고 있으며 특히 중산층, 중간층이 비전을 갖지 못한다는 사실이다. 이제 중산층 대책이 시급한 것은 우리 사회의 갈등 위화감을 극복한다는 정치사회적인 요구뿐만이 아니다. 경제적으로도 안정적인 내수시장 없이는 급변하는 해외풍향을 우리 경제가 감내할 수 없다.

중산층을 학자들은 신 중산층, 구 중산층으로 나누어 구분한다. 신 중산층은 이른바 화이트칼라로 사무전문직 근로자를 의미하는데 이들의 가처분 소득을 증가시키려면 우선 근로소득세를 대폭 경감하는 혁신적 조치를 마련해야 한다. 대신 세수총액을 줄일 수는 없으므로 그 경감분만큼을 상속증여 및 탈루소득에 대한 세금을 철저하게 징수하면 오히려 조세정의가 실현되고 사회적 불평등과 불만을 줄일 수 있다.

신 중산층의 소외와 불만을 극복하고 사회의 중심세력으로 세우기 위해서는 직장 내에서 사원주주제를 활성화해야 한다. 사원들이 주식을 소유함으로써 증권시장의 주식공급을 대폭 축소시켜 증권시장 활성화를 기하고,

노사간의 갈등을 없애며, 이익을 창출하여 자기 회사의 주식뿐 아니라 다른 회사의 주식을 살 수 있는 물적 토대까지 마련할 수 있다. 이를 위해서 사원주주에 대한 각종 세제경감대책을 마련해야 한다.

구 중산층인 중소기업 및 자영업을 발전시키려면 창업을 손쉽게 할 수 있도록 각종 규제를 풀어야 한다. 특히 작고 단단하며 모험적인 벤처소기업이 많이 나와야 우리 사회에 시장경제가 성장할 수 있다. 시장경제는 진입과 퇴출이 자유로워야 한다. 금감원 등이 법적 제도적 장치를 마련하고 있다고는 하지만 정부가 퇴출 대상 기업에 대한 결단을 미루고 있어 구조조정이 제대로 되지 않고 있다.

정부보조금 받아하는 창업은 벤처가 아니다

정부의 보조금으로 창업하는 것은 벤처기업이라 볼 수 없다. 이는 권위주의 시대의 발상에 불과하다. 사원주주들이 스스로 만드는 벤처소기업이 우리나라의 시장경제를 이끌어가야 한다. 이것이 재벌경제를 대체할 수 있는 견인차이다. 21세기는 지난날 하드웨어의 제조업 중심 시대에서 서비스업의 비중이 급격히 높아지는 시대이다. 제조업은 자본이 가장 중요시되는 산업이라면 서비스업은 인력(Man Power)이 가장 중요시된다. 서비스업은 신구 중산층 모두에게 결정적으로 중요한 산업이다.

사원주주제도를 기반으로 한 벤처소기업 중심의 중산층 대책은 소득불균등을 극복하는 사회경제적인 대책일 뿐만 아니라 인력을 가장 중요시하는 서비스 산업으로 산업구조를 선진화할 수 있는 미래지향적인 정책이다.

結

유권자들이 세상을 바꾼다

유권자들이 세상을 바꾼다

선거에서 권력자들은 투표율을 무서워한다. 봉사의 정치를 하지 않고 권력의 정치를 했기 때문이다. 국민들이 정치에 참여하는 것을 두려워하기 때문이다,

그러므로 투표율이 높아지면 야당이 유리해지고 정권교체의 가능성이 높아진다. 그러면 투표율을 높이려면 어떻게 해야 할까?

가장 중요한 것은 국민들의 삶을 향상시키는 구체적인 방안을 제시해 국민의 마음을 얻는 것이다. 첫째가 일자리 창출이고 둘째가 물가안정이고 셋째가 복지증진이다. 이명박정부는 기대는 컸지만 이 세가지를 모두 잘못하고 있다. 300만개 일자리를 공약으로 걸었지만 3년이 지난 지금까지 참담하게도 39만 6천개밖에 만들어내지 못했다. 물가에서는 의식주 중 옷을 빼고 식료품(食) 가격과 전세금(住)을 잡지 못해 국민의 원망을 듣고 있다.

복지는 날치기로 영유아 예방접종비까지 없앴다가 엄마들의 불같은 항

의에 다시 복원시키는 한심한 상황까지 연출할 정도로 엉망이다. 갈수록 어려워지고 있다.

그러니 여당인 한나라당은 흔들리고 있다. 특히 수도권 의원들이 그렇다. 2012년 총선은 여당에게 매우 불리하다.

방법은 없는 것인가. 그렇지 않다. 일자리를 창출하고 물가를 안정시키고 복지를 늘리면 된다. 답은 쉽지만 이명박정부의 이제까지의 정책을 전면적으로 바꾸어야 하니 그것이 어렵다.

그렇지만 한나라당에는 박근혜 전대표가 있고 지지율이 일등이니 불안하기는 하지만 대세에는 큰 지장이 없다는 견해가 다수이다.

또 야권이 단합되기가 쉽지 않으니 정권재창출은 틀림없다고 자신한다. 사실 그 사이 박 전대표가 이 대통령과 거리를 둔 것은 현명한 행보였다.

그러나 야권이 단합하고 이명박대통령의 정책에 대한 불만이 높아져 여권인 한나라당의 지지도가 현저히 떨어진다면 상황은 달라진다. 그런 조짐이 나타나고 있다.

전국선거였던 6 · 2 지자제선거에서 이미 그 싹이 보였다. 보궐선거 때보다 투표율이 높았다. 총선은 지자제보다 투표율이 더 높을 것이니 여당은 불리할 수밖에 없다.

더구나 야권연대가 갈수록 강화되고 있으니 여당은 더 불리해질 수밖에 없다. 대선은 총선보다 투표율이 더 높다. 4 · 27 재보궐 분당을 선거에서 손학규 후보가 승리하여 범야권 대선후보로서 손 후보의 위상은 높아졌다. (표 참조)

야권으로서는 총선도 이기고 정권교체도 이루려면 제1야당이 주권을 가진 사람(유권자)들이 적극적으로 투표장에 나올 수 있도록 가슴에 와 닿는 생활과 밀접한 구체적인 정책들을 제시해야 할 뿐만 아니라 야권연대도 이루어야 한다. 그렇지 않으면 기존 조직이 강한 집권여당이 유리하다.

〈표〉

대통령 선출과정은 여야 주요 정당의 후보경선에서부터 출발한다. 따라서 대선주자들의 단순지지도 보다는 대통령 선출과정의 절차에 따른 예비후보경쟁력을 내일신문 · 디오피니언 정례여론조사에 따라 표로 만들었다.

■경쟁력있는 한나라당 대선후보

	김문수	박근혜	오세훈	이재오	정몽준	모름/무응답
2010년 12월 17일 (n=1,000)	12.0	53.0	10.9	1.3	5.1	17.5
2011년 1월 29일 (n=800)	8.4	59.0	10.2	1.2	5.6	15.5
2011년 2월 28일 (n=800)	8.6	61.1	10.9	1.2	4.0	14.1
2011년 3월 30일 (n=800)	10.4	55.7	10.8	0.9	6.4	15.6
2011년 5월 1일 (n=800)	8.8	57.8	11.7	0.9	7.5	13.3

■경쟁력있는 범야권 대선후보

	노회찬	손학규	유시민	정동영	정세균	모름/무응답
2010년 12월 17일 (n=1,000)	3.7	24.0	15.7	11.4	0.0	29.8
2011년 1월 29일 (n=800)	0.5	32.4	16.4	11.4	3.8	31.7
2011년 2월 28일 (n=800)	0.3	33.8	13.4	12.8	4.1	31.1
2011년 3월 30일 (n=800)	0.0	30.2	16.0	10.0	4.4	33.4
2011년 5월 1일 (n=800)	2.8	53.0	13.3	7.5	3.0	19.5

존재하는 것에는 다 이유가 있다. 기득권은 그냥 만들어진 것이 아니다. 기득권이란 권력을 잡기 위해 적극적으로 참여하고 권력유지를 위해 정치뿐 아니라 경제 언론 문화 등 각 분야에서 자신들의 이해관계를 구현해낸 힘을 뜻한다. 기득권을 기반으로 한 집권여당의 힘은 보통 사람들이 생각하는 것보다 강하다. 특히 분단 하에서는 더욱 그렇다.

권력의 정치가 사라지고 봉사의 정치가 등장하는 시대가 21세기이다. 그래서 대권, 큰(大) 권력이라는 말은 사라지고 대선, 즉 큰(大) 선택이라는 말이 일반화되고 있다. 대권은 후보중심의 관점이고 대선은 유권자중심의 관점이다. 대권은 권위주의를 반영하고 대선은 민주주의를 나타낸다.

1987년 6월 민주항쟁과 7 · 8월 노동자대투쟁은 지난날의 낡은 질서를 한단계 한단계씩 무너뜨려 왔다. 대권을 무너뜨리고 대선으로의 새로운 이정표를 세웠다.

노태우정권 5년과 YS 문민정부 5년은 평화적 정권교체를 위한 디딤돌이 되었다. 1987년 12월 대통령선거에서 YS와 DJ가 분열해 노태우 후보가 당선되었지만 다음해 4월 총선에서는 '여소야대' 국면이 만들어졌다. 이때 지방자치제도 시작되었다. 어쩔 수 없이 기득권 정당인 민자당은 3당 합당을 통해 신한국당의 YS를 대통령후보로 뽑지 않을 수 없었고 YS문민정부는 하나회청산, 금융실명제실시 등을 이루었다. 그러나 집권 후반기에 들어 조급한 세계화전략으로 빈부격차 등 사회양극화가 심화되었다.

1997년 외환위기와 함께 야권에서는 DJ주도하에 DJP연합을 이루어 김대중대통령이 국민의 정부를 선포하게 된다. 국민의 정부는 IMF 외환위기를 극복하는 것이 일차적인 과제였다. IMF 관리체제하에서는 부분적인 개혁밖에 이룰 수 없었다. 그렇지만 빈부격차 등 사회양극화는 상대적으로 줄어들었다.

빈부격차가 줄어들면 정권은 재창출된다. 또 분단 하에서는 연합하는 세력이 정치적으로 승리한다. 노무현후보는 정치적 사회적 색깔이 전혀 다른 정몽준후보와 단일화를 통해 참여정부를 만들어 냈다.

이러한 힘들은 바로 유권자들의 정치에 대한 적극적인 참여, 즉 투표율이 높아져 일어난 변화이다. 단합된 사람들에게 관심이 집중되기 때문이다. 변화를 유권자들이 원하기 때문이다.

정권교체의 필요조건은 빈부격차이지만 충분조건인 야권연대가 이루어지지 않으면 실현될 수 없다. 빈부격차에 의한 사회양극화에 대한 저항은 국민들이 정치에 직접 참여한 결과인 투표율이 높아지는 것으로 표현된다.

그러나 그것만으로는 부족하다. 집권여당은 상대적으로 잘 알려진 명망 있는 인사들을 후보자로 내보내기 때문에 야권은 연합에 의해 관심을 집중시키지 않으면 현실적으로 투표율이 높아지기 쉽지 않다. 야권연대가 정권교체의 충분조건이 될 수밖에 없는 이유이다.

일반적으로 집권여당은 후보전술을 중심으로 한다. 그에 반해 야권은 유권자 연합을 보다 근본적인 원칙으로 삼을 때 승리할 수 있다. 그렇지만 분단하의 한국사회에서 야당은 분열해 정권교체라는 국민의 요구에 부응하지 못한 경우가 많았다.

결국 사회양극화로 인해 정권교체의 필요조건이 갖추어졌다해도 충분조건인 야권연대를 이루는것은 유권자들의 몫이다. 유권자들이 가진 변화의 열망과 참여열기가 야권의 분열을 막고, 야권연대를 만들어내는 동력이다.

2007년 대선에서는 노무현정권 후반기에 빈부격차가 심화됐고 야당인 한나라당의 이명박후보와 박근혜후보가 분열하지 않고 단합해 정권을 쟁취했다. 자영업자와 중산층 등이 중심이 된 한나라당 지지자들이 두 후보의 분열을 막았고 이명박후보를 경제를 살릴 수 있는 후보라 하여 적극 지지한 것이 야당승리의 견인차였다.

그러나 2012년 총선과 대선에서는 상황이 집권여당에게 매우 불리하다. 젊은 20대 유권자들과 30-40대 유권자들, 자영업자와 중산층들이 야당지지로 돌고 있기 때문이다. 누가 유권자들의 마음을 잡는가. 누가 유권자들을 위해 구체적인 정책을 펼칠 것인가.

2012년 총선과 대선에서 판가름 난다.